国家社科基金重点项目

"精准扶贫精准脱贫机制路径和创新模式研究"（15AZD074）

U0633141

中国共享发展研究报告
（2016）

ZHONGGUO GONGXIANG FAZHAN
YANJIU BAOGAO

北京师范大学中国扶贫研究院
北京师范大学经济与资源管理研究院
张 琦/等著

中国财经出版传媒集团
经济科学出版社
Economic Science Press

图书在版编目（CIP）数据

中国共享发展研究报告. 2016/张琦等著. —北京：
经济科学出版社，2017. 3
ISBN 978 - 7 - 5141 - 7819 - 7

Ⅰ.①中… Ⅱ.①张… Ⅲ.①中国经济 - 经济
发展 - 研究报告 - 2016 Ⅳ.①F124

中国版本图书馆 CIP 数据核字（2017）第 044678 号

责任编辑：周秀霞
责任校对：杨晓莹
版式设计：齐 杰
责任印制：潘泽新

中国共享发展研究报告

（2016）

张 琦 等著
经济科学出版社出版、发行 新华书店经销
社址：北京市海淀区阜成路甲 28 号 邮编：100142
总编部电话：010 - 88191217 发行部电话：010 - 88191522
网址：www. esp. com. cn
电子邮件：esp@ esp. com. cn
天猫网店：经济科学出版社旗舰店
网址：http：//jjkxcbs. tmall. com
北京汉德鼎印刷有限公司印刷
三河市华玉装订厂装订
787 × 1092 16 开 13.5 印张 240000 字
2017 年 4 月第 1 版 2017 年 4 月第 1 次印刷
ISBN 978 - 7 - 5141 - 7819 - 7 定价：46.00 元
（图书出现印装问题，本社负责调换。电话：010 - 88191510）
（版权所有 侵权必究 举报电话：010 - 88191586
电子邮箱：dbts@ esp. com. cn）

序一

共享发展是五大发展理念之一，是创新、协调、绿色和开放发展理念最终结果的集中体现。把共享发展理念落到实处，必须顺应人民群众对美好生活的向往，按照人人参与、人人尽力、人人享有的要求，坚守底线、突出重点、完善制度、引导预期，注重机会公平，保障基本民生，实现全体人民共同迈入全面小康社会，共同分享现代化成果。

消除贫困，改善民生，逐步实现共同富裕，是社会主义的本质要求。实现共享发展，必须全面促进贫困人口经济、社会、文化权利的保障落实。改革开放以来，中国实施大规模扶贫开发，使7亿多农村贫困人口摆脱贫困，取得了举世瞩目的伟大成就，谱写了人类反贫困历史上的辉煌篇章。党的十八大以来，以习近平同志为核心的党中央，高瞻远瞩地将扶贫开发工作纳入"五位一体"总体布局和"四个全面"战略布局进行决策部署，突出强调把精准扶贫、精准脱贫作为基本方略，对扶贫战略思路和政策做出重大调整和完善。实施精准扶贫、精准脱贫是一项复杂的系统工程，必须创新扶贫开发路径，由"大水漫灌"向"精准滴灌"转变，通过产业扶持、转移就业、易地搬迁、教育支持、医疗救助等措施，做到对所有贫困人口能扶必扶、应保尽保。摆脱贫困，要把提高扶贫对象的自我发展能力放在优先位置，激发内生动力，把能扶的都扶起来。对绝大多数贫困人口，不能靠发钱养人的办法来扶贫，养一时不能养一世，必须让他们通过劳动实现脱贫致富，过上有尊严的生活。假如能扶的不去扶了，那就可能会陷入"福利陷阱"，财政难以为继，社会的活力和动力也会受到损害。

中等收入群体的扩大，关系社会和谐稳定和国家长治久安。实现共享发展，必须扩大中等收入者比重，努力缩小城乡、区域、行业收入分配差距，逐步形成橄榄形分配格局。适应经济发展方式由投资驱动、要素驱动转向创新驱动的大趋势，要深化教育改革，优化调整教育结构，尤其要高度重视发展建设现代职业教育，强化人力资本，着力把教育质量搞上去。要完善收入分配制度，坚持按劳分配为主体、多种分配方式并存的制度，保障各种要素投入获得回报。

按照党的十八大的战略部署，各级党委和政府加大公共资源向"三农"配置的力度，加快健全城乡发展一体化体制机制，在破除城乡二元结构上迈出重要步伐，取得重大进展。经过努力，公共财政覆盖农村的范围不断扩大，已基本改变了"农民的事农民自己办"的格局。但相比城市而言，公共资源对农村的覆盖范围和支持力度还不够，不能满足农业农村发展对各种公共产品的实际需要，包括公共基础设施建设投资体制、教育卫生文化等公共服务体制、社会保障制度等仍带有明显的二元特点，城乡居民仍属于身份不同的社会群体，在就业、教育、医疗、社会保障等领域所享受的公共服务水平仍存在很大差距。我国正处在加速破除城乡二元结构、形成城乡经济社会发展一体化新格局的关键时期。实现共享发展，必须坚持工业反哺农业、城市支持农村，推动城乡公共资源均衡配置，加快推动实现城乡基本公共服务均等化。同时，还要看到，一些吸纳农业转移人口较多的城镇，常住人口规模在相对较短时期内急剧膨胀，教育、医疗、保障性住房等各类公共设施和服务的供给能力与常住人口的增长速度不匹配，造成公共服务供给出现脱节，无法做到对外来常住人口均等覆盖。必须切实改善这些城镇的公共服务条件，加快消除进城农民与当地户籍人口的"二元结构"，实现基本公共服务的同城同待遇，让大多数进城农民工在就业居住地稳定下来，逐步融入城市，避免在城市周边形成大量的贫民窟，造成城市畸形发展。

按照共享发展理念要求，推进各项制度完善，需要进行深入系统全面的研究。对此，学术界从不同领域进行了分析研究，取得了不少研究成果。北京师范大学张琦教授等著的《中国共享发展研究报告（2016）》是一次很好的尝试。该报告梳理了"共享发展"背景、理论沿革，提出了"双层次、五维度、十领域"共享发展指数指标体系，并分别测算了除西藏外中国30个省（区、市）的共享发展水平和中国各个地区城乡间的共享发展水平，在此基础上，探讨了中国共享发展的路径选择，提出了对中国共享发展的政策建议，具有较强的理论价值和实践价值。

"共享发展"是一项颇具有创新性和挑战性的研究。希望这本著作能引起理论工作者和实践工作者的广泛关注、深入思考和持续性研究，为促进中国共享发展和全面建设小康社会贡献更多智慧！

中央财经领导小组办公室副主任
中央农村工作领导小组办公室副主任　　韩　俊
2017 年 4 月 10 日

序二

《中共中央关于制定国民经济和社会发展第十三个五年规划的建议》中首次提出"创新、协调、绿色、开放和共享"即五大发展理念，这是以习近平同志为核心的党中央治国理政思想在发展理念上的创新性成果，是对中国特色社会主义建设实践的深刻总结，是对中国特色社会主义发展理论内涵的丰富和提升。共享发展是五大发展理念之一，是创新、协调、绿色和开放发展理念最终结果的集中体现，共享发展彰显了中国特色社会主义的本质要求，顺应了人民群众对美好生活的向往。

但是如何按照共享发展理念要求来推进相关制度建立、完善和顺利实施呢？需要进行深入系统全面的研究，对此，社会各界从不同领域进行了分析探讨，取得了不少研究成果，但进行系统性研究的成果还不多。北京师范大学张琦教授等著的《中国共享发展研究报告(2016)》是一次很好的尝试，该报告梳理了"共享发展"背景、理论沿革和中国特色社会主义共享发展理念及习近平共享发展思想的主要内容，提出了"双层次、五维度、十领域"共享发展指数指标体系，并分别测算了除西藏外中国30个省（区、市）的共享发展水平和中国各个地区城乡间的共享发展水平，在此基础上，探讨了中国共享发展的路径选择，提出了对中国共享发展的政策建议，具有较强的理论价值和实践价值。

"共享发展"研究是一项有很强创新性的工作，对此，张琦教授带领的团队进行了一次探索性研究，取得的初步成果，是很有意义的。当然，这一课题还有一些可以进一步研究、改进和完善的地方。首先是理论体系上，建议课题组能结合中央"共享发展"的提法，对本著作提出的"五维度共享发展"进行更为深入的分析阐述。其次，课题组对中国共享发展指标体系还需进一步讨论，并对省际共享发展总指数和省际城乡共享发展指数的关系做进一层的展开。最后，目前报告的政策建议还稍显笼统，对于测算结果的解读也有待于进一步加强。报告对地区间共享发展存在的共性问题和差异似可进行总结和对比分析，从而为不同地区提出更符合当地实际、更具可操作的政策建议。也希望这部著作能引起社会各界广泛关注和研究兴趣，取得更多中国共享发展的学术研究成果。

山西省原副省长

2017 年 4 月 9 日

序三

共享发展是《中共中央关于制定国民经济和社会发展第十三个五年规划的建议》提出的"创新、协调、绿色、开放、共享"五大发展理念之一。如何能够实现中央提出的"坚持共享发展，必须坚持发展为了人民、发展依靠人民、发展成果由人民共享，作出更有效的制度安排，使全体人民在共建共享发展中有更多获得感，增强发展动力，增进人民团结，朝着共同富裕方向稳步前进"要求，是新时期理论工作者和实践工作者面临的迫在眉睫的任务。

北京师范大学经济与资源管理研究院，积极响应中央领导"重点建设一批具有较大影响和国际影响力的高端智库"指示精神，根据自身学科专业的实际，确立了"绿色发展研究、创新发展研究、减贫与共享发展研究、新兴市场研究"四大领域研究平台，服务国家改革发展重大战略需求，促进学科建设和人才培养。我院张琦教授研究团队多年来一直潜心扶贫开发政策研究，取得了不少研究成果，自2015年底又启动并组织"中国共享发展"研究工作，经过一年多努力，完成了《中国共享发展研究报告（2016）》的阶段性成果。该报告较系统地论述了共享发展理念演进发展历程和习近平总书记关于共享发展的思想精神，结合中国现状和未来发展趋势，从"五大维度""两个层次"分别构建了"中国共享发展指数和指标体系"，并测度比较和分析了除西藏外我国30个省（区、市）的共享发展水平和城乡共享发展水平，对我国全面建成小康社会目标提供政策参考，是一次探索性研究。来自北京师范大学、北京大学、清华大学、中国人民大学、中央民族大学、中国社会科学院、国务院扶贫办、国家统计局等十余位经济、社会、管理、环境、资源等多学科专家对报告进行了多次讨论和评议，极大提升了报告质量和水平。

"共享发展"是一项理论性和实践性都很强的新课题，需要多学科多领域专家一起共同攻关，《中国共享发展研究报告（2016）》是系统研究的第一部专著，肯定存在着很多不足，需要继续在理论体系、评价方法及政策制度体系等方面进一步丰富和完善，北京师范大学经济与资源管理研究院将继续支持并欢迎社会各界一起推动中国共享发展的理论政策和改革实践的深入研究，并期望取得更多理论研究成果，服务国家重大改革和发展需求！

名誉院长

北京师范大学经济与资源管理研究院

院长

2017 年 4 月 10 日

前言

十八届五中全会通过的《中共中央关于制定国民经济和社会发展第十三个五年规划的建议》，首次提出了"创新发展、协调发展、绿色发展、开放发展和共享发展"五大新发展理念，成为指导我国未来社会经济发展的重要方针。其中"共享发展"理念的提出是则充分彰显了中国特色社会主义的本质要求，也体现了人民群众共享改革成果的思想要义，凝结了新的中央领导集体治国理政的创新成果，更体现了中国共产党治国理政理念目标追求新任务，兑现了人民群众对美好生活的向往就是我们的奋斗目标新要求，饱含了中国共产党一以贯之的使命担当。

本研究借鉴国内外已有研究成果，结合我国新时期社会经济发展的实际，构建了两个层次、五个维度、涵盖十余个重要领域的"中国共享发展指数和指标体系"。两个层次：区域共享发展指数（总指数）和城乡共享发展指数（共享发展的城乡视角）。五个维度：经济发展分享度、社会保障公平度、公共服务均等度、减贫脱贫实现度、生态环境共享度。十余个重要领域：收入与支出、就业、养老、健康、医疗、住房、教育、交通、科技、减贫脱贫、资源、环境等。

《中国共享发展研究报告（2016）》由第一章总论、第二章中国共享发展指数构建、第三章中国共享发展指数省际比较、第四章中国城乡共享发展指数比较、第五章共享发展战略专题研究、第六章共享发展调研报告等部分组成。各部分围绕共享发展这一主题，全面地阐释了近年来中国共享发展的情况。

目录
CONTENTS

第一章

总　论

　　党的十八届五中全会通过了《中共中央关于制定国民经济和社会发展第十三个五年规划的建议》，首次提出创新、协调、绿色、开放、共享五大发展理念。对于共享发展的理念，十八届五中全会指出"坚持共享发展，必须坚持发展为了人民、发展依靠人民、发展成果由人民共享，作出更有效的制度安排，使全体人民在共建共享发展中有更多获得感，增强发展动力，增进人民团结，朝着共同富裕方向稳步前进"。这一表述，代表了国家对共享发展的基本界定。

　　"共享发展"理念提出，蕴涵着深刻历史寓意和时代发展的新内涵，更具有发展的战略前瞻性，全面展示了新时期我国在中国特色社会主义发展道路和社会主义制度建设中的制度自信、道路自信和文化自信。坚持共享式发展，有利于破解当前社会发展中出现的各类难题，消除人民参与经济发展，分享经济发展成果所遇到的障碍，顺应人民过上美好生活的期待和社会公平与正义的实现。

第一节　共享发展理念形成的背景

　　中国改革开放近40年取得了经济快速增长的历史性功绩，综合国力大幅提升，人民生活、收入和社会保障水平持续提高。但同时也要看到，依然面临贫富差距较大、区域发展不平衡、城乡发展差距拉大、公共产品供给不均、部分群众生活比较困难等各类问题和矛盾。以基尼系数为例，2003年我国居民收入的基尼系数为0.479，2008年达到最高点0.491，之后有所下降，2014年的基尼系数是0.462。而在20世纪80年代左右，全国收入差距的基尼系数是0.3左右。另外，新常态已经成为国内经济发展的客观状态，要求我国经济向形态更高级、分工更优化、结构更合理的阶段演进。而中国进入"十三五"，恰逢全面建成小康社会进入最后的冲刺阶段和决战期，能否实现全民全面共享发展，成为评判和检验结果的重要衡量依据。

一、收入差距居高不下决定了"共享发展"的紧迫性

通过全国城镇居民最高收入与最低收入的数据对比，得出居民收入的差距从 2005 年到 2012 年，逐年攀升，平均每年增长 12%，2012 年的收入差距是 2005 年的 2.18 倍，如图 1 - 1 所示。

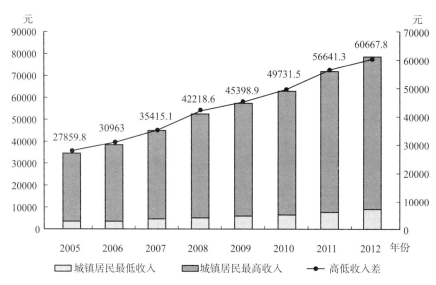

图 1 - 1　全国居民的高低收入差距情况

资料来源：国家统计局。

通过城乡人民收入比数据可以看到，城镇居民与农村居民的收入差距还是非常大的，一直维持在近 3 倍的差距之上。如表 1 - 1 所示。

表 1 - 1　　　　　　　　　2013 ~ 2014 年城乡居民收入差异状况

年份	2013	2014
城镇居民人均收入（元）	26467	28843.85
农村居民人均收入（元）	9429.59	10488.88
城镇农村居民收入比	2.81	2.75

资料来源：国家统计局。

中国目前的收入和财产不平等状况正在日趋严重。近 30 年来，官方公布的中国居民收入基尼系数从 20 世纪 80 年代初的 0.3 左右上升到现在的 0.45 以上，大大超出 0.4 的警戒线，财产不平等的程度更加严重。中国民生发展报告估算结果显示，顶端 1% 的家庭占有全国约 1/3 的财产，底端 25% 的家庭拥有的财产总量仅在 1% 左右。[①]

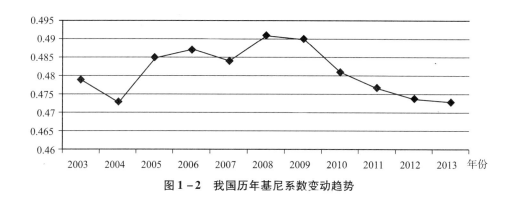

图 1 - 2　我国历年基尼系数变动趋势

居民收入分配的差距如果继续扩大，就会出现贫富两极化，大量贫困人口和弱势群体的出现，会让我国的医疗、住房、教育问题频频出现，最终危害社会安定，使得社会各方面矛盾加剧。所以，要做好积极应对措施，努力减小收入差距，尽快妥善解决居民收入差距不断扩大的问题，于是提出了共享发展的理念。

二、区域间不平衡性呼唤着区域间"共享发展"均衡推进

经济发展水平用人均 GDP 指标来反映。通过全国各省区市 2014 年人均 GDP 的比较，可以看到各地区的经济发展水平差距还是非常大的，人均 GDP 较高的是北京、天津、上海、江苏和浙江、广东等，人均 GDP 最高的是天津市，为 105231 元，是河北省的 2.63 倍，是甘肃省的 3.98 倍。

国家制定了全方位的区域发展政策，如中部崛起、西部开发、东北老工业振兴计划等，但我们还应看到，区域发展的差距还是非常大的。因此，政府在制定缩小地区经济差距的宏观政策时，要进一步提高市场的配置作用，发挥不同地区

---

① 《北大〈中国民生发展报告 2015〉：1% 家庭占全国 1/3 财产》，http：//www. askci. com/news/ch-anye/2016/01/19/14422vp2i. shtml。

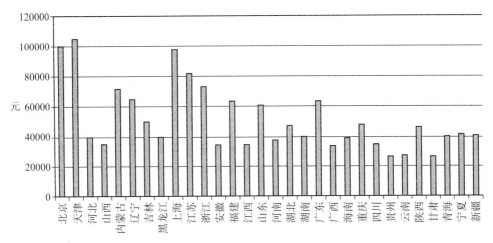

图 1-3　全国各省区市 2014 年人均 GDP 比较

资料来源：国家统计局。

的比较优势；要拓展经济落后地区与经济发达地区之间的互动渠道，实现生产要素的双向自由流动；要在不断增加经济发展"空间关联"的同时，改变落后地区和发达地区经济发展反向变动的趋势，以不断缩小各地区之间的经济差距。当前我国的"一带一路"、"京津冀"、"长江经济带"等区域发展战略，以及在新起点上深入实施西部大开发等多个区域发展的规划具有重要的推动作用。共享改革发展成果能够为经济发展创造稳定的社会环境；能够为经济发展提供持久的推动力量，能够为经济发展注入强大的创造活力。

三、中国公共服务差异大催生"共享发展"公平均等

通过图 1-4 展示，各地区的人均床位数存在较大差距，其中辽宁的人均床位数是西藏的 1.6 倍。城乡人均床位数的差距尤为显著，湖南达 6.41，河北达 6.04，贵州达 6.62。

通过图 1-5 可知，2014 年，在校生最多的是北京市，为 5429 人，最少的是青海市，为 1220 人，北京是青海的 4.45 倍，可见各地的教育水平差异还是很高的。

通过不断完善公共服务体系、完善阶层利益表达机制、收入分配调节机制、社会保障机制，从社会和经济领域同时发力，确保整个发展过程的公平性，确保全体社会成员共享改革发展成果，从而开启国强民富的新时代。要以推进基本公共服务均等化为重点，着力改善民生。发展经济的根本目的就是要让各族群众过

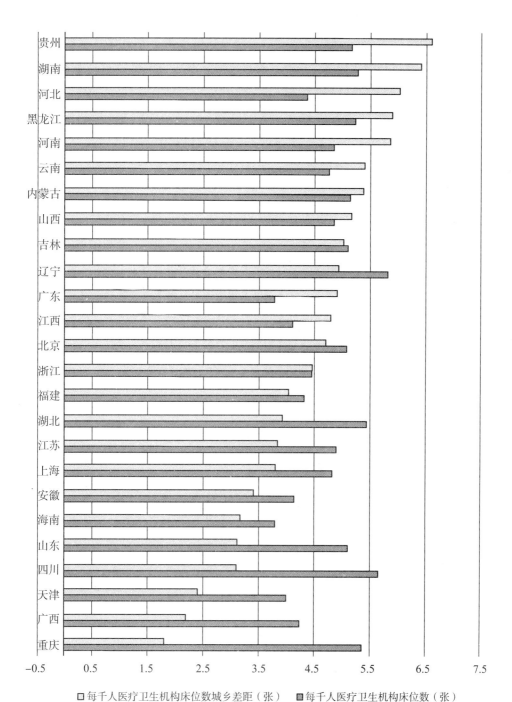

□ 每千人医疗卫生机构床位数城乡差距（张） ■ 每千人医疗卫生机构床位数（张）

图 1-4 2014 年我国各地区人均床位数和城乡床位差比较

资料来源：国家统计局。

上好日子。既要坚持不懈抓发展，不断扩大经济总量，为民生改善提供坚实基础，也要大力推进基本公共服务均等化，促进社会公平。教育投入要向民族地区、边疆地区倾斜，加快民族地区义务教育学校标准化和寄宿制学校建设，实行免费中等职业教育，办好民族地区高等教育，搞好双语教育。加快改善医疗卫生条件，加强基层医疗卫生人才队伍建设。

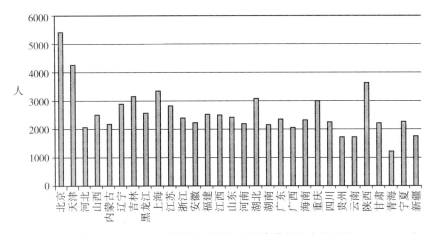

图 1 - 5 2014 年我国各地区每十万高等教育在校生数

资料来源：国家统计局。

四、共享发展是解决经济社会可持续发展的必然选择

面对共享发展的使命，要看到发展的不平衡性给社会和谐发展、可持续发展带来的诸多矛盾和挑战。共享发展着力解决区域之间、城乡之间、行业之间和职业之间收入差距呈现不断拉大的趋势。实现共享发展，既是我们维护公平正义、促进经济社会发展的奋斗目标，也是确保建成全面小康社会的重要保障。只有坚持共享发展，维护公平，增加广大人民的收入，才能消除地区发展差距和城乡发展差距。

第二节 中国共享发展理念的理论基础

共享发展有着深厚的理论基础，对于社会主义的共享发展理论设想可以追溯到中国古代民本共享思想，也可追溯到马克思、恩格斯的共享发展科学论述，并经过毛泽东思想、邓小平理论、"三个代表"重要思想和科学发展观等不断的演变，到习近平治国理政战略新思想中产生并最后形成。

一、共享发展的理论溯源

中国古代民本共享思想。中国诸多历史典籍都记载对民本思想的阐释，这也反映了共享发展思想。如《尚书》就有"民为邦本，本固邦宁"思想。《诗经·大雅·民劳》也有云"民亦劳止，汔可小康。惠此中国，以绥四方"等。儒家提出"大道之行也，天下为公""不患寡而患不均"。《礼运》篇提出"小康"与"大同"两种社会模式。"小康"旨在建立治理有方、生活稳定、国泰民安社会；而"大同"则是儒家对理想社会最高追求。又如"民为贵，社稷次之，君为轻"、"老吾老以及人之老，幼吾幼以及人之幼"等民本思想。康有为《大同书》提出"升平者，小康也""太平者，大同也"思想，认为大同社会是人类社会发展的最高形态。孙中山也提出了民有、民治、民享的重要思想。共享思想始终是中华优秀传统文化的重要基因。

马克思和恩格斯的共享发展思想。早在 19 世纪，马克思和恩格斯就对共享思想有过论述，尽管他们并没有直接提出"共享发展"概念，但是共享理念蕴涵在其思想萌芽中，也是"共享发展"理念的思想基础[①]。马克思和恩格斯追求的社会主义与共产主义理想，最基本的就是追求全人类的公平正义，马克思、恩格斯认为："真正的自由和真正的平等只有在共产主义制度下才可能实现"[②]。马克思、恩格斯认为在资本主义社会，资产阶级所谓"全民国家"只是一个虚假的幌子，其虚假诱惑的面纱下实际只是资产阶级享有机会、权利与结果，牺牲大多数人的利益满足部分人的需求，一切发展的结果只由少部分人享受，这并不是真正的平等[③]。针对资本主义虚假的全民共享，他们指出必须"结束牺牲一些人的利益来满足另一些人的需要的情况"使"所有人共同享受大家创造出来福利"[④]，争取全人类的解放和自由而全面的发展。可见，马克思的公平思想可以概括为"生产资料是全体社会成员联合占有的共同财产，劳动过程是全体社会成员参加与民主管理的联合劳动，劳动产品是由社会占有的共同产品。"[⑤]

人本主义思想。马克思认为社会的发展是以人为本位的发展。"任何一种解放

---

① 苗瑞丹：《论马克思恩格斯发展成果由人民共享思想及其现实启示》，载《求实》2013 年第 7 期，第 8～12 页。

② 《马克思恩格斯选集》第 1 卷，人民出版社 1956 年版，第 582 页。

③⑤ 洪远朋、于金富、叶正茂：《共享利益观：现代社会主义经济学的核心》，载《经济经纬》2002 年第 6 期。

④ 《马克思恩格斯选集》第 1 卷，人民出版社 1995 年版，第 243 页。

都是把人的世界和人的关系还给人自己。"[1] 社会发展的核心是人，发展是为了人自由而全面发展。人类社会进入高级阶段——共产主义社会，没有剥削，远离压迫，按需分配，所有人共同享受发展的结果[2]，人本主义是共享发展成果的重要思想要素，与强调以"物"为特征的发展目标相比，共享发展更加关注"人"。

社会分配与社会保障思想。在对社会财富如何进行分配的问题上，马克思、恩格斯主张在共产主义社会的第一阶段——社会主义社会实行按劳分配的原则。马克思说："要想得到和各种不同的需要量相适应的产品量，就要付出各种不同的和一定量的社会总劳动量。"[3] 所以，每一个生产者，在作了各项扣除以后，从社会方面正好领回他给予社会的一切。他所给予社会的，就是他个人的劳动量。生产者的权利是和他们提供的劳动成比例的：平等就在于以同一的尺度——劳动来计量。[4] 另外，马克思认为，在进行个人分配之前，还得从社会总消费资料中扣除如下一些费用：同生产没有直接关系的一般管理费用，用来满足共同需要的部分，如学校、保健设施等；为丧失劳动能力的人等设立的基金，总之，就是现在属于所谓官办济贫事业的部分。由此可见，马克思也是很重视建立社会保障制度的。这也与共享发展理念是相契合的。[5]

二、发展经济学中的共享发展思想和理念

经济增长与经济发展。发展经济学明确区分了经济增长和经济发展概念，指出发展中国家要更加注重经济发展，而非简单的经济增长。在发展经济学理论中，经济发展既包括量又包括质的内容。先富理论和唯 GDP 主义的经济增长不是真正的经济发展，两极分化与社会贫富差距的扩大的 GDP 提高是经济增长，而非经济发展。"发展中国家与发达国家的经济差距可以用 GNP 或者 GDP 近似地表示出来，但人均 GNP 或 GDP 远远无法描述这一国居民的实际福利状况。"[6] 经济发展不仅包括经济增长，还包括经济结构的变化，投入结构、产出结构、产品构成的变化和质量改进、居民生活水平的提高（人均收入持续增加、居住条件、医疗卫生水平、受教育程度等）、分配状况改善。经济增长是经济发展的必要条件，但经济增长不一定带来经济发展，如果一国政府没有利用好收入增长，

---

[1] 《马克思恩格斯全集》第 1 卷，人民出版社 1956 年版，第 443 页。
[2] 《马克思恩格斯全集》第 23 卷，人民出版社 1972 年版，第 649 页。
[3] 《马克思恩格斯选集》第 4 卷，人民出版社 1995 年版，第 80 页。
[4] 《马克思恩格斯选集》第 3 卷，人民出版社 1972 年版，第 10～11 页。
[5] 《马克思恩格斯选集》第 3 卷，人民出版社 1972 年版，第 9～10 页。
[6] 张培刚、张建华：《发展经济学》，北京大学出版社 2009 年版，第 61 页。

居民的生活质量健康受损、收入财富分配不均、贫困人口没有减少，不是真正的经济发展。发展经济学要求注重政府和经济计划在消除贫困、失业和不公平等问题上的作用。

以人为本的发展。诺贝尔奖获得者、印度经济学家阿马蒂亚·森在20世纪80年代初提出一种评价发展的新方法，根据他的思想，联合国开发计划署提出了人类发展的概念，认为发展的核心问题就是以人为本的发展，发展的进程应该为人们创造一种有益的环境，使他们能够充分发挥他们的全部潜能，不断扩大他们的选择范围。以人为本的发展，意味着发展的过程和结果都要以人为本，发展过程要让人人满意，发展的结果要满足人的基本需求和促进人的发展。"要满足人的基本需求，就必须提高人均收入、消除绝对贫困、增加就业机会、减少收入分配不平等"，[①]要促进人更好的发展，除了改善民众的物质生活条件外，还要提高健康水平、文化素质，让人们拥有足够的收入购买各种商品和服务的能力、延长寿命的能力、享受身体健康的能力、获得更多知识的能力以及参与公共事务的能力，等等。

公平与发展。在经济发展过程中，我们不仅要关注经济总体和收入水平的增长，还需要关注收入增长和财富如何在社会群体中的分配问题，只有使社会中全体成员都受益的增长才会受到欢迎，才能有继续发展的动力。发展经济学认为发展中国家实现公平发展的基本要求是：消除贫困、改善收入分配。世界银行《2016年世界发展报告》特别指出，广泛分享经济对经济增长和发展有着至关重要的作用，广泛分享发展结果能够为经济发展提供动力。发展经济学中，公平的含义包括：机会均等、过程公平和结果均等。机会均等是指不同群体的不能因为出身不同就享有不同的社会资源，其实质可以概括为社会群体对社会资源的享受是平等的，如教育、医疗等。过程公平，对一切合法经济活动的参与者的财产和其他权利的合法保护。结果均等，收入和财富的结果公平分配，也就是对发展结果的共享。

三、包容性增长理论中的共享发展概念

亚洲开发银行在2007年首次提出包容性增长的概念，随着研究的不断深入和理论体系的不断成熟，目前，包容性增长和包容性发展已成为亚洲开发银行、世界银行等致力于国际减贫的指导思想和核心战略。包容性增长实质上就是在经

---

① 张培刚、张建华：《发展经济学》，北京大学出版社2009年版，第11页。

济增长过程中通过倡导和保证机会平等使增长成果能广泛惠及所有民众的发展理念和理论体系，它既是目的，也是手段，是有机地把增长过程和增长结果统一于经济社会发展的实践。包容性增长理论的内涵包括两个方面：平等参与经济发展活动，共享经济发展成果。

平等参与经济发展活动。包容性增长强调机会公平，即每个人公平地参与经济活动，不因个人的身份和背景而剥夺部分人参与经济发展活动的建设或者增加某一部分人参与经济建设的特权，具体来说就是在经济发展过程中所有社会成员可以充分地行使民权，各社会阶层可机会平等地融入社会经济发展的主流之中概括来说就保证人人共建。[①] "包容性增长"能够确保每个公民获得公平的机会。这意味着，我们要在教育和医疗方面增加投入，扩展人们的能力，并构建有效的安全保障网络，以减轻由疾病、经济危机、产业调整或自然灾害给人们带来的暂时生活冲击，以及满足弱势群体和贫困人口的特别需求。[②]

共享经济发展成果。既要解决"机会均等"，更要重视"结果不平等"。发展中国家实践已经证明，如果不考虑公平和谐经济增长，只注重将社会资源单纯向能够创造更大效益的群体和领域汇集，就容易形成经济增长中的"黑洞"，而"黑洞"一旦形成，必将破坏公平，带来严重的社会矛盾和制度危机。[③] "包容性增长"提倡社会公众平等参与经济活动，共享社会财富。社会公众或经济主体无论初始地位、原始财富、所属地区、类属行业如何都有平等的权利参与政治、经济、文化、社会活动，并根据贡献的大小合理地分配应得的社会财富，而且这种平等参与，合理共享权利受宪法和法律保障，不得受到限制或排斥。而是国家和社会一方面要从最根本上消除制度性歧视、弥补制度缺失建立公平的竞争体制；另一方面要保障各阶层群体，尤其是弱势群体在环境共享、资源利用、信息交流、经济生产等各个方面能够享有平等参与以及合理共享的机会。

第三节　中国共享发展理念的演进及发展

共享发展充分体现了中国共产党的性质和宗旨，发展为了人民、发展依靠人民、发展成果由人民共享是党执政为民理念的崭新表述，是党和政府执政为民、

---

① 谢锦峰：《包容性增长与适度政府规模的相关性研究》，载《学理论》2013 年第 20 期，第 9～11 页。
② 梁雪峰、庄巨忠：《和谐社会与包容性增长一脉形成》，中国日报网，2010 年 10 月 20 日。
③ 《经济增长中的"黑洞"现象》，证券之星，2005 年 9 月 19 日。

服务于民的政策基点和时代命题。①

一、中国特色社会主义的共享发展理念的演进

（一）毛泽东思想中的共享发展理念

开国领袖毛泽东认为社会发展的主体是人民，"人民，只有人民才是创造历史的动力"②，人民群众创造历史，人民是发展的动力，发展必须依靠人民。同时毛泽东指出实现人民利益是社会主义的根本目的，必须以人民利益为根本，不断为人民谋取利益，发展的结果为了人民，人人都要享受自身参与创造的发展结果。但是毛泽东认为人人共享并不是平均主义，他指出"谁要是提倡绝对的平均主义，那就是错误的"③。

（二）邓小平理论中的共享发展理念

邓小平的共建共享思想体现在他的社会主义本质理论和经济增长理论上，一方面包含了发展结果要由人民共享，另一方面发展过程要由人民共建。邓小平认为社会主义本质是解放生产力，发展生产力，消灭剥削，消除两极分化，最后达到共同富裕，"社会主义最大的优越性就是共同富裕，这是体现社会主义本质的一个东西"，共同富裕是社会全体对于发展结果的享受，人人享受到发展结果才能达到共同富裕。邓小平认为实现共同富裕的方式是解放发展生产力，允许一部分地区、一部分人先富裕起来的同时，先富帮后富，最终实现共同富裕，又要防止收入过分悬殊，防止出现两极分化，目前，随着改革开放的深入发展，中国成为世界第二大经济体，允许一部分人先富起来基本已经实现，而如何达到共同富裕，也就是人人享受发展成果显得尤为重要。关于经济增长，虽然邓小平没有具体地论述经济增长与经济发展的概念区分，但是他一直把经济发展作为经济增长的内涵来看，邓小平认为经济增长的结果在于人民享受到发展结果，在于生活的提高，1979 年他说："最根本的因素，还是经济的增长速度，而且要体现在人民的生活逐步好起来"④。

---

① 姚治明：《正确理解共享发展理念》，载《创造》2016 年第 4 期，第 34 ~ 35 页。
② 《毛泽东选集》第 3 卷，人民出版社 1991 年版，第 1031 页。
③ 《毛泽东选集》第 4 卷，人民出版社 1991 年版，第 1314 页。
④ 《邓小平文选》第 3 卷，人民出版社 1993 年版，第 355 页。

（三）"三个代表"重要思想和"科学发展观"中的共享发展理念

随着改革开放的深入发展，以江泽民为核心的第三代领导集体，提出"三个代表"重要思想。他强调，党要赢得群众的支持，"最根本的是要把实现和维护最广大人民的利益作为我们一切工作的出发点和落脚点，努力使工人、农民、知识分子等基本群众共同享有到改革发展的成果"①。十六大以来，胡锦涛提出科学发展观，坚持"以人为本"，并在此基础上正式提出"发展成果由人民共享"观点，这是我国经济体制转型与经济社会进入关键发展阶段、解决收入分配不公和利益矛盾突出等各种社会问题的迫切要求，也是构建社会主义和谐社会的必然要求。他提出"共建共享"是构建和谐社会的基本理念，要求把"发展成果由人民共享"始终贯穿到构建和谐社会过程中，努力实现好、维护好、发展好最广大人民的根本利益。

二、习近平治国理政中的共享发展思想体系

习近平共享思想体系可归纳为以下七个主要方面：

（一）保障和改善民生思想

2013年以来习近平提出："生活在我们伟大祖国和伟大时代的中国人民，共同享有人生出彩的机会，共同享有梦想成真的机会，共同享有同祖国和时代一起成长与进步的机会。""我们将以保障和改善民生为重点，促进社会公平正义，推动实现更高质量的就业，深化收入分配制度改革，健全社会保障体系和基本公共服务体系。""加强保障和改善民生工作。坚持守住底线、突出重点、完善制度、引导舆论的基本思路，多些雪中送炭，更加注重保障基本民生，更加关注低收入群众生活，更加重视社会大局稳定。做好就业工作，要精准发力，确保完成就业目标。""抓民生也是抓发展。要在保障基本公共服务有效供给基础上，积极引导群众对居家服务、养老服务、健康服务、文体服务、休闲服务等方面的社会需求，支持相关服务行业加快发展，培育形成新的经济增长点，使民生改善和经济发展有效对接、相得益彰。要着力保障民生建设资金投入，全力解决好人民群众关心的教育、就业、收入、社保、医疗卫生、食品安全等问题，保障民生链正常运转。""要加强民生保障，完善社会保障体系和社会安全网。"反映出保障和改

---

① 《江泽民论有中国特色社会主义（专题摘编）》，中央文献出版社2002年版，第211页。

善民生思想是共享发展的重要内容。

（二）推进基本公共服务均等化思想

2013 年以来。习近平强调"要以推进基本公共服务均等化为重点，着力改善民生。发展经济的根本目的就是要让各族群众过上好日子。既要坚持不懈抓发展，不断扩大经济总量，为民生改善提供坚实基础，也要大力推进基本公共服务均等化，促进社会公平。"

（三）打赢脱贫攻坚战，做好扶贫攻坚工作

2012 年以来，习近平特别关注扶贫脱贫工作并作出了一系列指示和重要讲话，制定了《关于打赢脱贫攻坚战的决定》，提出了"精准扶贫精准脱贫"战略新思想，亲自指导完成了脱贫攻坚"十三五"规划和 2020 年实现现有标准下的农村贫困人口全部脱贫，贫困县全部摘帽，解决区域性整体贫困问题，实施了贫困地区扶贫脱贫机制创新、建立了六个精准、五个路径和严格的贫困地区考核机制和制度。他指出"消除贫困、改善民生、实现共同富裕，是社会主义的本质要求。""全面建成小康社会，最艰巨最繁重的任务在贫困地区。全党全社会要继续共同努力，形成扶贫开发工作强大合力。各级党委、政府和领导干部对贫困地区和贫困群众要格外关注、格外关爱，履行领导职责，创新思路方法，扎扎实实做好新形势下扶贫开发工作，推动贫困地区和贫困群众加快脱贫致富奔小康的步伐。""小康不小康、关键看老乡。""打好扶贫攻坚战，民族地区是主战场。""扶贫开发是我们第一个百年奋斗目标的重点工作，是最艰巨的任务。扶贫开发要增强紧迫感，真抓实干，决不能让困难地区和困难群众掉队。要以更加明确的目标、更加有力的举措、更加有效的行动，深入实施精准扶贫、精准脱贫，项目安排和资金使用都要提高精准度，扶到点上、根上，让贫困群众真正得到实惠。""要把扶贫攻坚抓紧抓准抓到位，坚持精准扶贫，倒排工期，算好明细账，决不让一个少数民族、一个地区掉队，坚决阻止贫困现象代际传递。""切实做到精准扶贫。扶贫开发贵在精准，重在精准，成败之举在于精准。各地都要在扶持对象精准、项目安排精准、资金使用精准、措施到户精准、因村派人（第一书记）精准、脱贫成效精准上想办法、出实招、见真效。要坚持因人因地施策，因贫困原因施策，因贫困类型施策，区别不同情况，做到对症下药、精准滴灌、靶向治疗。要通过扶持生产和就业发展一批，通过移民搬迁安置一批，通过低保政策兜底一批，通过医疗救助扶持一批，实现贫困人口精准脱贫"。

（四）缩小收入差距

2013 年以来，习近平指出"推进城乡要素平等交换和公共资源均衡配置。主要是保障农民工同工同酬，保障农民公平分享土地增值收益；完善农业保险制度；鼓励社会资本投向农村建设，允许企业和社会组织在农村兴办各类事业；统筹城乡义务教育资源均衡配置，整合城乡居民基本养老保险制度、基本医疗保险制度，推进城乡最低生活保障制度统筹发展，稳步推进城镇基本公共服务常住人口全覆盖，把进城落户农民完全纳入城镇住房和社会保障体系。""给农村发展注入新的动力，让广大农民平等参与改革发展进程、共同享受改革发展成果""要加快推进美丽乡村建设，促进城乡基本公共服务均等化、基础设施联通化、居民收入均衡化、要素配置合理化、产业发展融合化。"

（五）提高教育水平

习近平提出"中国将坚定实施科教兴国战略，努力让每个孩子享有受教育的机会，努力让 13 亿人民享有更好更公平的教育，获得发展自身、奉献社会、造福人民的能力。""教育投入要向民族地区、边疆地区倾斜，加快民族地区义务教育学校标准化和寄宿制学校建设，实行免费中等职业教育，办好民族地区高等教育，搞好双语教育。""发展乡村教育，让每个乡村孩子都能接受公平、有质量的教育，阻止贫困现象代际传递，是功在当代、利在千秋的大事。要把乡村教师队伍建设摆在优先发展的战略位置，多措并举，定向施策，精准发力，通过全面提高乡村教师思想政治素质和师德水平、拓展乡村教师补充渠道、提高乡村教师生活待遇、统一城乡教职工编制标准、职称（职务）评聘向乡村学校倾斜、推动城市优秀教师向乡村学校流动、全面提升乡村教师能力素质、建立乡村教师荣誉制度等关键举措，努力造就一支素质优良、甘于奉献、扎根乡村的教师队伍。""逐步缩小区域、城乡数字差距，大力促进教育公平，让亿万孩子同在蓝天下共享优质教育、通过知识改变命运。"2015 年 6 月 16 日至 18 日，习近平在贵州调研。"职业教育是我国教育体系中的重要组成部分，是培养高素质技能型人才的基础工程，要上下共同努力进一步办好。""扶贫必扶智。让贫困地区的孩子们接受良好教育，是扶贫开发的重要任务，也是阻断贫困代际传递的重要途径。"

（六）优化社会保障制度

2013 年以来习近平指出："加快推进住房保障和供应体系建设，是满足群众基本住房需求、实现全体人民住有所居目标的重要任务，是促进社会公平正义、保证人民群众共享改革发展成果的必然要求。""推进城乡要素平等交换和公共资源均衡配置。主要是保障农民工同工同酬，保障农民公平分享土地增值收益；完善农业保险制度；鼓励社会资本投向农村建设，允许企业和社会组织在农村兴办各类事业；统筹城乡义务教育资源均衡配置，整合城乡居民基本养老保险制度、基本医疗保险制度，推进城乡最低生活保障制度统筹发展，稳步推进城镇基本公共服务常住人口全覆盖，把进城落户农民完全纳入城镇住房和社会保障体系。""推进人的城镇化重要的环节在户籍制度，全面放开建制镇和小城市落户限制，有序放开中等城市落户限制，合理确定大城市落户条件，严格控制特大城市人口规模，促进有能力在城镇稳定就业和生活的常住人口有序实现市民化，稳步推进城镇基本公共服务常住人口全覆盖。户籍制度改革是一项复杂的系统工程，既要统筹考虑，又要因地制宜、区别对待。""公立医院是我国医疗服务体系的主体。要把深化公立医院改革作为保障和改善民生的重要举措。要坚持公立医院公益性的基本定位，将公平可及、群众受益作为改革出发点和立足点，落实政府办医责任，统筹推进医疗、医保、医药改革，坚持分类指导，坚持探索创新，破除公立医院逐利机制，建立维护公益性、调动积极性、保障可持续的运行新机制，构建布局合理、分工协作的医疗服务体系和分级诊疗就医格局。"

（七）促进就业创业

习近平高度重视就业创业工作，强调指出"做好就业工作，要精准发力，确保完成就业目标。要更好发挥市场在促进就业中的作用，鼓励创业带动就业，提高职业培训质量，加强政府公共就业服务能力。""要依靠产业带动和必要的政策激励，鼓励创业、扩大就业，努力增加城乡居民收入""要实施更加积极的就业政策，为各族群众走出农牧区到城镇和企业就业、经商创业提供更多帮助。"

第四节　学术界关于共享发展研究的概述

近年来，学术界对于共享发展的内涵、意义及实现路径做了一些有意义的研究和探索。

一、关于共享发展内涵的研究

马光选在《以"制度共享"保证"共享发展"》[①] 一文中指出，共享发展包括：东西共享、城乡共享、官民共享、公私共享、贫富共享，构成共享发展有机的统一体。在共享发展的内容上，不但体现的是利益的共享，更是风险的共担；在共享发展的范围上，不仅是全领域共享，更是多层次的共享。庞元正在《共享经济发展成果的要义》[②] 一文中强调："共享"就是要做到各尽其能、各得其所，使每一个社会主义劳动者、建设者都能够充分发挥自己的聪明才智，都能够享有与自己贡献相应的发展成果；"共享"必须使低收入群体、困难群体生存发展的基本需求得到满足；"共享"必须使发展成果惠及最广大人民，逐步建立覆盖城乡全体居民的社会保障制度；"共享"必须使中等收入者逐渐成为社会的主体，不断推进共同富裕。并强调，在社会主义初级阶段，"共享"只能是有差别的"共享"，不可能是"平均享有"；更不是回到平均主义，"吃大锅饭"。官锡强在《坚持公平正义 实现共享发展》[③] 一文中指出，共享发展就是按照人人参与、人人尽力、人人享有的要求，坚守底线、突出重点、完善制度、引导预期，注重机会公平，保障基本民生，实现全体人民共同迈入全面小康社会。人人参与、人人尽力、人人享有是共享发展的基本内涵。

国外学者在之前也提出了相类似的理念。科扎克（Kozak）早前对经济增长指标作为发展指标提出了质疑。经济增长只能表示经济绩效，而不能衡量内容远为丰富的社会发展。1963 年联合国社会发展研究所（UNRISD）的成立，标志着即将对社会发展指标进行大规模的研究。[④] UNRISD 在关于发展的度量方面做了大量的工作，在 20 世纪 60 年代建立了生活水平指数，在 70 年代提出了基于十几项指标的加权平均的百分制通用发展指数。联合国开发计划署（UNDP）也于 1992 年建立了人们已较熟悉的包含人均收入（按购买力评价 PPP 计算）、预期寿命和生育、教育等 3 类数据的人类发展指数（HDI）。这些都用来衡量社会发展程度的。

[①] 《创造》2015 年第 11 期。
[②] 《人民日报》2007 年 9 月 7 日。
[③] 官锡强：《坚持公平正义 实现共享发展》，载《南宁日报》2015 年 12 月 10 日。
[④] 贾绍凤、毛汉英：《国外可持续发展度量研究综述》，载《地球科学进展》1999 年第 6 期，第 596 ~ 601 页。

二、关于共享发展意义的研究

王丽在《践行共享发展理念引领经济社会全面发展》[①] 一文中指出，共享发展理念充分体现了中国共产党的性质和宗旨。共享发展是"十三五"规划的出发点、落脚点，既解释了发展的动力，也解释了发展的目的。共享发展贯穿于改革开放全过程，共享发展理念及其安排是全面建成小康社会的基本保证，其现实意义在于其是社会主义的本质要求，开辟了中国发展的新阶段。张道全在《共享改革发展成果是保持经济持续发展的必要条件》[②] 中指出，共享改革发展成果能够为经济发展创造稳定的社会环境；能够为经济发展提供持久的推动力量；能够为经济发展注入强大的创造活力。官锡强在《坚持公平正义实现共享发展》[③] 一文中指出，共享发展是突出全体人民主体地位的必然要求，是我国经济社会可持续发展的必然选择，是消灭地区发展不平衡的重要保障，是提高经济发展和公共服务水平的重要举措。达尼洛（Danilo）在《联合国发展概念和共享社会的愿景》(The UN Concept of Development and the Vision of Shared Societies) 一文中指出联合国千年发展目标的设立是一项重要成就，而共享理念有助于实现这一目标，即根除贫穷，实现可持续性发展和社会公平。

三、关于共享发展实现路径的研究

张翼在《共享经济与社会发展成果》[④] 一文中指出，实现共享就要完成收入翻番任务；完成扶贫攻坚任务；推进户籍人口城镇化水平；加强养老保险建设；缩小收入差距。[⑤] 尹庆双在《坚持共享发展理念，全面建成小康社会》[⑥] 中指出，现阶段共享发展的重点是解决贫困及其他低收入等弱势群体的问题。共享发展要做到：消除贫困，缩小收入差距；积极促进就业，促进教育公平，提升参与并共享发展的能力；完善公共服务体系，保障人民的基本权益，进一步全面共享发展

---

① 王丽：《践行共享发展理念　引领经济社会全面发展》，载《奋斗》2015 年 11 月 10 日。
② 张道全：《共享改革发展成果是保持经济持续发展的必要条件》，载《经济问题探索》2011 年 4 月 1 日。
③ 官锡强：《坚持公平正义　实现共享发展》，《南宁日报》2015 年 12 月 10 日。
④ 《中国发展观察》2015 年第 11 期。
⑤ 陈佳奇、李文杰：《践行共享发展理念　全面建成小康社会》，载《北方经济》2015 年第 11 期，第 32～34 页。
⑥ 《经济学家》2015 年第 12 期。

成果。① 之江平《共享发展惠及全体人民》提出，发展重难点是：坚持共享发展，实现共同富裕，全面建成小康，重点和难点在农村，共享发展必须有一个公平正义的制度安排来支撑。诸如在收入、扶贫、就业、教育、卫生、保障等方方面面，都有一个政策、制度、措施安排，来充分体现共享发展的理念。

四、关于中国共享发展需要妥善处理的几个关系研究

共享的字面意义很好理解，但将其提升至一种理念，尤其是国家层面的发展理念在我党执政历史上尚属首次。"民之所呼，政之所向"，共享发展理念符合全体人民的根本利益，践行共享发展，② 与共享发展相关的几个概念需要正确认识。

第一，共享发展与分享经济的关系。分享经济是指将社会上分散、闲置资源、平台化、协同化地集聚、复用与供需匹配，从而实现经济与社会价值创新的新形态，是指消费者不购买某种物品的所有权而通过租用或借用的方式实现对某一物品的享用。③ 分享经济与共享发展内涵不同，分享经济是经济运行的一种具体模式，与社会制度无关。而共享发展是一个与发展相关的理念，与社会制度密切相关，只有在生产资料公有制为基础的社会中才能得到实现。两者的目的也不同，共享发展的目的是实现发展成果共享，增加社会成员的福祉，而分享经济的目的是消费者不拥有某种物品的所有权而可以使用或享用某种物品，降低消费者的交易成本。

第二，共享发展与共同富裕的关系。共享发展与共同富裕密切相关。共享发展是实现共同富裕的基本手段和基本路径，共同富裕是共享发展的目标，只有在坚持共享发展的基础上，才能逐步实现共同富裕的目标。没有共享发展，居民收入差距扩大，基本公共服务在不同社会群体之间、城乡之间、区域之间的供给处于非均衡状态，共同富裕的目标难以实现；没有共同富裕的目标，共享发展就失去了前进的方向。共享发展与共同富裕的时空跨度有所不同。共同富裕是在经济高度发展基础上实现的一个目标，是在全面实现小康生活基础上实现的一种更为富裕层次的生活状态，在社会生产力发展水平比较低的阶段，共同富裕难以完全实现。共享发展的时空跨度比较大，无论是在经济发展水平比较低或比较高的阶段都可以实现，只是在不同的发展阶段，共享发展的实现手段、内容不同。

我国目前正处于社会主义初级阶段，共享发展的水平还相对较低，真正达到

---

① 尹庆双：《践行共享发展理念　全面建成小康社会》，载《四川日报》2015 年 11 月 13 日。
② 王晋斌：《共享发展理念须贯穿"十三五"始末》，中国改革论坛，2016 年 1 月 19 日。
③ 张越：《分享经济：向日常化细分》，载《中国信息化》2016 年第 12 期，第 44～45 页。

共享发展与我国的当前现实还有一定的差距，只有经过长期的经济社会发展，并把共享发展理念贯穿于发展过程中，共享发展的内在要求才能在真正展示出来。共享发展是一个动态、长期的历史过程，而不是一个一蹴而就的简单结果。经过多年艰苦卓绝的奋斗和长期不懈的努力，我国人民群众的生活水平有了显著提高，但同时，我们面临不少人民反映强烈的民生问题，这种现实的存在，恰恰说明共享发展必然是一个从低级到高级、从局部到全局、从不均衡到均衡的渐进过程。

第三，共享发展与全面建成小康社会的关系。坚持共享发展，必须坚持全体人民进小康，不能有人掉队的底线。[①] "让发展成果人人共享"是全面建成小康社会的最基本标准和实现途径，人人共享体现的是公平正义的要求，体现的是人人平等的要求。全面建成小康社会，要注意体现社会主义制度的本质要求，要坚持共同发展，共同富裕。坚持共享发展，还必须提高劳动参与率，让更多的人、更高效率地参加到全面建设小康社会的进程中来，进而实现人人参与、人人尽力、人人享有的要求。实现共享，必须共建。只有全面共享，才能够调动全体共建。[②]

第四，共享发展与民生建设的关系。"共享"是实实在在体现在教育、医疗、就业、扶贫、食品安全等民生领域的方方面面[③]。"十三五"时期加强民生建设有以下着力点：破解百姓看病贵、看病难；推动义务教育均衡发展，让寒门学子也能安心读书，阻止贫困代际传递；促进就业创业，给每个创业者提供实现梦想的机会；实施脱贫攻坚工程，实现我国现行标准下农村贫困人口脱贫，贫困县全部摘帽，不让任何一个人在全面建成小康社会的路上"掉队"；坚持居民收入增长和经济增长同步、劳动报酬提高和劳动生产率提高同步，健全科学的工资水平决定机制、正常增长机制，让百姓确实感觉到生活富裕了，幸福感增强了；实施食品安全战略，让"食品安全"从口头承诺变成现实遵循[④]。提高人民福祉重在增强获得感。获得感是人们享受改革发展成果程度及对于这种成果享受的主观感受与满意程度，包括客观的改革发展效果和主观的改革发展感受。

第五、共享发展与精准扶贫的关系。共享发展与精准扶贫具有高度的相关

---

① 黄卫挺：《共享发展：兑现历史承诺 开启共富新篇章》，载《中国党政干部论坛》2015 年第 12 期。

② 张立群：《坚持共享发展，让全面小康的成果惠及全体人民》，求是，http://www.qstheory.cn/politics/2015－11/03/c_1117027662.htm。

③ 唐任伍：《"共享"发展是中国共产党治国理政的理念创新》，载《红旗文稿》2015 年第 12 期。

④ 《进一步深化对绿色发展的认识》，党建网，http://www.dangjian.cn/gbbd/xxhtwx/201605/t20160511_3351187.shtml。

性。精准扶贫是共享发展的重要手段和战略选择，共享发展是精准扶贫的重要目标。"精准扶贫"是实现"共享发展"理念的重要手段。第一，减贫脱贫和共享发展，是马克思主义发展观的具体体现，体现了中国共产党的人民性本质和中国特色社会主义共同富裕道路的价值取向。第二，减贫脱贫和共享发展，是中国特色社会主义的本质要求。第三，减贫脱贫和共享发展，是全面建成小康社会的必然要求。"精准扶贫"是实现"共享发展"理念的战略选择。第一，精准扶贫是共享发展的基本方略。第二，共享发展理念的突破口是脱贫攻坚。共享发展是一个系统工程，涉及就业、增收、社保、医疗、教育等方方面面。践行共享发展理念最紧迫、最艰巨的任务是推进贫困山区人口的脱贫攻坚。第三，坚持把共享发展贯穿于脱贫攻坚全过程。打赢脱贫攻坚战，关键是要坚持共享的理念、思路和方法，深入分析面临的矛盾问题，准确把握目标任务和总体要求。共享发展是精准扶贫的重要目标。共享不是搞平均主义，共享承认差距，但要求把差距控制在合理范围内，防止贫富悬殊，尤其要努力消除贫困①。

第六，共享发展与中国梦的关系。中国梦可以分为个人的民生梦、国家民族的富强振兴梦和世界的和平发展梦②。其中民生中国梦包括学有优教，病有良医，老有颐养，住有宜居，碧水蓝天和温馨港湾③。共享发展是中国梦的立足点和出发点，是社会主义的本质要求。中国社会科学院吴波教授认为，共享发展理念蕴涵着深刻的问题意识，具有鲜明的现实针对性，折射出对中国特色社会主义重大现实问题的发现与解决④。通过不断完善公共服务体系、完善阶层利益表达机制、收入分配调节机制、社会保障机制，从社会和经济领域同时发力，确保整个发展过程的公平性，确保全体社会成员共享改革发展成果，从而开启国强民富的新时代⑤，要以共享发展等理念为引擎，合力驱动，共创美好的未来。

第五节　共享发展的理论和现实意义

共享发展理念是我国发展理论的又一次重大创新。共享发展是社会主义发展

① 刘远舰：《坚定走精准扶贫之路建设好全面小康社会》，中国社会科学网，http：//opinion. people. com. cn/n1/2016/0211/c1003 – 28119593. html。

② 《共享发展是中国梦的立足点和出发点》，人民网。

③ 《2014 年中国民生发展报告发布首提民生中国梦》，人民网，http：//politics. people. com. cn/n/2014/1115/c1001 – 26031559. html。

④ 《共享发展是中国梦的立足点和出发点》，人民网，http：//news. youth. cn/jy/201512/t20151216_7425087. htm。

⑤ 王丽：《展望"十三五"专题策划：践行共享发展理念引领经济社会全面发展》，人民网。

的逻辑起点，也是社会主义发展的目标。在五大发展理念中，共享发展具有鲜明的导向价值，意义重大。正确理解共享发展理念的丰富内涵、全面把握共享发展理念精神实质，对我国社会经济发展具有重要意义。

一、共享发展理念是社会主义发展理论的重要飞跃

共享发展理念是对马克思主义发展理论的继承和创新，是新时期我国治国理政理念的最新概括，是国家对"发展为了人民、发展依靠人民、发展成果由人民共享"的深化阐释。

第一，共享发展理念是马克思主义中国化的传承与发展。人人共享社会发展成果，是马克思主义关于未来新社会的基本原则和一贯主张。共享发展理念是对科学社会主义基本原则的继承。18、19世纪，资本主义社会占据统治地位，资本主义生产资料私有制阻碍了社会化大生产的进一步发展，在这一背景下，马克思、恩格斯探索了人类社会发展的客观规律，揭示了资本主义社会发展的历史趋势以及社会主义社会取代资本主义社会的客观必然性，为社会主义制度的建立提供了理论基础。列宁、斯大林把马克思主义的理论运用于实践，创建了世界上第一个社会主义国家，并对社会主义经济发展的客观规律进行了探索，丰富了马克思主义关于发展的理论。

我国社会主义建设自20世纪50年代开始，毛泽东探索了我国经济发展中出现的一系列实际问题，这些问题都是围绕社会主义"如何发展"展开的。邓小平的"发展是硬道理"，揭示了发展对当时社会主义中国的重要性和迫切性，并成功地推进了以东南沿海和珠三角、长三角率先发展快速增长和发展的新局面和新基础。以西部大开发为新的起点进而推动的振兴东北老工业基地、中部崛起等区域发展战略等科学发展观的核心就是特别强调了以人为本，从对发展重要性的认识阶段过渡到如何发展阶段，推进了发展理论。共享发展理念聚焦发展成果的共享，强调共同富裕的发展方向，是思想认识上的一次突破，是重大的理论创新，是社会主义发展理论的一次飞跃，丰富和发展了马克思主义发展理论。

第二，共享发展理念是党和政府新时期治国理政理念的最新概括。共享发展是中国特色社会主义的本质特征。十八届五中全会首次提出共享发展，一以贯之地坚持了党的根本宗旨表达了党和政府执政为民的根本理念[1]。党的十八

---

[1] 宫厚英：《准确理解共享发展理念的科学内涵》，载《理论学习—山东干部函授大学学报》2016年第5期。

大报告指出，"在新的历史条件下夺取中国特色社会主义新胜利，必须坚持人民主体地位，必须坚持解放和发展社会生产力，必须坚持推进改革开放，必须坚持维护社会公平正义，必须坚持走共同富裕道路，必须坚持促进社会和谐，必须坚持和平发展，必须坚持党的领导"。其中，"共同富裕"构成中国特色社会主义的根本原则。共享发展理念与改革开放以来我们党始终坚持的共同富裕目标高度一致。

第三，共享发展是全心全意为人民服务宗旨的最集中体现。全心全意为人民服务是我们党的根本宗旨，是我们党一切工作的根本出发点和落脚点。从新民主主义革命到建立人民当家做主的新中国，及新中国成立后进行的各项社会改革，发展社会主义经济，都深刻体现了全心全意为人民服务的宗旨。毛泽东把我党的宗旨概括为为人民服务。习近平当选总书记后首次公开讲话就指出，"人民对美好生活的向往，就是我们的奋斗目标。"共享发展理念明确提出坚持发展为了人民、发展依靠人民、发展成果由人民共享，使全体人民在共建共享发展中有更多获得感，要朝着共同富裕方向稳步前进，这些思想指明了我国经济社会发展的前进方向，集中体现了我党全心全意为人民服务的根本宗旨。

二、共享发展理念开辟了社会主义发展理念的崭新阶段

在新的历史条件下，尤其是在我国综合国力全面提升，国际形势不确定性增大，社会经济发展新要素和新矛盾集中出现，共享发展理念则显得更加必要和迫切。

第一，共享发展是新常态下经济社会发展的行动指南。共享发展理念对于新常态下我国经济社会发展具有十分重要的指导意义。我国经济发展已经进入新常态，要实现我国经济持续的中高速发展，需要供需同时发力来推动我国经济持续发展。共享发展理念的提出，有利于从供给侧调整结构，增加供给，从需求侧注入发展动力，更好地满足社会需要，为推进经济持续发展提供支撑。因此，共享发展理念对于推动新常态下我国经济社会发展，具有十分重要的指导意义。

第二，共享发展理念是全面建成小康社会的必然要求。共享发展理念对于全面建成小康社会具有十分重要的指导意义。建设小康社会其出发点就是要改善人民生活、实现人民幸福。改革开放以来我国经济快速发展，经济能力得到前所未有的提升。但发展中出现的收入差距过大等社会问题日益凸显，在此背景下提出共享发展理念，就是要直面这些问题，强调发展成果由人民共享，着

力增加人民福祉，让全体人民共享更多改革和发展红利，缓解社会矛盾，缩小贫富差距。

第三，共享发展为中华民族伟大复兴提供强大动力。总体来看，我国还处于社会主义初级发展阶段，生产力发展程度比较低，人均 GDP 仍然低于世界平均水平。共享发展必将增强人们对中国特色社会主义制度的认同感，从而提供强大责任和动力。

三、共享发展是实现社会公平正义的一项重要举措

全面小康不是一部分人的小康，而是全体人民的小康，[①] 人人参与，人人尽力，人人享有，是共享发展的基本涵义，也是实现社会公平正义的基本过程。[②] 一方面，保证人人享有发展机遇和发展成果；另一方面，我国分配不公的问题较突出，城乡公共服务水平不平衡较明显。从增加公共服务供给到实施脱贫攻坚工程，从提高教育质量到促进就业创业，从推进健康中国建设到实施食品安全战略，无一不是人民最关心、最直接、最现实的利益问题。[③] 共享发展还是对"效率优先，兼顾公平"发展理念的发展和提升，民生影响发展，民生问题解决好了，发展才会有力量、有后劲，才会更有效率[④]。

---

① 青连斌：《共享发展增进民生福祉》，光明网。

②③ 宫厚英：《准确理解共享发展理念的科学内涵》，载《理论学习—山东干部函授大学学报》2016年第 5 期。

④ 人民日报评论员：《紧密结合改善民生推动发展》，人民网，2014 年 5 月 6 日。

// 第二章

中国共享发展指数构建

从前面可以看出，共享发展有着深远的历史渊源和新时代发展必然呼唤，有中国社会主义制度和中国特色社会主义道路的独特性，更有理论上的形成和发展提升，与此同时，共享发展还有着未来发展的历史性使命担当，那么如何来衡量和测度中国共享发展的程度和水平，并据此而制定政策呢？其中一个重要问题的基础就是如何评判和评估中国共享发展的程度和水平，对此，可以建立多种分析方法和思路，而其中建立中国共享发展指数则是一个很好的思路，鉴于北京师范大学经济与资源管理研究院在市场经济发展指数、绿色发展指数、绿色减贫指数和正在开展的真实进步指数等研究的成果积累，我们就设想如果能够建立中国共享发展指数体系，则将为国家推进共享发展理念和政策提供一个重要的参考和指导。但如何来制定和构建中国共享发展指数呢？我们认为首先要确定共享发展的内容，然后在此基础上再确定和构建共享发展测度的标准和方法。

第一节　共享发展的内涵及五大维度

共享发展概念包括全面共享、权利共享和成果共享，是一个涵盖"经济发展分享、社会保障公平、公共服务均等、减贫脱贫实现、绿色生态环境共享"的有机整体。

一、共享发展内涵之界定

"共享发展即是按照人人参与、人人尽力、人人享有的要求，坚守底线、突出重点、完善制度、引导预期，注重机会公平，保障基本民生，实现全体人民共同迈入全面小康社会。坚持共享发展，必须坚持发展为了人民、发展依靠人民、发展成果由人民共享，作出更有效的制度安排，使全体人民在共建共享发展中有更多获得感，增强发展动力，增进人民团结，朝着共同富裕方向稳步前进。"从这段话的理解看，共享发展就包括全面共享、权利共享和成果共享。

第一，共享发展是全面共享。即共享发展全面性和广泛性。共享发展的全面性是指共享发展涵盖与生活相关的全部，包括公共服务、教育、就业、医疗、卫生、住房、社会保障等多个领域。比如，教育方面，着力推动义务教育均衡发展，阻止贫困代际传递；在医疗方面重点破解百姓看病贵、看病难问题；在促进就业创业方面，大力推进大众创业、万众创新政策；在脱贫攻坚方面，实现我国现行标准下农村贫困人口脱贫，贫困县全部摘帽；实施食品安全战略，确保群众舌尖上的安全。这些针对性强的具体举措能惠及全体人民，实现真正意义上的共享发展。共享发展的广泛性即发展要惠及全体人民，共享发展成果由全体人民共享。

第二，共享发展是权利共享，过程的共享。即人人有获得发展权利和均等机遇，并且是公平、公正和均等的。人人参与发展过程，才能享受发展过程的喜悦，获得成就感才能心安理得地享受发展成果。参与的过程，既是权利公平的过程，也是提高能力、思想道德素质、科学文化素质、身体素质和心理素质的过程，各尽其能，共同创造财富，这是发展的最终目的，才能增强发展持久动力。同时人人享有发展机遇，机会均等，保障公正，打破垄断，所有市场主体、均可享受到同等的发展机遇，才能充分调动主动性，厚植生机和活力的根基。

第三，共享发展是发展成果的共享。即让共同参与改革发展的全部过程和共享改革发展的全部成果。人们是否真正得到实惠，生活是否真正得到改善是检验共享发展成效的唯一标准，正像实践是检验真理的唯一标准一样。发展成果共享就包括了人们最直接利益、公平正义潜力结果，扶贫脱贫效果、缩小收入差距多少，区域和城乡基本公共服务均等化程度。而体现这种共享成果的就是"获得感"和"看得见、摸得着的幸福感"，不仅仅有物质利益获得感和幸福感，还包括精神文化、生活环境、生态环境等"获得感"和"幸福感"。只有让发展成果在全体个体间公平共享，才会凝心聚力，从政治上确保参与权、知情权，在利益上得到合法合规的分配权和处置权。

二、共享发展"五大维度"新界定

课题组认为，总结已有文献和研究成果，尤其是共享发展的理论基础、理论形成和发展，以及习近平共享发展的战略思想要求，并结合中国目前实际和未来社会经济发展趋势，我国共享发展的模式可以归纳为五个主要的方面即五大视角：经济发展分享、社会保障公平、公共服务均等、减贫脱贫实现、绿色生态环境共享。共享发展的这五个方面可以较好地涵盖新时期党和国家对共享发展的各项基本要求。其中，经济发展分享度涵盖"缩小收入差距；促进就业创业"两个基本要求；社会保障公平度涵盖"建立更加公平更可持续的社会保障制度；推进健康中国建设"两个基本要求；公共服务均等度涵盖"增加公共服务供给；提高教育质量"两个基本要求；减贫脱贫实现度涵盖"实施脱贫攻坚工程"基本要求；生态环境共享度涵盖"促进人口均衡发展"和建设生态文明的基本要求。

基于此种判断，课题组将共享发展归纳定义为：共享发展是一种经济发展成果人人分享、社会保障公正公平、公共服务发展均等、减贫脱贫、绿色生态环境可持续的"五位一体"发展。共享发展不仅仅是要让经济发展成果全民共享，更是要努力做好社会保障和公共服务的均衡、绿色、可持续的发展，最终实现全面脱贫和共同富裕的目标。经济发展分享程度是共享发展的基础，社会保障公平度是共享发展的制度约束，公共服务均等度是共享发展的环境，减贫脱贫实现度是共享发展的底线目标，生态环境共享度是共享发展的底色；这五大领域共同构成了共享发展的逻辑框架。

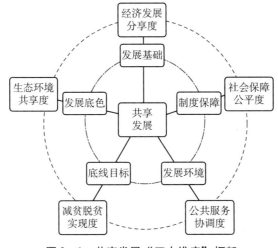

图2-1 共享发展"五大维度"框架

第二节 中国共享发展指数指标体系构建的基市思路

关于共享发展指数研究，从已有的文献资料搜集整理来看，目前还是很少，甚至是空白，已有的研究诸如幸福指数、社会经济发展和谐度、收入分配差距、基尼系数、非均衡性、人类发展指数、生态文明发展指数、绿色发展指数和绿色减贫指数等，都是侧重于一个方面的研究，对于总体上来衡量和测度共享发展的指数研究还未曾有过，这就大大增加了我们研究分析的难度，尤其是共享发展也是近一两年刚刚提出来的，对此研究还多在定性分析、规范分析研究阶段，对此进行定量化测度研究目前仍然处于探索试验阶段，所以，本研究力求在现有的指数研究基础上，根据共享发展已有研究成果，对共享发展的内涵进行定义，并在此基础上，提出共享发展指数和指标体系，为理论工作者和实践工作者提供一个测度的标准和方法，以期能够指导我国共享发展实践创新。

一、共享发展指数和指标体系构建基本原则

在进行了大量的文献研究和实地考察后，课题组研究认为，以下四大原则应作为构建中国共享发展指标体系的基本原则。

1. 客观性原则。中国共享发展要从实际出发，以事实为依据，既要能切实反映中国地区间中国共享发展的现状，又能对比分析地区内部城乡间的共享发展水平。为此，本书的数据及资料来源均取自正式出版的统计年鉴和相关部门和产业的权威性出版物。

2. 有效性原则。中国共享发展的各要素都可以分成有效部分和无效部分。评价某一地区共享发展应尽可能包含有效部分，剔除无效或无关部分，使指标评估尽可能准确，力求反映一个地区共享发展的本质。

3. 系统性原则。共享发展是一个由多个子系统构成的综合系统，各子系统之间以及子系统内部各因素之间相互联系、相互影响。评价共享发展的指标体系，应当全面反映共享发展这一综合系统所包含的各因素，从横向和纵向两方面揭示各子系统之间以及子系统内部各因素之间的相互关系，既具备综合性，又具有层次性。只有这样，才能全面准确地进行评价工作，才能塑造出功能齐备的共享发展指标体系。

4. 可行性原则。构建共享发展评价指标体系在理论分析的基础上，还需考

虑统计实践的可操作性和现实统计数据资料支持的可行性。因此，在构建指标体系时应力求所选指标含义清晰，具有一定的现实统计数据作为基础，指标数据易于通过统计资料整理、抽样调查或典型调查，或可直接从有关权威部门来获得。

二、中国共享发展指数计算方法

中国共享发展指数是衡量中国共享发展水平的一个直观表征，力争全面反映中国共享发展水平区域差异。中国共享发展综合指数由 25 个三级指标构成，是衡量一个地区共享发展水平的综合指数。同时，各个区域内部的共享发展情况也并不平衡，比如一个区域内部的城乡差异问题、不同收入人群发展差异问题等。为了进一步揭示区域内部共享发展的水平，课题组在测算了中国区域共享发展指数之外，还进一步测算了我国各个区域内部城乡共享发展水平，即各城乡共享发展指数。城乡共享发展指数由 16 个三级指标构成，城乡共享发展是共享发展的一个重要分析视角。

还需要说明的是，在构建纵向比较指标体系过程中，难免会出现由于个别年份统计误差及统计标准的变化出现的奇异值，而这些奇异值的出现会使得某些二级指标的变化非常不稳定从而严重影响创业经济指标的变化趋势。因此，我们采用了统计修正法对个别奇异值进行了调整以使其符合整体的变化趋势。

在确立共享发展指标体系的框架和指标之后，需要进一步确定以下几个主要内容：一是如何对指标进行同向化处理；二是如何对指标进行标准化处理；三是如何实现数据的标准化采集；四是如何确定各个指标的权重。

1. 指标体系中指标同向化处理方法。共享发展指标是对所有评价指标数据进行合成的相对数。共享发展指标指数值是在各评价指标标准化数值的基础上，按照事先赋予的权数，加权综合而成。对于正向和逆向指标的处理，在评价指标中，与共享发展水平正相关的指标为正指标，无需进行同向化处理；而与共享发展水平负相关的指标为逆指标，我们采用倒数法、最大值相减法、定值相减法等方法对此进行了正向化处理。

2. 指标体系中指标标准化处理方法。[①] 数据的标准化是将数据按比例缩放，使之落入一个小的特定区间。这样去除数据的单位限制，将其转化为无量纲的纯数值，便于不同单位或量级的指标能够进行比较和加权。其中，最典型的就是

---

① 参考关成华、李晓西等：《2016 中国绿色发展指数年度报告》，北京师范大学出版社 2016 年版。

"极差法"和"标准差法"。"极差法"是以指标数据的极值为参照系，对原始数据进行线性变换，使结果落到 0 ~ 1 的区间内。"标准差法"是以指标数据的均值为参照系，经过处理后的数据符合标准正态分布，即均值为 0，标准差为 1。"标准差法"具有较强的科学性且能直观展现数据结果，指标数值小于 0 表示低于平均水平，大于 0 表示高于平均水平。然而，该方法在使用过程中经常会出现两个问题：一是标准化后的数值分布区间分散，最大值和最小值差异较大；二是会出现数值大于 1 或小于 -1 的情况。与此相反，采用"极差法"进行数据标准化时，标准化后的数值结果始终处于 0 ~ 1 的区间内，数值之间差异较小，分布紧凑，且无负值产生。

经过课题组数次研讨以及对不同方法、模型的尝试和测算验证，借鉴北京师范大学中国绿色发展研究课题组做法，我们也采用了通用性更强、实际操作更简便、指标的数学理论含义更清晰的创新型"定基极差法"来进行各二级基础指标的数值测算。为实现指标的横（空间）、纵（时间）向的全向可比性，"定基极差法"采用以某特定年为基准年，以类似标准极差法的数学形式实现三级基础指标的无量纲标准化转换，并在此基础上，以事先确定的各指标权重，通过逐级加权平均的方法计算最终的省、城市及区域的综合绿色发展指数。其数学表达形式为：

$$C_k^t = \frac{v_k^t - v_{k,min}^{t_0}}{v_{k,max}^{t_0} - v_{k,min}^{t_0}} \qquad (2-1)$$

式（2-1）中，C_k^t 表示第 k 个三级指标在 t 年依据定基极差法计算的无量纲指标值；V_k^t 为该三级指标在 t 年的原始测度值；$V_{k,max}^{t_0}$ 为该指标在 t_0 基准年所有省（或城市）的原始测度值中的最大值；$V_{k,min}^{t_0}$ 为该指标在 t_0 基准年所有省（或城市）的原始测度值中的最小值。例如，在测度 2016 年某省（市/自治区）某三级指标 k 的无量纲值时，我们采用 2010 年绿色指数项目的初始年为基准年进行求算，则式（2-1）可具体表述为：

$$C_k^{2016} = \frac{V_k^{2016} - V_{k,min}^{2010}}{V_{k,max}^{2010} - V_{k,min}^{2010}} \qquad (2-2)$$

当依式（2-1）求算获得各三级指标无量纲化标准测度值后，可根据逐级加权平均法求算二级及一级指标值：

$$B_j^t = \sum w_{jk} C_{jk}^t \qquad (2-3)$$

式（2-3）中，B_j^t 表示第 j 个二级指标在 t 年的测度值；C_{jk}^t 表示该二级指标 j 所属的第 k 个三级指标在 t 年依据定基极差法计算的无量纲指标值；w_{jk} 为该三级指标在相应二级指标 j 的组内权重，显然，$\sum_{k=1}^{n} w_{jk} = 1.0$。

$$A^t = \sum w_j B_j^t \tag{2-4}$$

式（2-4）中，A^t 表示一级指标在 t 年的测度值（就各省而言，只有一个一级指标产生，为该省综合绿色发展指数）；B_j^t 表示第 j 个二级指标在 t 年的测度值；w_j 为该第 j 个二级指标的权重，显然，$\sum_{j=1}^{n} w_j = 1.0$。

定基极差法解决了基于传统标准化方法横、纵向指标不可比的难题，新指标具有跨区域、跨年度、时空二维可比性。当计算某年各省（城市）的共享发展指数时，依据传统的标准差标准化方法计算的各三级指标是基于该指标在该年内各省原始测度的平均值与标准差为参考系测得。由于该参考系随着年份的变化而变化，基于年度变动的参考系所计算的各三级指标值在跨年度比较时不具有可比性，进而由加权平均所得的某省各年的共享发展指数无法真实反映该省共享发展的变化水平，仅能反映各省在该年相对的横向（空间）优劣程度。而采用定基极差法所计算的各三级指标以及由此整合的二级和一级指标，由于采用特定基准年的定值测度为统一参考系，且各指标具有预定的固定权重值，使各级指标的度量值能真实地反映区域间、年度间的绿色发展水平的差异，使指标具有跨区域、跨年度、时空二维可比性。通过定基极差法，可以方便来年测算共享发展指数时，能够实现数据年度间的横纵向比较。

3. 数据标准化采集。共享发展评价指标体系通过计算总指数和分指数方法监测评价各个地区共享发展的总体发展情况及共享发展各个要素的情况。课题组选择用多级综合方法，将各项反映共享发展基本特征的指标转化为综合反映共享发展水平的总指数。为确保测度结果的客观公正，所有指标口径概念均与国家统计局相关统计制度保持一致。具体测算数据主要来源于国家和各地区官方统计机构出版的年度统计报告、统计年鉴和国内知名研究机构的主题报告和调查数据。对于个别年份数据缺失情况，根据专家意见，采取依据其他年份趋势进行补值。在本研究的表和图中，凡是原始数据表均标注了出处；指标结构表和测算表均为课题组自行编列，不再一一标明出处。

4. 指标权重设置。鉴于各指标要素的影响和作用颇不相同，为保证指数测度的客观，课题组在认真研究国内外相关研究成果的基础上，组织专家对指标体系进行了论证和遴选，并采用类似"德尔菲法"进行权重分配。共享发展指标的权重，经过课题组多次分析研究确定。课题组采用自下而上的方法确定权重。鉴于三级指标对于共享发展的作用很难区分大小，为了保证指标的公平性和客观性，对所有的三级指标采取均权的方法，在此基础上，加总得到一级指标的权重。最后，对全部数据进行加权汇总，在此采用加权平均综合法，综合评价分析指标值，给定综合评价指标体系由 n 个指标构成，i = 1，2，…，n。为已经标准化处理过的各项指标的相对值，为各项指标的权数。

三、中国共享发展指标体系的双层架构

从前面分析看出，课题组构建的中国共享发展五大维度是：经济发展分享度、社会保障公平度、公共服务均等度、减贫脱贫实现度、生态环境共享度。这五大维度涵盖收入与支出、就业、养老、健康、医疗、住房、教育、交通、科技、减贫脱贫、资源、环境等十余个重要领域。

但对以五个维度、十余个重要领域的中国共享发展指标体系进行总体测度还是层次测度好呢？显然，根据我国社会经济发展的实际，尤其是我国共享发展除了进行总体上能量测度、区域比较外，一个重要方面就是城乡共享度如何？事实上城乡共享度水平在很大程度上可以反映中国共享发展的水平和程度，对于一个省份来说，城乡共享发展度是重要内容之一，有鉴于此，课题组通过 20 多次讨论后确定了中国共享发展的双层指数和双层指标体系新构想。具体如下：

（一）中国省际共享发展指标体系构建（综合指标）

我们在比较分析各类相关评价方法的基础上，结合中国各地的实际，提出了编制中国省际共享发展指数体系的基本思路和原则，构造了一个包括 5 个一级指标、13 个二级指标和 25 个三级指标的结构体系，如表 2 - 1 所示。

表 2 - 1　　　　　　　中国共享发展指标体系（综合指标）

一级指标	二级指标	二级指标权重	三级指标	三级指标权重
经济发展分享度	经济增长	8%	1. 地区人均 GDP	4%
			2. 收入最高 20% 与收入最低 20% 的年人均收入比	4%
	就业	4%	3. 城镇登记失业率	4%
社会保障公平度	养老	4%	4. 居民基本养老保险参保率	4%
	健康	4%	5. 人均预期寿命	4%
	医疗	8%	6. 每千人拥有的医护人员数量	4%
			7. 每千人拥有的病床数量	4%
	住房	8%	8. 住房保障支出占财政支出比	4%
			9. 人均住房面积	4%

续表

一级指标	二级指标	二级指标权重	三级指标	三级指标权重
公共服务均等度	基础设施	14%	10. 人均城市公共交通运营线路网长度	4%
			11. 供水普及率	4%
			12. 燃气普及率	4%
	科技	4%	13. 人均公共财政科技支出	4%
	教育	8%	14. 人均受教育年限	4%
			15. 人均公共财政教育支出	4%
	文体	4%	16. 人均公共财政文化、体育支出	4%
减贫脱贫实现度	减贫脱贫	16%	17. 贫困发生率	4%
			18. 农村累计已改厕受益人口比重	4%
			19. 农村自来水普及率	4%
			20. 农村宽带接入率	4%
生态环境共享度	资源	12%	21. 人均水资源量	4%
			22. 人均林地面积	4%
			23. 人均耕地面积	4%
	环境	8%	24. 城市生活垃圾无害化处理率	4%
			25. 环境保护支出占财政支出比	4%

（二）中国城乡共享发展指标体系选择及构建

我们在比较分析各类相关评价方法的基础上，结合中国各地的实际，经过数次谈论研究，最后提出了中国城乡共享发展指数体系 5 个一级指标、11 个二级指标和 16 个三级指标的结构体系，如表 2 - 2 所示。

表 2 - 2　　　　　　　共享发展指标体系（城乡维度）

一级指标	二级指标	二级指标权重	三级指标	三级指标权重
经济发展分享度	收入与支出	12.5%	1. 城乡居民家庭人均可支配收入比	6.25%
			2. 城乡家庭人均消费支出比	6.25%
	就业	6.25%	3. 城乡就业人数之比	6.25%
社会保障公平度	养老	12.5%	4. 基本养老保险参保率城乡之比	6.25%
			5. 养老金支出与达到领取养老金标准的人数比值的城乡比	6.25%
	健康医疗	12.5%	6. 医疗保险参保率城乡比	6.25%
			7. 医疗保险支出与达到领取医疗保险标准的人数比值的城乡比	6.25%
	住房	6.25%	8. 人均住房建筑面积城乡比	6.25%
	教育	6.25%	9. 人均受教育年限的城乡之比	6.25%

一级指标	二级指标	二级指标权重	三级指标	三级指标权重
公共服务均等度	交通	6.25%	10. 人均公路里程的城乡之比	6.25%
	科技	6.25%	11. 城乡宽带接入用户之比	6.25%
减贫脱贫实现度	减贫脱贫	18.75%	12. 城乡最低生活保障标准之比	6.25%
			13. 城乡供水普及率之比	6.25%
			14. 城乡累计已改厕受益人口比重之比	6.25%
生态环境共享度	资源	6.25%	15. 城乡人均日生活用水量之比	6.25%
	环境	6.25%	16. 城乡人均绿化面积之比	6.25%

四、中国共享发展指数测算结果及分析

在中国省际共享发展指数指标体系的基础上，根据 2014 年的数据，我们测算得到了除西藏自治区外 30 个省（区、市）的结果，并进行了相应的分析。[①]

（一）中国省际共享发展指数测算结果

我们在比较分析各类相关评价方法的基础上，结合中国各地的实际，提出了编制中国省际共享发展指数体系的基本思路和原则，构造了一个包括 5 个一级指标、13 个二级指标和 25 个三级指标的结构体系，并简单介绍了指标的选择与指数的测算方法，并依据 30 个省（区、市）2014 年的数据，对省际共享发展情况进行了测算。

30 个省（区、市）共享发展指数及排名如表 2 - 3 所示，从省际共享发展综合指标看，区域间共享发展水平差异性显著：北京、上海等经济发达地区共享发展水平较好，西部地区次之，中部地区的共享发展情况相对较差。

表 2 - 3　　　　　　　　中国省际共享发展指数及排名

地区	共享发展指数（省际）		一级指标									
			经济发展分享度		社会保障公平度		公共服务均等度		减贫脱贫实现度		生态环境共享度	
	指标值	排名	指标值	排名	指标值	排名	指标值	排名	指标值	排名	指标值	排名
北京	0.720	1	0.103	1	0.129	6	0.270	1	0.137	4	0.081	4
上海	0.586	2	0.061	3	0.085	27	0.219	2	0.140	2	0.080	5
江苏	0.523	3	0.045	5	0.119	12	0.146	4	0.152	1	0.061	18
浙江	0.517	4	0.044	6	0.123	8	0.138	5	0.133	5	0.078	8

---

① 鉴于数据的可获得性，本报告发布的结果依据的是 2014 年的数据。

续表

地区	共享发展指数（省际）		一级指标									
			经济发展分享度		社会保障公平度		公共服务均等度		减贫脱贫实现度		生态环境共享度	
	指标值	排名	指标值	排名	指标值	排名	指标值	排名	指标值	排名	指标值	排名
天津	0.503	5	0.085	2	0.050	30	0.211	3	0.113	9	0.044	28
福建	0.473	6	0.037	8	0.118	13	0.104	8	0.139	3	0.074	12
山东	0.445	7	0.030	16	0.130	5	0.099	10	0.133	6	0.054	23
海南	0.434	8	0.030	17	0.083	28	0.121	6	0.106	11	0.094	3
广东	0.427	9	0.046	4	0.079	29	0.117	7	0.126	7	0.058	21
内蒙古	0.412	10	0.035	11	0.104	20	0.082	14	0.084	19	0.108	2
湖北	0.407	11	0.037	9	0.136	3	0.077	15	0.106	10	0.052	25
重庆	0.402	12	0.021	24	0.120	10	0.075	16	0.107	10	0.079	7
宁夏	0.399	13	0.029	19	0.115	15	0.103	9	0.073	22	0.079	6
陕西	0.373	14	0.030	18	0.142	1	0.068	19	0.063	27	0.070	15
辽宁	0.366	15	0.031	16	0.112	16	0.093	11	0.082	19	0.048	26
青海	0.365	16	0.014	28	0.101	21	0.073	18	0.034	30	0.144	1
江西	0.364	17	0.028	20	0.111	17	0.063	22	0.102	14	0.060	19
新疆	0.361	18	0.024	23	0.120	11	0.084	13	0.080	21	0.054	24
四川	0.360	19	0.015	27	0.132	4	0.042	26	0.093	15	0.078	9
湖南	0.358	20	0.037	10	0.141	2	0.039	28	0.066	26	0.075	10
山西	0.356	21	0.031	14	0.104	18	0.084	12	0.070	24	0.066	17
吉林	0.345	22	0.034	12	0.101	22	0.065	21	0.090	16	0.055	22
广西	0.344	23	0.027	21	0.104	19	0.067	20	0.072	23	0.074	11
河北	0.343	24	0.011	30	0.098	23	0.047	24	0.120	8	0.067	16
安徽	0.339	25	0.026	22	0.117	14	0.051	23	0.085	18	0.060	20
黑龙江	0.333	26	0.017	26	0.098	24	0.075	17	0.104	13	0.039	29
河南	0.317	27	0.032	13	0.123	7	0.031	29	0.086	17	0.044	27
贵州	0.298	28	0.018	25	0.122	9	0.040	27	0.045	29	0.073	13
云南	0.287	29	0.012	29	0.090	26	0.046	25	0.067	25	0.072	14
甘肃	0.247	30	0.039	7	0.096	25	0.021	30	0.054	28	0.037	30

注：1. 本表根据省际共享发展指数测算体系，依各指标 2014 年数据测算而得。2. 本表各省（区、市）按照共享发展指数的指数值从大到小排序。3. 本表中共享发展指数等于经济发展分享度、社会保障公平度、公共服务均等度、减贫脱贫实现度、生态环境共享度五个一级指标指数值之和。4. 为了便于后文进行比较分析，基于算数平均方法，我们测算得到所有参评省（区、市）共享发展的平均水平为 0.400，所有参评省（区、市）经济发展分享度的平均水平为 0.034，所有参评省（区、市）社会保障公平度的平均水平为 0.110，所有参评省（区、市）公共服务均等度的平均水平为 0.092，所有参评省（区、市）减贫脱贫实现度的平均水平为 0.095，所有参评省（区、市）生态环境共享度的平均水平为 0.069。

（二）中国省际共享发展指数的区域比较

省际共享发展指数排在前 10 位的省（区、市）依次是：北京、上海、江苏、浙江、天津、福建、山东、海南、广东、内蒙古。排在第 11～20 位的 10 个省

（区、市）分别是湖北、重庆、宁夏、陕西、辽宁、青海、江西、新疆、四川和湖南。排在第21~30位的10个省（区、市）分别是山西、吉林、广西、河北、安徽、黑龙江、河南、贵州、云南和甘肃。

东部地区的共享发展水平相对较高；西部地区的共享发展水平整体处于中游；而中部地区和西南部地区的共享发展水平相对较弱。

测算结果显示，在参与测算的30个省（区、市）中，有12个省（区、市）共享发展水平高于全国平均水平，按指数值高低排序依次是：北京、上海、江苏、浙江、天津、福建、山东、海南、广东、内蒙古、湖北、重庆；其他17个省（区、市）的共享发展水平低于平均水平（见图2-2）。

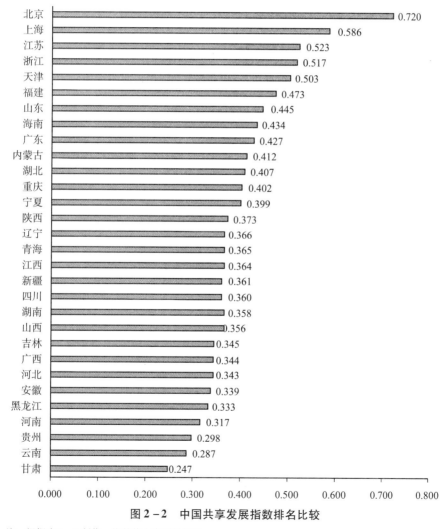

图2-2 中国共享发展指数排名比较

注：根据表2-3制作。指数值由高到低排列。

五、中国城乡共享发展指数测算结果及分析

作为共享发展指数的重要内容之一，城乡共享发展指数是对一个地区经济发展过程中城乡共享发展差距的综合评价。在中国城市共享发展指数指标体系的基础上，根据 2014 年的数据，我们测算得到了 2016 年 30 个省（区、市）的城乡的共享发展指数，并进行了相应的分析。

我们在比较分析各类相关评价方法的基础上，结合中国各地的实际，提出了编制中国城乡共享发展指数体系的基本思路和原则，构造了一个包括 5 个一级指标、11 个二级指标和 16 个三级指标的结构体系，并依据 30 个省（区、市）2014 年的城乡数据，对各地区城乡间共享发展情况进行了测算。

表 2 - 4 　　　　　　　　　　共享发展指标体系（城乡维度）

一级指标	二级指标	三级指标	
经济发展分享度	收入与支出	1. 城乡居民家庭人均可支配收入比	2. 城乡家庭人均消费支出比
	就业	3. 城乡就业人数之比	
社会保障公平度	养老	4. 基本养老保险参保率城乡之比	5. 养老金支出与达到领取养老金标准的人数比值的城乡比
	健康医疗	6. 医疗保险参保率城乡比	7. 医疗保险支出与达到领取医疗保险标准的人数比值的城乡比
	住房	8. 人均住房建筑面积城乡比	
	教育	9. 人均受教育年限的城乡之比	
公共服务均等度	交通	10. 人均公路里程的城乡之比	
	科技	11. 城乡宽带接入用户之比	
减贫脱贫实现度	减贫脱贫	12. 城乡最低生活保障标准之比	13. 城乡供水普及率之比
		14. 城乡累计已改厕受益人口比重之比	
生态环境共享度	资源	15. 城乡人均日生活用水量之比	
	环境	16. 城乡人均绿化面积之比	

中国 30 个城乡的共享发展指数及其排名如表 2 - 5 所示。从共享发展的城乡视角看，东南沿海地区的城乡共享发展水平显著好于其他地区。上海的城乡共享发展水平依然遥遥领先，但北京却仅略高于全国平均水平。

表 2 - 5　　　　　　　　　　共享发展指数测算结果（城乡）

地区	共享发展指数（城乡）		一级指标									
			经济发展分享度		社会保障公平度		公共服务均等度		减贫脱贫实现度		生态环境共享度	
	指标值	排名	指标值	排名	指标值	排名	指标值	排名	指标值	排名	指标值	排名
上海	0.703	1	0.090	9	0.176	1	0.125	1	0.187	1	0.125	1
江苏	0.481	2	0.097	7	0.093	13	0.065	2	0.181	3	0.045	9
浙江	0.460	3	0.126	2	0.076	21	0.050	5	0.162	5	0.047	8
天津	0.443	4	0.126	1	0.107	8	0.001	30	0.155	6	0.053	4
广东	0.439	5	0.044	24	0.154	2	0.048	7	0.162	4	0.031	19
福建	0.415	6	0.082	12	0.097	12	0.060	4	0.106	15	0.069	2
山东	0.396	7	0.098	6	0.086	19	0.045	8	0.124	10	0.044	11
安徽	0.396	8	0.073	14	0.124	4	0.035	13	0.114	13	0.050	5
河北	0.391	9	0.113	4	0.091	16	0.061	3	0.086	20	0.041	12
江西	0.388	10	0.104	5	0.108	6	0.038	12	0.104	16	0.034	16
北京	0.388	11	0.063	19	0.101	10	0.030	16	0.183	2	0.011	26
湖北	0.374	12	0.119	3	0.093	14	0.021	26	0.115	12	0.026	21
山西	0.372	13	0.093	8	0.087	18	0.016	27	0.131	9	0.045	10
重庆	0.358	14	0.050	23	0.122	5	0.025	22	0.119	11	0.041	13
河南	0.356	15	0.076	13	0.100	11	0.048	6	0.070	26	0.062	3
湖南	0.335	16	0.064	18	0.108	7	0.028	19	0.103	17	0.033	18
宁夏	0.319	17	0.063	20	0.141	3	0.010	29	0.087	19	0.017	23
四川	0.313	18	0.071	16	0.061	24	0.037	11	0.133	8	0.011	25
吉林	0.304	19	0.086	11	0.060	26	0.029	17	0.082	21	0.047	7
黑龙江	0.301	20	0.087	10	0.033	30	0.031	15	0.110	14	0.040	14
海南	0.293	21	0.040	25	0.067	23	0.041	9	0.135	7	0.009	28
贵州	0.288	22	0.071	15	0.070	22	0.027	20	0.082	22	0.037	15
广西	0.264	23	0.067	17	0.086	20	0.024	24	0.067	27	0.020	22
辽宁	0.253	24	0.039	27	0.058	27	0.034	14	0.072	24	0.049	6
内蒙古	0.246	25	0.053	21	0.060	25	0.029	18	0.071	25	0.033	17
陕西	0.241	26	0.040	26	0.106	9	0.024	23	0.061	29	0.009	29
新疆	0.240	27	0.037	28	0.042	29	0.036	12	0.099	18	0.027	20
甘肃	0.228	28	0.033	29	0.089	17	0.027	21	0.066	28	0.013	24
云南	0.220	29	0.029	30	0.092	15	0.022	25	0.075	23	0.001	30
青海	0.170	30	0.052	22	0.057	28	0.015	28	0.037	30	0.010	27

注：1. 本表根据省际共享发展指数（城乡）测算体系，依各指标 2014 年数据测算而得。2. 本表各省（区、市）按照共享发展指数的指数值从大到小排序。3. 本表中共享发展指数等于经济发展分享度、社会保障公平度、公共服务均等度、减贫脱贫实现度、生态环境共享度五个一级指标指数值之和。4. 为了便于后文进行比较分析，基于算数平均方法，我们测算得到所有参评省（区、市）共享发展的平均水平为 0.346，所有参评省（区、市）经济发展分享度的平均水平为 0.034，所有参评省（区、市）社会保障公平度的平均水平为 0.073，所有参评省（区、市）公共服务均等度的平均水平为 0.092，所有参评省（区、市）减贫脱贫实现度的平均水平为 0.109，所有参评省（区、市）生态环境共享度的平均水平为 0.036。

（一）城乡共享发展指数的比较分析

可以看到，城乡共享发展指数排名前 10 位的省（区、市）依次是：上海、江苏、浙江、天津、广东、福建、山东、安徽、河北和江西。其中，经济发展分享度指标排名前 10 位的省（区、市）依次是：天津、浙江、湖北、河北、江西、山东、江苏、山西、上海和黑龙江；社会保障公平度指标排名前 10 位的省（区、市）依次是：上海、广东、宁夏、安徽、重庆、江西、湖南、天津、陕西和北京；公共服务均等度指标排名前 10 位的省（区、市）依次是：上海、江苏、河北、福建、浙江、河南、广东、山东、海南和江西；减贫脱贫实现度指标排名前10 位的省（区、市）依次是：上海、北京、江苏、广东、浙江、天津、海南、四川、山西和山东；生态环境共享度指标排名前 10 位的省（区、市）依次是：上海、福建、河南、天津、安徽、辽宁、吉林、浙江、江苏和山西。

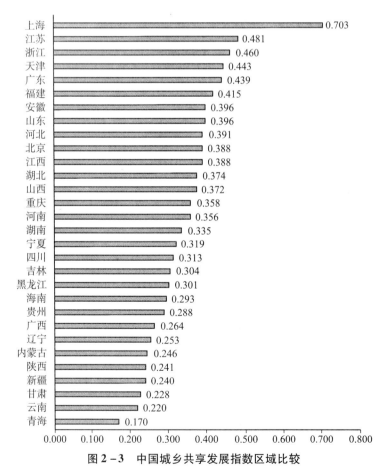

图 2-3 中国城乡共享发展指数区域比较

注：根据表 2-5 制作。指数值由高到低排列。

从测算中可以看到，中国城乡间的共享发展水平呈现出了显著的区域性规律，东南沿海地区除个别省份外，普遍发展较好，即区域内城乡间共享发展水平较为均衡；中部地区的城乡共享发展水平处于中游水平；而西部地区的城乡间共享发展水平差距非常显著，城乡间发展较不均衡。

（二）城乡共享发展指数区域间差异分析

从城乡共享发展指数的区域分布来看，城乡共享发展指数总体呈现东部较好、中部居中、西部和东北较后并近似持平的局面（见图 2 - 4）。在东部地区的10 个省（区、市）中，排在前 10 位的有 8 个，海南、北京分别排在第 21、11 位。其中，上海以 0.703 的高分居全国第 1 位。从各项指标来看，除经济发展分享度外，上海在社会保障公平度、公共服务均等度、减贫脱贫实现度、生态环境共享度指标上的指数值均排在全国首位，整体较好。东北三省的排名分别为第19、20 和 24 位，处于中等偏后水平；中部六省中，安徽排名最为靠前，列第 8位，其余五省排在第 10～16 位，位次居中靠前；西部地区的 11 个（除西藏外）参评省（区、市）中，除重庆排在第 14 位、宁夏排在第 17 位、四川排在第 18位以外，其他 8 个省（区、市）排在第 22～30 位，依次为贵州、广西、内蒙古、陕西、新疆、甘肃、云南和青海，整体排名靠后。

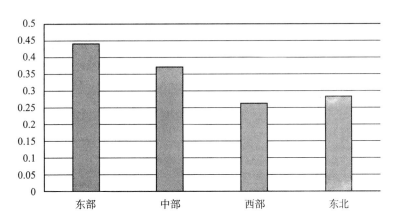

图 2 - 4 中国四大区域城乡共享发展指数对照

注：图中数据为四大区域中各省（区、市）指标值的算术平均值。

（三）城乡共享发展指数区域内差异分析

从四大区域内各省（区、市）的情况看，区域内部城乡共享发展指数情况较为相似。东部 10 个省（区、市）除海南省外，其余省（区、市）的城乡共享发展指数均高于全国平均水平，分列全国第 1～11 位；海南省指数值为 0.293，比上海低 0.410，列 21 位。中部六省的经济城乡共享发展指数处于全国平均水平之间，指数值介于 0.396 和 0.335 之间，指数值最高的安徽省高于最低的湖南省 0.061。西部 11 个省（区、市）的城乡共享发展指数除重庆（指数值为 0.358）外均低于全国平均水平，其中青海省指数值最低，为 0.17，排名最高最低省（区、市）的极差为 0.188。东北三省中，城乡共享发展指数均低于全国平均水平，指数值分别为辽宁省 0.253，吉林省 0.304，黑龙江省 0.301。具体情况如表 2－6 所示。

表 2－6　　　　　　　　　城乡共享发展指数四大区域内部差异分析

区域	地区	指数值	排名	区域	地区	指数值	排名
东部	北京	0.388	11	西部	内蒙古	0.246	25
	天津	0.443	4		广西	0.264	23
	河北	0.391	9		重庆	0.358	14
	上海	0.703	1		四川	0.313	18
	江苏	0.481	2		贵州	0.288	22
	浙江	0.460	3		云南	0.220	29
	福建	0.415	6		陕西	0.241	26
	山东	0.396	7		甘肃	0.228	28
	广东	0.439	5		青海	0.170	30
	海南	0.293	21		宁夏	0.319	17
中部	山西	0.372	13		新疆	0.240	27
	安徽	0.396	8	东北	辽宁	0.253	24
	江西	0.388	10		吉林	0.304	19
	河南	0.356	15		黑龙江	0.301	20
	湖北	0.374	12				
	湖南	0.335	16				

注：根据表 2－5 整理。由于缺少主要测算数据，西藏、香港、澳门和台湾未参与测算。

六、省际与城乡共享发展指数结果对比分析

进一步地，我们将中国共享发展指数省际间的排名与区域城乡间的排名进行比较。城乡共享是共享发展研究的重要组成部分，从测算结果看，城乡共享发展指标与综合指标具有整体趋势的相似性和不同维度间的差异性。从表 2－7 中可以看到，存在以下几个显著的规律。

表 2 - 7　　　　　　中国共享发展指数与城乡间测算结果对比分析

地区	共享发展指数（区域）		共享发展指数（城乡）		两者排名
	指数	排名	指数	排名	变化比较
北京	0.720	1	0.388	10	- 9
上海	0.586	2	0.703	1	1
江苏	0.523	3	0.481	2	1
浙江	0.517	4	0.460	3	1
天津	0.503	5	0.443	4	1
福建	0.473	6	0.415	6	0
山东	0.445	7	0.396	8	- 1
海南	0.434	8	0.293	21	- 13
广东	0.427	9	0.439	5	4
内蒙古	0.412	10	0.246	25	- 15
湖北	0.407	11	0.374	12	- 1
重庆	0.402	12	0.358	14	- 2
宁夏	0.399	13	0.319	17	- 4
陕西	0.373	14	0.241	26	- 12
辽宁	0.366	15	0.253	24	- 9
青海	0.365	16	0.170	30	- 14
江西	0.364	17	0.388	11	6
新疆	0.361	18	0.240	27	- 9
四川	0.360	19	0.313	18	1
湖南	0.358	20	0.335	16	4
山西	0.356	21	0.372	13	8
吉林	0.345	22	0.304	19	3
广西	0.344	23	0.264	23	0
河北	0.343	24	0.391	9	15
安徽	0.339	25	0.396	7	18
黑龙江	0.333	26	0.301	20	6
河南	0.317	27	0.356	15	12
贵州	0.298	28	0.288	22	6
云南	0.287	29	0.220	29	0
甘肃	0.247	30	0.228	28	2

（一）中国共享发展指数在省际间和城乡间的趋势大致相似

从表 2 - 7 中可以看到，多数省份的区域间共享发展水平排名与其内部城乡间共享发展水平排名的变化不大，两者差异在 3 位以内的（包括 3 位）有 13 个，接近一半。这说明目前我国区域间的共享发展水平和城乡间的共享发展水平的发展趋势大致相似，一个地区城乡共享发展均衡程度与该地区整体共享发展水平高度相关；而城乡共享发展水平在很大程度上制约和影响着一个地区的共享发展水平。

（二）多数经济发达的东南沿海地区共享发展水平较高且城乡发展较均衡

在省际共享发展排名中，东部10省除河北外，其余9省均处于前10名；在城乡共享发展排名中，东部10省除海南外，其余9省均处于前10名。邓小平同志曾提出，允许一部分地区和一部分人先富起来，以带动多数地区和多数人最终达到共同富裕。多年来，我国的发展政策向东部地区倾斜较为明显，随着东部地区的经济发展，其共享发展水平得到了显著的增强，而其城乡间的差异也在逐渐缩小。未来，我国应更重视中西部地区的整体发展，并带动中西部地区努力缩小其城乡间的差异。

（三）部分地区共享发展水平与其内部城乡共享发展水平出现了一定背离

从图2-5中可以看到，有部分省区的整体共享发展水平与其内部城乡间的共享发展水平出现了较大的排名差异。

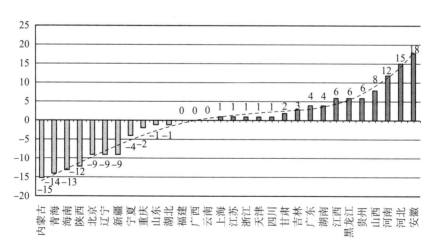

图2-5 地区共享发展水平与其内部城乡共享发展水平排名差异

其中，内蒙古、青海、海南、陕西、北京、辽宁、新疆、宁夏8省份的城乡共享发展水平显著低于该地区整体的共享发展水平，这意味着，这 8 省份虽然在 30 个省际横向比较中共享发展水平比较靠前，但是其内部城乡间的发展情况并不乐观，城乡间显著的发展差异被其整体快速的发展掩盖了。而这 8 个省份中，除了北京外，其余均为西部欠发达地区。北京的城乡间的共享发展水平较其整体共享发展水平排名下降了 9 位，这说明近年来北京虽然整体实力在快速发展，但是内部的城乡间发展较不均衡，要引起我们的重视。

而安徽、河北、河南、山西、贵州、黑龙江、江西等省份虽然整体共享发展水平并不靠前，但是其区域内城乡的发展均衡程度相对较好，没有出现明显的城乡差异。未来，这些省份在提升其整体共享发展水平时，需继续保持现有良好的城乡协同发展的态势。

第三章

中国共享发展指数省际比较

本章以公开出版的统计年鉴为基础，以中国省际共享发展指数指标体系为依据，全面系统地反映了中国除西藏自治区外30个省（区、市）的共享发展情况，分析了这些地区的共享发展排名。同时，本章从共享发展指数5个一级指标出发，分别编排了五节，即"经济发展分享度测算及分析"、"社会保障公平度测算及分析"、"公共服务均等化测算及分析"、"减贫脱贫实现度测算及分析"和"生态环境共享度测算及分析"，深入解析了2014年中国除西藏自治区外30个省（区、市）经济发展分享度、社会保障公平度、公共服务均等化、减贫脱贫实现度、生态环境共享度的具体情况。

第一节　经济发展分享度测算及分析

作为共享发展指数的重要内涵之一，经济发展分享度是对一个地区经济发展过程中共享程度的综合评价。本章根据"中国省际共享发展指数指标体系"中经济增长共享度的测度标准，利用2014年的年度数据，从经济增长和就业角度分别对我国除西藏自治区外30个省（区、市）的经济发展分享度指数进行了测度及分析。

一、经济发展分享度指数测算结果

根据"中国省际共享发展指数指标体系"中经济增长分享度的测度体系和权重标准，30个省（区、市）经济增长分享度指数及排名如表3-1所示。

表 3-1　　　　中国 30 个省（区、市）经济增长分享度指数及排名

指标 地区	经济发展分享度		二级指标			
			经济增长		就业	
	指标值	排名	指标值	排名	指标值	排名
北京	0.103	1	0.063	2	0.040	1
天津	0.085	2	0.080	1	0.005	20
上海	0.061	3	0.059	3	0.002	27
广东	0.046	4	0.032	8	0.014	4
江苏	0.045	5	0.037	4	0.008	5
浙江	0.044	6	0.036	5	0.008	5
甘肃	0.039	7	0.022	18	0.017	2
福建	0.037	8	0.033	7	0.005	20
湖北	0.037	9	0.030	10	0.007	8
湖南	0.037	10	0.035	6	0.002	27
内蒙古	0.035	11	0.031	9	0.004	23
吉林	0.034	12	0.029	11	0.005	17
河南	0.032	13	0.024	16	0.008	5
山西	0.031	14	0.026	13	0.005	17
辽宁	0.031	15	0.026	14	0.005	17
山东	0.030	16	0.024	15	0.006	13
海南	0.030	17	0.014	25	0.016	3
陕西	0.030	18	0.024	17	0.006	13
宁夏	0.029	19	0.027	12	0.002	25
江西	0.028	20	0.022	19	0.006	13
广西	0.027	21	0.021	20	0.007	9
安徽	0.026	22	0.020	21	0.007	9
新疆	0.024	23	0.017	22	0.007	9
重庆	0.021	24	0.016	24	0.005	20
贵州	0.018	25	0.012	27	0.006	13
黑龙江	0.017	26	0.017	23	0.000	30
四川	0.015	27	0.014	26	0.001	29
青海	0.014	28	0.007	29	0.007	9
云南	0.012	29	0.010	28	0.002	25
河北	0.011	30	0.007	30	0.004	23

注：1. 本表根据"中国省际共享发展指数指标体系"中经济增长分享度的指标体系，依各指标 2014 年数据测算而得。2. 本表各省（区、市）按照经济增长分享度的指数值从大到小排序。3. 本表一级指标经济增长分享度指数等于经济发展分享度、就业指标两个二级指标指数值之和。4. 为了便于后文进行比较分析，基于算术平均方法，我们测算得到 30 个参评省（区、市）的经济增长分享度的平均水平为 0.034，经济增长指标的平均水平为 0.027，就业指标的平均水平为 0.007。

从表3－1中可以看到，经济增长分享度指数排名前10位的省（区、市）依次是：北京、天津、上海、广东、江苏、浙江、甘肃、福建、湖北、湖南（排序见图3－1）。其中，经济发展分享度排名前10位的省（区、市）依次是：天津、北京、上海、江苏、浙江、湖南、福建、广东、内蒙古和湖北；就业指标排名前10位的省（区、市）依次是：北京、甘肃、海南、广东、江苏、浙江、河南、湖北、广西、安徽、新疆、青海。

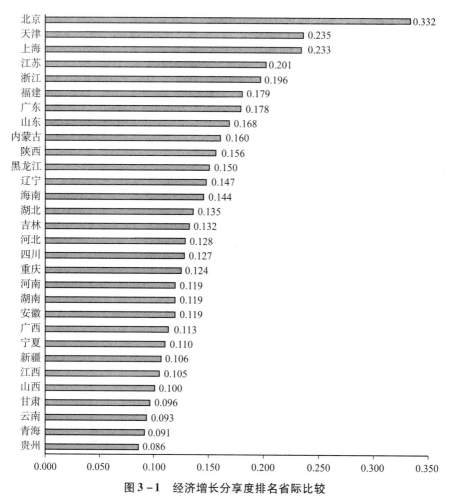

图3－1　经济增长分享度排名省际比较

注：根据表3－1制作，指数值由高到低排列。

各地区经济增长分享度从地理区域来看，发展较好的省（区、市）几乎都集中在中国的东部沿海地区，发展居中的省（区、市）集中在中国的中部地区，发展较弱的省（区、市）则集中在中国的西部地区。下面进一步从区域间经济增长分享度的差异、区域内部经济增长分享度的差异以及经济增长分享度对共享发展的影响三个方面进行分析。

二、经济发展分享度区域间差异分析

从经济增长分享度的区域分布来看，经济增长分享度总体呈现东部较好、中部居中、东北部和西部偏低的局面（见图3-2）。在东部地区的10个省（区、市）中，排在前10位的有7个，山东、海南分别排在第16、17位。其中，北京以0.103的高分居全国第1位。从各项指标来看，北京在经济发展分享度、就业指标指数值分别排在全国的第2、1位，整体较好。中部六省中，排在前10位的有2个，湖北、湖南分别列第9、10位，排在第11～25位的有2个，河南、山西分别列第13、14位，江西和安徽排在20名。东北三省的排名分别为第12、15和26位，吉林、辽宁处于中等以上水平，黑龙江则相对较差；西部地区的11个（除西藏外）参评省（区、市）中，除甘肃排在第79位、内蒙古排在第11位、四川排在第17位以外，其他9个省（区、市）排在第18～30位，依次为陕西、宁夏、广西、新疆、重庆、贵州、四川、青海和云南，整体排名靠后。

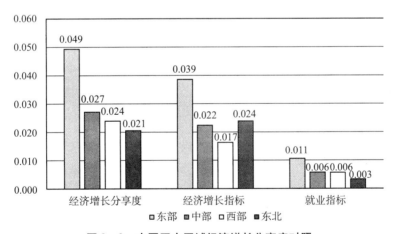

图3-2 中国四大区域经济增长分享度对照

注：图中数据为四大区域中各省（区、市）指标值的算术平均值。

就经济增长分享度的两个分指标而言，区域间的差异也非常显著。经济发展分享度区域间差异最大，西部地区远落后于东部地区，而中部地区和东北地区则较为接近，且均低于全国平均水平，位于东部地区与西部地区之间。就业指标特点有所不同，东部地区明显高于其他地区，但中部地区和西部地区较为接近，东北地区最低，且均低于全国平均水平。

三、经济发展分享度区域内情况分析

从四大区域内各省（区、市）的情况看，区域内部经济增长分享度情况较为相似。东部10个省（区、市）除山东省、海南省和河北省外其余省（区、市）的经济增长分享度均高于全国平均水平，分列全国第1~6位和第8位；河北省指数值为0.011，比北京低0.092，列30位；山东省和海南省指数值为0.03，比北京低0.073，列16、17位。除湖南、湖北外，中部其余四省的经济增长分享度均低于全国平均水平，指数值最高的湖北省高于最低的安徽省0.011。西部11个省（区、市）的经济增长分享度除甘肃和内蒙古（指数值分别为0.039、0.1035）外均低于全国平均水平，其中云南省指数值最低，为0.012，排名最高最低省（区、市）的极差为0.027。东北三省中，黑龙江省和辽宁省的经济增长分享度低于全国平均水平，指数值分别为0.017和0.031；吉林省指数值为0.034，和全国平均水平持平。具体情况如表3-2所示。

表3-2　　　　　　　　经济增长分享度四大区域内部差异分析

区域	地区	指数值	排名	区域	地区	指数值	排名
东部	北京	0.103	1	西部	内蒙古	0.035	11
	天津	0.085	2		广西	0.027	21
	河北	0.011	30		重庆	0.021	24
	上海	0.061	3		四川	0.015	27
	江苏	0.045	5		贵州	0.018	25
	浙江	0.044	6		云南	0.012	29
	福建	0.037	8		陕西	0.03	18
	山东	0.03	16		甘肃	0.039	7
	广东	0.046	4		青海	0.014	28
	海南	0.03	17		宁夏	0.029	19
中部	山西	0.031	14		新疆	0.024	23
	安徽	0.026	22	东北	辽宁	0.031	15
	江西	0.028	20		吉林	0.034	12
	河南	0.032	13		黑龙江	0.017	26
	湖北	0.037	9				
	湖南	0.037	10				

注：根据表3-1整理。由于缺少主要测算数据，西藏、香港、澳门和台湾未参与测算。

四、经济发展分享度对共享发展水平的影响分析

对比各地区经济增长分享度指数排序与共享发展指数排序后发现，30 个参评省（区、市）名次变动在 5 名及以内的省（区、市）达 18 个，等于总参评省（区、市）的 3/5。名次变动 10 个位次及以上的省（区、市）有 4 个，接近参评省（区、市）数量的 1/8，分别是重庆、青海、河南、甘肃（见表 3 - 3）。

表 3 - 3 省际共享发展指数与经济增长分享度排名差异比较

地区	共享发展指数排名	经济增长分享度排名	位次变化	地区	共享发展指数排名	经济增长分享度排名	位次变化
北京	1	1	0	青海	16	28	-12
上海	2	3	-1	江西	17	20	-3
江苏	3	5	-2	新疆	18	23	-5
浙江	4	6	-2	四川	19	27	-8
天津	5	2	3	湖南	20	10	10
福建	6	8	-2	山西	21	14	7
山东	7	16	-9	吉林	22	12	10
海南	8	17	-9	广西	23	21	2
广东	9	4	5	河北	24	30	-6
内蒙古	10	11	-1	安徽	25	22	3
湖北	11	9	2	黑龙江	26	26	0
重庆	12	24	-12	河南	27	13	14
宁夏	13	19	-6	贵州	28	25	3
陕西	14	18	-4	云南	29	29	0
辽宁	15	15	0	甘肃	30	7	23

注：根据表 2 - 3 与表 3 - 1 整理。

经济增长分享度是共享发展指数的重要组成部分。从表 3 - 3 中可以发现，西部 11 个省（区、市）中除了广西、贵州和甘肃外其余 8 个省（区、市）的经济增长分享度排名都落后于其共享发展指数排名，平均而言，西部地区经济增长分享度排名落后于其共享发展指数排名约 2 位，其中青海、重庆、四川的经济增长分享度排名落后于其共享发展指数排名较大，分别为 12、12 和 8；东部 10 个省（区、市）中除了北京没有变化，天津和广东 2 个省（区、市）的经济增长分享度排名高于共享发展指数排名外，其余 7 个省（区、市）的经济增长分享度排名落后于其共享发展指数排名，平均而言，在东部地区经济增长分享度排名落

后于其共享发展指数排名约 2 位；中部六省中除了江西经济增长分享度落后于其共享发展指数 3 位外，其余省（区、市）的经济增长分享度排名都领先于其共享发展指数排名，平均而言，中部地区经济增长分享度排名领先于其共享发展指数排名接近 6 位；东北三省中，吉林的经济增长分享度排名领先于其共享发展指数排名 10 位，黑龙江和辽宁没有变化。这在一定程度上显示了一个地区的经济增长分享度发展好坏将会对该地区整体的共享发展水平产生较大的影响。一般说来经济发达地区，其经济增长分享度相对较高，它对共享发展指数水平的贡献也相对较大；反之，经济落后地区，其经济增长分享度相对较低，它对共享发展指数水平的贡献也相对较小，甚至拖了共享发展指数的后腿。总而言之，提升经济增长分享度将有助于区域的共享发展。

第二节　社会保障公平度测算及分析

社会保障公平度衡量的是一个地区养老、健康、医疗、住房情况。它是各地区养老、健康、医疗、住房等影响程度的综合反映，是共享发展指数的重要内涵之一。本章从区域比较的视角，采用"中国省际共享发展指数评价体系"，测算了 30 个省（区、市）的社会保障公平度，详细阐述这些地区社会保障公平度的基本格局和特点，并具体比较这些地区在养老、健康、医疗、住房方面的差异。

一、社会保障公平度指数测算结果

根据"中国省际共享发展指数评价体系"中社会保障公平度的评价体系和权重标准，中国 30 个省（区、市）的社会保障公平度的测算结果见表 3－4。

表 3－4　　　　中国 30 个省（区、市）社会保障公平度指数及排名

地区＼指标	社会保障公平度		二级指标							
			养老		健康		医疗		住房	
	指标值	排名	指标值	排名	指标值	排名	指标值	排名	指标值	排名
陕西	0.142	1	0.033	8	0.019	21	0.041	4	0.049	8
湖南	0.141	2	0.035	3	0.019	20	0.030	15	0.057	3
湖北	0.136	3	0.027	14	0.020	18	0.038	7	0.051	6
四川	0.132	4	0.026	16	0.019	19	0.039	6	0.048	9
山东	0.130	5	0.033	5	0.026	7	0.035	9	0.036	17

指标\地区	社会保障公平度		二级指标							
			养老		健康		医疗		住房	
	指标值	排名	指标值	排名	指标值	排名	指标值	排名	指标值	排名
北京	0.129	6	0.004	28	0.040	2	0.062	1	0.024	28
河南	0.123	7	0.037	2	0.019	22	0.024	20	0.044	11
浙江	0.123	8	0.016	22	0.031	4	0.029	17	0.047	10
贵州	0.122	9	0.032	9	0.006	28	0.026	19	0.058	2
重庆	0.120	10	0.026	15	0.023	13	0.032	12	0.039	15
新疆	0.120	11	0.016	24	0.010	26	0.057	2	0.037	16
江苏	0.119	12	0.020	20	0.026	5	0.029	16	0.043	12
福建	0.118	13	0.027	12	0.023	12	0.016	22	0.052	5
安徽	0.117	14	0.040	1	0.021	15	0.006	29	0.051	7
宁夏	0.115	15	0.019	21	0.014	25	0.030	13	0.052	4
辽宁	0.112	16	0.016	25	0.026	8	0.044	3	0.027	26
江西	0.111	17	0.028	11	0.018	24	0.005	30	0.059	1
山西	0.104	18	0.030	10	0.020	17	0.027	18	0.027	27
广西	0.104	19	0.025	17	0.021	14	0.015	24	0.043	13
内蒙古	0.104	20	0.021	18	0.018	23	0.036	8	0.029	23
青海	0.101	21	0.027	13	0.002	29	0.041	5	0.031	20
吉林	0.101	22	0.016	23	0.025	10	0.030	14	0.030	22
河北	0.098	23	0.033	6	0.020	16	0.013	25	0.032	18
黑龙江	0.098	24	0.014	27	0.024	11	0.032	11	0.028	24
甘肃	0.096	25	0.035	4	0.010	27	0.019	21	0.032	19
云南	0.090	26	0.033	7	0.000	30	0.016	23	0.041	14
上海	0.085	27	0.000	30	0.040	1	0.035	10	0.010	29
海南	0.083	28	0.021	18	0.025	9	0.009	27	0.027	25
广东	0.079	29	0.015	26	0.026	6	0.007	28	0.031	21
天津	0.050	30	0.003	29	0.035	3	0.012	26	0.000	30

注：1. 本表根据"省际共享发展指数指标体系"中社会保障公平度的指标体系，依各指标2014年数据测算而得。2. 本表各省（区、市）按照社会保障公平度指数值从大到小排序。3. 本表一级指标"社会保障公平度"指数值等于"养老指标"、"健康指标"两个二级指标指数值之和。4. 以上数据及排名根据《中国统计年鉴2015》、《中国环境统计年鉴2015》、《中国环境统计年报2014》、《中国城市统计年鉴2015》、《中国水利统计年鉴2015》、《中国工业统计年鉴2015》、《中国沙漠及其治理》等测算。5. 为了便于后文进行比较分析，基于算术平均方法，我们测算得到30个测评省（区、市）的社会保障公平度的平均水平为0.110，养老指标的平均水平为0.024，健康指标的平均水平为0.021，医疗指标的平均水平为0.028，住房指标的平均水平为0.038。

从表3－4可以看到，排在社会保障公平度前10位的省（区、市）依次是：陕西、湖南、湖北、四川、山东、北京、河南、浙江、贵州和重庆。养老指标排名前10位的省（区、市）依次是：安徽、河南、湖南、甘肃、山东、河北、云南、陕西、贵州和山西。健康指标排名前10位的省（区、市）依次是：上海、北京、天津、浙江、江苏、广东、山东、辽宁、海南、吉林。医疗指标排名前10位的省（区、市）依次是：北京、新疆、辽宁、陕西、青海、四川、湖北、内蒙古、山东、上海。住房指标排名前10位的省（区、市）依次是：江西、贵州、湖南、宁夏、福建、湖北、安徽、陕西、四川、浙江。

根据表3－4中各地区的社会保障公平度的指数值可绘制出图3－3。其中，

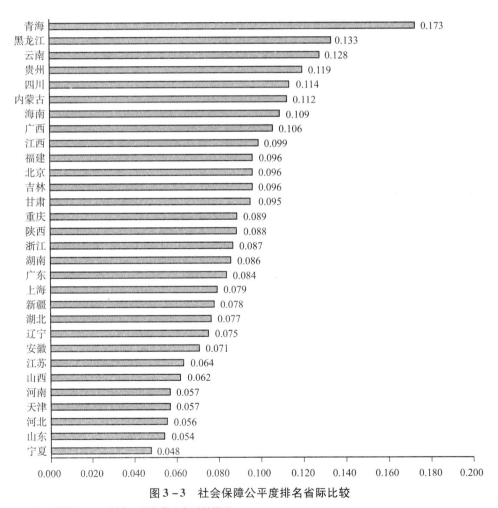

图3－3　社会保障公平度排名省际比较

注：根据表3－4制作。指数值由高到低排列。

横轴为社会保障公平度指数值，0.110 为 30 个省（区、市）社会保障公平度的平均水平。社会保障公平度指数值用共享条框表示，社会保障公平度指数值越高，其共享条框就越长，社会保障公平度指数值越低，其条框就越短。

二、社会保障公平度区域间差异分析

从各省（区、市）看，省际间的社会保障公平度差异显著，省际间社会保障公平度指标值极差为 0.137，且指标值第一的陕西是最后一名天津的 2.84 倍，另外，30 个省（区、市）中有 13 个省（区、市）指标值低于全国平均水平。

从东部、中部、西部、东北四大区域看，社会保障公平度的区域差异较小。如图 3-4 所示，东部社会保障公平度略低于其他三个地区，中部、西部和东北地区差异不大。分析两个四级指标可以发现，社会保障公平度的区域间差异主要来自住房方面，中部和西部地区具有明显的优势，东部和东北部地区相对较弱；同时，其他三个指标地区差别不大。

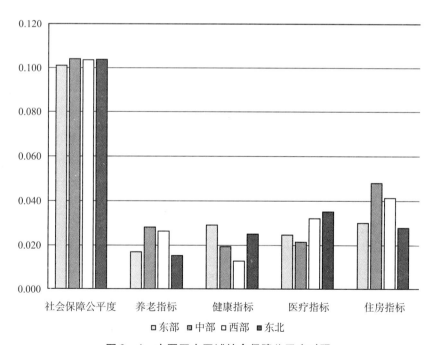

图 3-4　中国四大区域社会保障公平度对照

注：图中数据为四大区域中各省（区、市）指标值的算术平均值。

从四大区域内各省（区、市）的社会保障公平度排名来看，东部地区 10 个省（区、市）中，排名前 10 位的有 3 个，其中山东排名相对较高，位列第 5；江苏和福建位于全国中上游，分别排名在第 12 和 13 位；上海、海南、广东、天津等省（区、市）排名则相对靠后，位列全国末尾。中部地区 6 个省（区、市）整体排名比较靠前。湖南、湖北排名最靠前，列第 2、第 3 位，河南排名第 7；安徽处于中上游水平，位列第 14；山西和江西排名全国中游，分别列第 17 和 18 位。西部地区整体的社会保障公平度指标值优于东部地区，11 个省（区、市）中，陕西、四川、贵州、重庆 4 个省（区、市）列全国前 10 位，并且陕西排名全国第 1；新疆和宁夏位于全国中上游，分别排第 11 和 15 位。东北三省排名分别为第 16、22、24 位，区域内部差异较小，但整体偏后。通过以上对社会保障公平度的分析，可以得出，中国的社会保障公平度存在明显的地域性差异，中部地区具有优势，但中部、西部、东北地区差异较小，东部地区则相对较弱。

三、社会保障公平度区域内情况分析

从四大区域内各省（区、市）的情况看，各区域内社会保障公平度存在较大差异。东部 10 个省（区、市）的指标值极差为 0.08，从排名上看，3 个地区排名全国上游，2 个地区排名全国中游，5 个地区排名全国下游，且排名最高的山东（第 5）和排名最低的天津（第 30）名次差距 25 位。中部地区的社会保障公平度水平较为平均，指标值极差为 0.033。其中，4 省指标值高于全国平均水平，2 省（区、市）略低于全国平均水平。西部 11 个省（区、市）的指标值极差为 0.052，差距较大，4 个省（区、市）排名全国前十，且陕西列全国第 1，但是甘肃、云南却排名全国倒数 10 位。东北三省在社会保障公平度上的排名差异较小，均位于全国中下游，排名分别为第 16、22、24 位。具体情况如表 3 - 5 所示。

表 3 - 5　　　　　社会保障公平度四大区域内部差异分析

区域	地区	指数值	排名	区域	地区	指数值	排名
东部	北京	0.129	6	东部	上海	0.085	27
	海南	0.083	28		江苏	0.119	12
	福建	0.118	13		天津	0.05	30
	浙江	0.123	8		山东	0.13	5
	广东	0.079	29		河北	0.098	23

区域	地区	指数值	排名	区域	地区	指数值	排名
中部	江西	0.111	17	西部	内蒙古	0.104	20
	湖南	0.141	2		甘肃	0.096	25
	湖北	0.136	3		重庆	0.12	10
	安徽	0.117	14		陕西	0.142	1
	山西	0.104	18		新疆	0.12	11
	河南	0.123	7		宁夏	0.115	15
西部	青海	0.101	21	东北	黑龙江	0.098	24
	云南	0.09	26		吉林	0.101	22
	贵州	0.122	9		辽宁	0.112	16
	四川	0.132	4				
	广西	0.104	19				

注：根据表 3-4 整理。由于缺少主要测算数据，西藏、香港、澳门和台湾未参与测算。

四、社会保障公平度对共享发展水平的影响分析

表 3-6 中，差距列的值等于社会保障公平度排名减去对应的共享发展指数排名，数值为负表示该省社会保障公平度对其共享发展水平的贡献为正，数值为正表示该省社会保障公平度对其共享发展水平的贡献为负。

从相对序列位次差异情况看，山东、河北、湖南、湖北、安徽、山西、河南、云南、贵州、四川、广西、甘肃、重庆、陕西、新疆、黑龙江 16 个省（区、市）社会保障公平度对区域共享发展水平的贡献为正。这 16 个省（区、市）中，西部地区较多，占 8 个；中部地区占 5 个；东北地区占 1 个；东部地区也有 2 个。具体而言，河南、贵州、湖南最大，表明这 3 个省的社会保障公平度对其共享发展指数排名的贡献作用最明显。北京、海南、福建、浙江、广东、上海、江苏、天津、青海、内蒙古、辽宁 11 个省（区、市）社会保障公平度对区域共享发展水平排名的贡献为负，江西和黑龙江的社会保障公平度对共享发展水平排名的贡献为零。在以上这 13 个地区中，东部地区最多，占 8 个；西部地区占 3 个；东北地区 2 个；中部地区 1 个。具体而言，上海、海南、广东差距最大，表明这 3 个地区社会保障公平度水平对其共享发展指数排名的负向拉动作用最明显。

表 3-6　　　　　分区域省际共享发展指数与社会保障公平度排名差异比较

区域	地区	共享发展指数排名	社会保障公平度排名	差距	区域	地区	共享发展指数排名	社会保障公平度排名	差距
东部	北京	1	6	5	西部	青海	16	21	5
	海南	8	28	20		云南	29	26	-3
	福建	6	13	7		贵州	28	9	-19
	浙江	4	8	4		四川	19	4	-15
	广东	9	29	20		广西	23	19	-4
	上海	2	27	25		内蒙古	10	20	10
	江苏	3	12	9		甘肃	30	25	-5
	天津	5	30	25		重庆	12	10	-2
	山东	7	5	-2		陕西	14	1	-13
	河北	24	23	-1		新疆	18	11	-7
中部	江西	17	17	0		宁夏	13	15	2
	湖南	20	2	-18	东北	黑龙江	26	24	-2
	湖北	11	3	-8		吉林	22	22	0
	安徽	25	14	-11		辽宁	15	16	1
	山西	21	18	-3					
	河南	27	7	-20					

注：根据表2-3和表3-4整理而得。由于缺少主要测算数据，西藏、香港、澳门和台湾未参与测算。

　　各地区的具体情况分析如下：在东部地区，除山东省和河北省外，其他8个省（区、市）的社会保障公平度排名均落后于共享发展指数排名，且有4个省（区、市）甚至落后20名及以上，表明东部地区整体的社会保障公平度水平较弱，制约了共享发展总指数的提升。在中部地区，除江西省没有变化外，其他省（区、市）的社会保障公平度排名均落后于共享发展指数排名。西部地区3个省（区、市）的社会保障公平度排名均高于共享发展指数排名，其他9个省（区、市）的社会保障公平度排名均落后于共享发展指数排名，表明西部地区大多数省（区、市）的社会保障公平度较弱，制约了共享发展总指数的提升。东北地区的辽宁省的社会保障公平度排名略高于其共享发展指数排名，吉林省没有变化，黑龙江省社会保障公平度排名略低于其共享发展指数排名，表明东北地区的社会保障公平度拉动作用也较弱。

第三节　公共服务均等度测算及分析

公共服务均等化是共享发展指数的三大一级指标之一，对其进行科学的测算与分析，旨在客观反映各地区公共服务对共享发展的贡献度。本节以公共服务均等化的测算结果为基础，从地区比较的视角，分别从基础设施、科技、教育和文替等四个方面分析30个省（区、市）的公共服务均等化，探讨公共服务均等化与地区共享发展的关系。

一、公共服务均等化指数测算结果

根据"中国省际共享发展指数指标体系"中公共服务均等化的测度指标体系和权重标准，我国除西藏自治区外30个省（区、市）公共服务均等化指数及四项分指数的测算结果及排名见表3-7。

表3-7　　　　中国30个省（区、市）公共服务均等化指数及排名

指标 地区	公共服务均等化		二级指标							
			基础设施		科技		教育		文体	
	指标值	排名	指标值	排名	指标值	排名	指标值	排名	指标值	排名
北京	0.270	1	0.118	2	0.040	1	0.072	1	0.040	1
上海	0.219	2	0.120	1	0.033	2	0.051	3	0.016	4
天津	0.211	3	0.112	3	0.021	3	0.066	2	0.013	6
江苏	0.146	4	0.099	4	0.011	4	0.028	6	0.009	10
浙江	0.138	5	0.095	5	0.010	5	0.027	7	0.007	13
海南	0.121	6	0.082	7	0.003	16	0.026	8	0.010	7
广东	0.117	7	0.094	6	0.006	6	0.014	23	0.003	19
福建	0.104	8	0.079	8	0.003	11	0.017	19	0.004	16
宁夏	0.103	9	0.071	10	0.003	13	0.020	16	0.009	9
山东	0.099	10	0.076	9	0.003	15	0.018	18	0.002	24
辽宁	0.093	11	0.053	12	0.006	7	0.028	5	0.007	12
山西	0.084	12	0.052	13	0.003	12	0.024	10	0.005	15
新疆	0.084	13	0.036	20	0.003	14	0.031	4	0.014	5
内蒙古	0.082	14	0.040	17	0.002	19	0.024	11	0.016	3
湖北	0.077	15	0.050	15	0.005	8	0.020	17	0.002	23
重庆	0.075	16	0.055	11	0.002	21	0.016	20	0.001	25

指标 地区	公共服务均等化		二级指标							
			基础设施		科技		教育		文体	
	指标值	排名	指标值	排名	指标值	排名	指标值	排名	指标值	排名
黑龙江	0.075	17	0.051	14	0.001	24	0.021	15	0.001	27
青海	0.073	18	0.016	29	0.003	10	0.024	12	0.029	2
陕西	0.068	19	0.032	24	0.002	23	0.026	9	0.009	8
广西	0.067	20	0.049	16	0.002	17	0.013	25	0.003	20
吉林	0.065	21	0.034	23	0.002	18	0.022	13	0.008	11
江西	0.063	22	0.037	18	0.002	20	0.022	14	0.002	22
安徽	0.051	23	0.034	22	0.005	9	0.011	28	0.002	21
河北	0.047	24	0.036	21	0.000	30	0.010	29	0.001	29
云南	0.046	25	0.037	19	0.001	26	0.007	30	0.001	26
四川	0.042	26	0.026	25	0.001	25	0.011	27	0.004	17
贵州	0.040	27	0.021	27	0.002	22	0.013	24	0.004	18
湖南	0.039	28	0.022	26	0.001	27	0.015	21	0.001	28
河南	0.031	29	0.017	28	0.001	28	0.014	22	0.000	30
甘肃	0.021	30	0.001	30	0.000	29	0.013	26	0.006	14

注：1. 本表根据"省际共享发展指数指标体系"中公共服务均等化的指标体系，依各指标 2014 年数据测算而得。2. 本表各省（区、市）按照公共服务均等化的指数值从大到小排序。3. 本表一级指标"公共服务均等化"指数值等于"基础设施指标"、"科技指标"、"教育指标"、"文体指标"四个二级指标指数值之和。4. 以上数据及排名根据《中国统计年鉴 2015》、《中国环境统计年鉴 2015》、《中国环境统计年报 2014》、《中国城市统计年鉴 2015》、《中国水利统计年鉴 2015》、《中国工业统计年鉴 2015》、《中国沙漠及其治理》等测算。5. 为了便于后文进行比较分析，基于算术平均方法，我们测算得到 30 个测评省（区、市）的公共服务均等化指数的平均水平为 0.092，基础设施指标的平均水平为 0.055，科技指标的平均水平为 0.006，教育指标的平均水平为 0.023，文体指标的平均水平为 0.008。

从表 3-7 中看到，2014 年指数值最高的北京为 0.27，比所有参评省（区、市）公共服务均等化的平均值 0.092 高 17.8 个百分点，最低的甘肃仅为 0.021，极差为 0.249；有 11 个省（区、市）指数值高于该平均值。排在公共服务均等化指数值前 10 位的省（区、市）依次是：北京、上海、天津、江苏、浙江、海南、广东、福建、宁夏和山东。其中，基础设施指标指数值排名前 10 位的省（区、市）依次是：上海、北京、天津、江苏、浙江、广东、海南、福建、山东和宁夏；科技指标指数值排名前 10 位的省（区、市）依次是：北京、上海、天津、江苏、浙江、广东、辽宁、湖北、安徽和青海；教育指标指数值排名前 10 位的省（区、市）依次是：北京、天津、上

海、新疆、辽宁、江苏、浙江、海南、陕西和山西；文体指标指数值排名前
10位的省（区、市）依次是：北京、青海、内蒙古、上海、新疆、天津、
海南、陕西、宁夏和江苏。

根据表3-7中各地区公共服务均等化的指数值可绘制出图3-5。其中，横
轴为公共服务均等化指数值，纵轴为省（区、市）名称。公共服务均等化指数值
用共享条框表示，共享条框越长，指数值越大。由图3-5看出，北京、上海等
11个省（区、市）指数值高于该平均值，山西、新疆等19个省（区、市）指数
值低于该平均值。

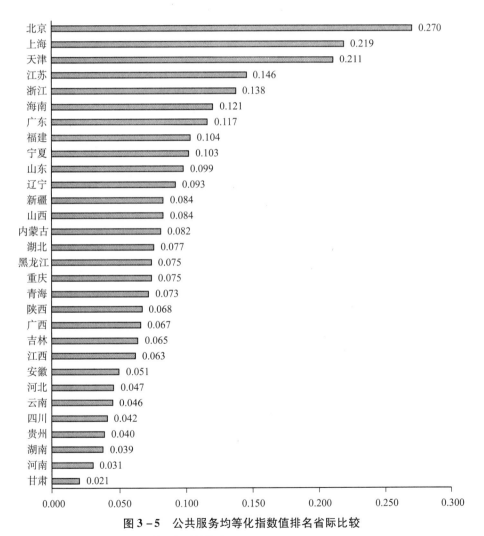

图3-5 公共服务均等化指数值排名省际比较

注：根据表3-7制作，指数值由高到低排列。

公共服务均等化的地区差异依旧明显。从东、中、西和东北四大经济区的角度看，发展较好地区相对集中在东部沿海地区以及西部的宁夏；东北地区辽宁、黑龙江为处于中等水平，吉林是相对较弱；中部和西部依旧相对复杂，表明这两个区域内部省际间的差异较大。

二、公共服务均等化区域间差异分析

从公共服务均等化的区域分布来看，公共服务均等化总体依旧呈现东部最好、东北部较好、中部和西部地区偏低的局面。从图3-6中可以看出，东部地区公共服务均等化指数平均值最高，为0.147；东北和西部次之，略低于所有参评省（区、市）公共服务均等化的平均值，分别为0.078和0.064；中部地区最低，为0.058。从排名看，公共服务均等化指数值全国排名前10位的省（区、市）中有9个来自东部地区，1个来自西部地区；进入排名前15位的省（区、市）中，有9个来自东部地区，3个来自西部地区，2个来自中部地区，1个来自东北地区。

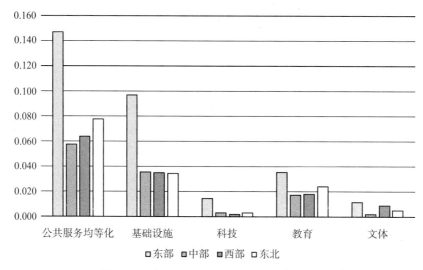

图3-6 中国四大区域公共服务均等化对照

注：图中数据为四大区域中各省（区、市）指数值的算术平均值。

具体来看，东部总体水平明显高于其他地区。东部10省（区、市）中，有9个排在全国前10位；只有河北省排在第24位。东北总体水平较高，内部差异较小，其中，辽宁、黑龙江、吉林分列第11、17、21位。西部11省

（区、市）中，宁夏以第 9 位的水平位居全国前 10；新疆、内蒙古、重庆、青海、陕西和广西排在第 11～20 位之间；其他 4 个省（区、市）排在第 21～30 位，依次是云南、四川、贵州和甘肃。中部总体水平略低于西部地区。中部六省中，山西居第 12 位；湖北居第 25 位；江西、安徽、湖南、河南分别位于第 22、23、28、29 位。

就公共服务均等化的四个分指标而言，区域间的差异也非常显著。其中，基础设施指数的区域间差异最大，东部地区明显高于全国平均水平及其他三个地区。科技指数的区域间差异较大，东部地区高于全国平均水平，其他三个地区科技指数值相近，且低于全国平均水平。就教育指标而言，东部最高、东北次之，高于全国平均水平；西部和中部较低，低于全国平均水平。就文体指标而言，三个地区差异较小，其中，东部最高、中部最低。总体来看，东部地区的公共服务均等化具有较强的优势，而中部地区在该项指标上则相对逊色。

三、公共服务均等化区域内情况分析

从四大区域内各省（区、市）的情况看（见表 3-8），西部地区公共服务均等化省际间差异性明显，既存在排名全国前列的宁夏（第 9 位），又存在排名靠后的贵州（第 27 位）和甘肃（第 30 位），排名最靠前的宁夏和排名最靠后的甘肃相差 0.082；西部 11 个省（区、市）中，公共服务均等化高于所有参评省（区、市）平均值的有 1 个，位于排名前 10 的有 1 个，排在第 11～20 位的有 6 个，排在第 21～30 位的有 4 个。

东部地区 10 省（区、市）的公共服务均等化排名总体靠前，指数值除河北外均高于所有参评省（区、市）的平均值；其中，有 9 个省（区、市）排名在前 10 位，河北位于第 24 位；排名第 1 位的北京和排名最靠后的河北极差为 0.223。

中部地区各省份公共服务均等化总体排名相对偏后，指数值均低于参评省（区、市）的平均水平，排名最靠前的山西和排名最靠后的河南极差为 0.053。

东北地区的辽宁、黑龙江和吉林公共服务均等化排名均处于中等水平，分别列第 11、17、21 位，排名最靠前的辽宁和排名最靠后的吉林极差为 0.028。

表3-8　　　　　　　　　公共服务均等化指数四大区域内部差异

区域	地区	指数值	排名	区域	地区	指数值	排名
东部	北京	0.27	1	西部	宁夏	0.103	9
	浙江	0.138	5		新疆	0.084	13
	上海	0.219	2		内蒙古	0.082	14
	天津	0.211	3		重庆	0.075	16
	山东	0.099	10		陕西	0.068	19
	江苏	0.146	4		四川	0.042	26
	广东	0.117	7		云南	0.046	25
	福建	0.104	8		广西	0.067	20
	河北	0.047	24		贵州	0.04	27
	海南	0.121	6		青海	0.073	18
中部	山西	0.084	12		甘肃	0.021	30
	安徽	0.051	23	东北	辽宁	0.093	11
	湖北	0.077	15		黑龙江	0.075	17
	江西	0.063	22		吉林	0.065	21
	湖南	0.039	28				
	河南	0.031	29				

注：根据表3-7整理。由于缺少主要测算数据，西藏、香港、澳门和台湾未参与测算。

四、公共服务均等化对共享发展水平的影响分析

公共服务均等化是共享发展指数的五大一级指标之一，公共服务均等化差异直接影响着共享发展水平的排序。

从测算结果可以发现，多数地区公共服务均等化指数排序与共享发展指数排序存在差异（见表3-9），但差异较小，名次差异均在10名以内。名次差异在5位（含5位）以上的省（区、市）有7个，占比为23.33%。山西和黑龙江2个省（区、市）因公共服务均等化指数较高而明显拉升了共享发展指数。四川、湖南、陕西、江西4个省（区、市）公共服务均等化指数值则相反，较为明显地拉低了共享发展指数水平。此外，共享发展指数排名前10位的省（区、市）中，除北京、上海、天津、广东和海南外，5个省（区、市）表现出公共服务均等化指数相对较弱，从而影响了共享发展指数的进一步提升；共享指数排名后10位的地区中，有6个地区公共服务均等化的排名在后10位。

表 3 - 9　　　　　　省际共享发展指数与公共服务均等化指数排名差异分析

地区	共享发展指数排名	公共服务均等化排名	位次变化	地区	共享发展指数排名	公共服务均等化排名	位次变化
北京	1	1	0	青海	16	18	-2
上海	2	2	0	江西	17	22	-5
江苏	3	4	-1	新疆	18	13	5
浙江	4	5	-1	四川	19	26	-7
天津	5	3	2	湖南	20	28	-8
福建	6	8	-2	山西	21	12	9
山东	7	10	-3	吉林	22	21	1
海南	8	6	2	广西	23	20	3
广东	9	7	2	河北	24	24	0
内蒙古	10	14	-4	安徽	25	23	2
湖北	11	15	-4	黑龙江	26	17	9
重庆	12	16	-4	河南	27	29	-2
宁夏	13	9	4	贵州	28	27	1
陕西	14	19	-5	云南	29	25	4
辽宁	15	11	4	甘肃	30	30	0

注：根据表 2 - 3 和表 3 - 7 整理而得。

第四节　减贫脱贫实现度测算及分析

作为共享发展指数的重要内涵之一，减贫脱贫实现度是对一个地区经济发展过程中脱贫程度的综合评价。本章根据"中国省际共享发展指数指标体系"中减贫脱贫实现度的测度标准，利用 2014 年的年度数据，从脱贫减贫指标角度分别对 30 个省（区、市）的减贫脱贫实现度指数进行了测度及分析。

一、减贫脱贫实现度指数测算结果

根据"中国省际共享发展指数指标体系"中减贫脱贫实现度的测度体系和权重标准，30 个省（区、市）减贫脱贫实现度指数及排名如表 3 - 10 所示。

表 3 – 10　　　　　30 个省（区、市）减贫脱贫实现度指数及排名

指标 地区	减贫脱贫实现度		二级指标	
			减贫脱贫	
	指标值	排名	指标值	排名
江苏	0.152	1	0.152	1
上海	0.140	2	0.140	2
福建	0.139	3	0.139	3
北京	0.137	4	0.137	4
浙江	0.133	5	0.133	5
山东	0.133	6	0.133	6
广东	0.126	7	0.126	7
河北	0.120	8	0.120	8
天津	0.113	9	0.113	9
重庆	0.107	10	0.107	10
海南	0.106	11	0.106	11
湖北	0.106	12	0.106	12
黑龙江	0.104	13	0.104	13
江西	0.102	14	0.102	14
四川	0.093	15	0.093	15
吉林	0.090	16	0.090	16
河南	0.086	17	0.086	17
安徽	0.085	18	0.085	18
内蒙古	0.084	19	0.084	19
辽宁	0.082	20	0.082	20
新疆	0.080	21	0.080	21
宁夏	0.073	22	0.073	22
广西	0.072	23	0.072	23
山西	0.070	24	0.070	24
云南	0.067	25	0.067	25
湖南	0.066	26	0.066	26
陕西	0.063	27	0.063	27
甘肃	0.054	28	0.054	28
贵州	0.045	29	0.045	29
青海	0.034	30	0.034	30

注：1. 本表根据"中国省际共享发展指数指标体系"中减贫脱贫实现度的指标体系，依各指标 2014 年数据测算而得。2. 本表各省（区、市）按照减贫脱贫实现度的指数值从大到小排序。3. 本表一级指标减贫脱贫实现度指数等于一个二级指标指数值。4. 为了便于后文进行比较分析，基于算术平均方法，我们测算得到 30 个参评省（区、市）的减贫脱贫实现度的平均水平为 0.095。

从表 3-10 中可以看到，减贫脱贫实现度指数排名前 10 位的省（区、市）依次是：江苏、上海、福建、北京、浙江、山东、广东、河北、天津和重庆（排序见图 3-7）。

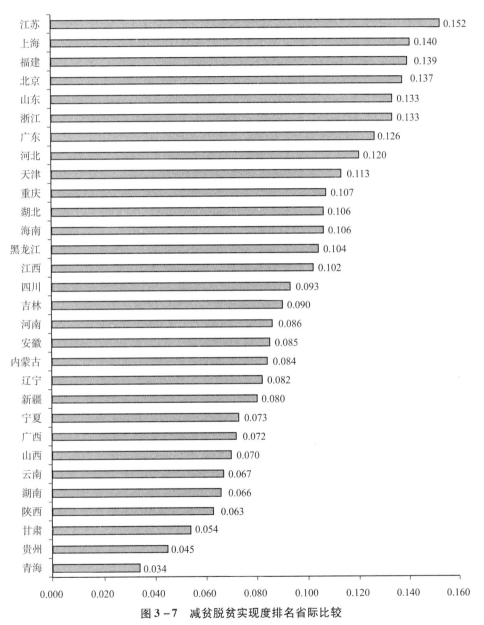

图 3-7 减贫脱贫实现度排名省际比较

注：根据表 3-7 制作。指数值由高到低排列。

各地区减贫脱贫实现度从地理区域来看，发展较好的省（区、市）几乎都集中在中国的东部沿海地区，发展中等的省（区、市）集中在中国的中部地区，发展较弱的省（区、市）则集中在中国的西部地区。

二、减贫脱贫实现度区域间差异分析

从减贫脱贫实现度的区域分布来看，减贫脱贫实现度总体呈现东部较好、东北部居中、中部和西部偏低的局面（见图3-8）。在东部地区的10个省（区、市）中，排在前10位的有9个，海南排在第11位。其中，江苏以0.152的高分居全国第1位。

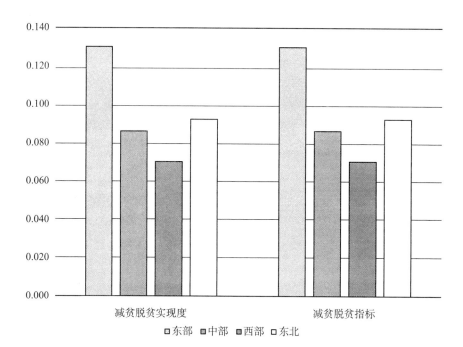

图3-8 中国四大区域减贫脱贫实现度对照

注：图中数据为四大区域中各省（区、市）指标值的算术平均值。

三、减贫脱贫实现度区域内情况分析

从四大区域内各省（区、市）的情况看，区域内部减贫脱贫实现度情况较为相似。东部10个省（区、市）的减贫脱贫实现度均高于全国平均水平，分列全国第1~9位，海南省指数值为0.106，列第11位。中部六省除湖北省和江西省

外，其余4省（区、市）的减贫脱贫实现度均低于全国平均水平，指数值介于
0.066和0.106之间，指数值最高的湖北省高于最低的湖南省0.04。西部11个
省（区、市）的减贫脱贫实现度均低于全国平均水平，其中青海省指数值最低，
为0.0034，排名最高最低省（区、市）的极差为0.073。东北三省中，黑龙江省
的减贫脱贫实现度高于全国平均水平，指数值为0.104；而吉林省和辽宁省指数
值为0.09、0.082，低于全国平均水平。具体情况如表3-11所示。

表3-11 减贫脱贫实现度四大区域内部差异分析

区域	地区	指数值	排名	区域	地区	指数值	排名
东部	江苏	0.152	1	西部	重庆	0.107	10
	上海	0.14	2		四川	0.093	15
	福建	0.139	3		内蒙古	0.084	19
	北京	0.137	4		新疆	0.08	21
	浙江	0.133	5		宁夏	0.073	22
	山东	0.133	6		广西	0.072	23
	广东	0.126	7		云南	0.067	25
	河北	0.12	8		陕西	0.063	27
	天津	0.113	9		甘肃	0.054	28
	海南	0.106	11		贵州	0.045	29
中部	湖北	0.106	12		青海	0.034	30
	江西	0.102	14	东北	黑龙江	0.104	13
	河南	0.086	17		吉林	0.09	16
	安徽	0.085	18		辽宁	0.082	20
	山西	0.07	24				
	湖南	0.066	26				

注：根据表3-7整理。由于缺少主要测算数据，西藏、香港、澳门和台湾未参与测算。

四、减贫脱贫实现度对共享发展水平的影响分析

对比各地区减贫脱贫实现度指数排序与共享发展指数排序后发现，30个参
评省（区、市）名次变动在5名及以内的省（区、市）达20个，占总参评省
（区、市）的2/3。名次变动10个位次及以上的省（区、市）有5个，是参评
省（区、市）数量的1/6，分别是陕西、青海、河北、黑龙江和河南（见表
3-12）。

表 3 - 12　　　　省际共享发展指数与减贫脱贫实现度排名差异比较

地区	共享发展指数排名	减贫脱贫实现度排名	位次变化	地区	共享发展指数排名	减贫脱贫实现度排名	位次变化
北京	1	4	-3	青海	16	30	-14
上海	2	2	0	江西	17	14	3
江苏	3	1	2	新疆	18	21	-3
浙江	4	5	-1	四川	19	15	4
天津	5	9	-4	湖南	20	26	-6
福建	6	3	3	山西	21	24	-3
山东	7	6	1	吉林	22	16	6
海南	8	11	-3	广西	23	23	0
广东	9	7	2	河北	24	8	16
内蒙古	10	19	-9	安徽	25	18	7
湖北	11	12	-1	黑龙江	26	13	13
重庆	12	10	2	河南	27	17	10
宁夏	13	22	-9	贵州	28	29	-1
陕西	14	27	-13	云南	29	25	4
辽宁	15	20	-5	甘肃	30	28	2

注：根据表 2 - 3 与表 3 - 10 整理。

减贫脱贫实现度是共享发展指数的重要组成部分。从表 3 - 12 中可以发现，西部 11 个省（区、市）中除了重庆、四川、云南、甘肃、广西外其余 6 个省（区、市）的减贫脱贫实现度排名都落后于其共享发展指数排名，平均而言，西部地区减贫脱贫实现度排名落后于其共享发展指数排名约 3 位，其中陕西、青海的减贫脱贫实现度排名落后于其共享发展指数排名较大，落后分别为 13、14 名；东部 10 个省（区、市）中，上海没有变化，北京、浙江、天津、海南、广东 5 个省的减贫脱贫实现度排名落后于共享发展指数排名，江苏、福建和河北 3 个省的减贫脱贫实现度排名领先于其共享发展指数排名，平均而言，在东部地区减贫脱贫实现度排名领先于其共享发展指数排名约 1 位，原因是河北省的减贫脱贫实现度排名领先于其共享发展指数排名 16 名；中部六省，湖北、湖南、山西减贫脱贫实现度落后于共享发展指数，分别落后于 1、6、3 位，其余 3 省（区、市）的减贫脱贫实现度排名都领先于其共享发展指数排名，平均而言，中部地区减贫脱贫实现度排名领先于其共享发展指数排名 2 位；东北三省中，除了辽宁外，其余两省的减贫脱贫实现度排名都领先于其共享发展指数排名，平均领先 5 位。这在一定程度上显示了一个地区的减贫脱贫实现度发展好坏将会对该地区整体的共享发展水平产生较大的影响。一般来说经济发达地区，其减贫脱贫实现度相对较高，它对共享发展指数水平的贡献也相对较大；反之，经济落后地区，其减贫脱贫实现度相对较低，它对共享发展指数水平的贡献也相对较小，甚至拖了共享发展指数的后腿。总而言之，提升减贫脱贫实现度将有助于区域的共享发展。

第五节 生态环境共享度测算及分析

生态环境共享度衡量的是一个地区资源、环境的共享程度，是共享发展指数的重要内涵之一。本节从区域比较的视角，采用"中国省际共享发展指数评价体系"，测算了 30 个省（区、市）的生态环境共享度，详细阐述这些地区生态环境共享度的基本格局和特点，并具体比较这些地区在资源和环境方面的差异。

一、生态环境共享度指数测算结果

根据"中国省际共享发展指数评价体系"中生态环境共享度的评价体系和权重标准，30 个省（区、市）的生态环境共享度的测算结果见表 3－13。

表 3－13 　　　　　30 个省（区、市）生态环境共享度指数及排名

地区 ＼ 指标	生态环境共享度		二级指标			
			资源		环境	
	指标值	排名	指标值	排名	指标值	排名
青海	0.144	1	0.085	1	0.059	4
内蒙古	0.108	2	0.046	3	0.062	2
海南	0.094	3	0.047	2	0.047	15
北京	0.081	4	0.002	29	0.078	1
上海	0.080	5	0.040	4	0.040	23
宁夏	0.079	6	0.023	13	0.057	6
重庆	0.079	7	0.020	15	0.059	3
浙江	0.078	8	0.029	7	0.049	11
四川	0.078	9	0.031	6	0.047	14
湖南	0.075	10	0.021	14	0.054	7
广西	0.074	11	0.028	10	0.046	16
福建	0.074	12	0.032	5	0.042	22
贵州	0.073	13	0.029	8	0.044	17

指标\地区	生态环境共享度		二级指标			
			资源		环境	
	指标值	排名	指标值	排名	指标值	排名
云南	0.072	14	0.029	9	0.044	18
陕西	0.070	15	0.019	16	0.052	9
河北	0.067	16	0.008	25	0.059	5
山西	0.066	17	0.015	20	0.051	10
江苏	0.061	18	0.008	26	0.053	8
江西	0.060	19	0.025	11	0.036	27
安徽	0.060	20	0.012	23	0.048	13
广东	0.058	21	0.016	19	0.042	20
吉林	0.055	22	0.012	22	0.043	19
山东	0.054	23	0.005	28	0.049	12
新疆	0.054	24	0.024	12	0.029	28
湖北	0.052	25	0.015	21	0.037	26
辽宁	0.048	26	0.010	24	0.038	24
河南	0.044	27	0.006	27	0.038	25
天津	0.044	28	0.002	30	0.042	21
黑龙江	0.039	29	0.019	17	0.021	29
甘肃	0.037	30	0.017	18	0.020	30

注：1. 本表根据"省际共享发展指数指标体系"中生态环境共享度的指标体系，依各指标 2014 年数据测算而得。2. 本表各省（区、市）按照生态环境共享度指数值从大到小排序。3. 本表一级指标"生态环境共享度"指数值等于"资源指标"、"环境指标"两个二级指标指数值之和。4. 为了便于后文进行比较分析，基于算术平均方法，我们测算得到 30 个测评省（区、市）的生态环境共享度的平均水平为 0.069，资源指标的平均水平为 0.023，环境指标的平均水平为 0.046。

从表 3-13 可以看到，排在生态环境共享度前 10 位的省（区、市）依次是：青海、内蒙古、海南、北京、上海、宁夏、重庆、浙江、四川和湖南。资源指标排名前 10 位的省（区、市）依次是：青海、海南、内蒙古、上海、福建、四川、浙江、贵州、云南和广西。环境指标排名前 10 位的省（区、市）依次是：北京、内蒙古、重庆、青海、河北、宁夏、湖南、江苏、陕西和山西。

根据表 3-13 中各地区的生态环境共享度的指数值可绘制出图 3-9。其中，横轴为生态环境共享度指数值，0.069 为 30 个省（区、市）生态环境共享度的平均水平。生态环境共享度指数值用条框表示，生态环境共享度指数值越高，其条框就越长，生态环境共享度指数值越低，其条框就越短。

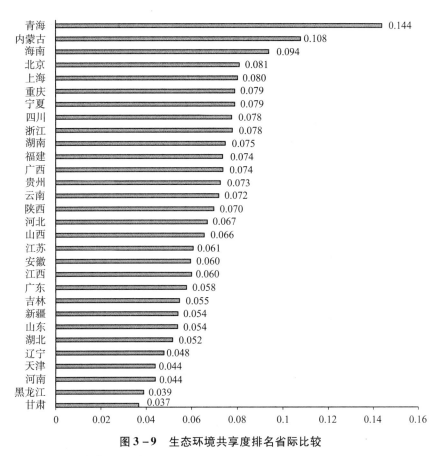

图3－9 生态环境共享度排名省际比较

注：根据表3－13制作。指数值由高到低排列。

各省（区、市）生态环境共享度从地理区域来看，发展较好的省（区、市）主要集中在中国的西部和东北的黑龙江，发展中等的省（区、市）主要集中在中国东南部和中部地区，发展较弱的省（区、市）则主要集中在中国东部地区。

二、生态环境共享度区域间差异分析

从各省（区、市）看，省际间的生态环境共享度差异显著，省际间资源环境承载力指标值极差为0.107，且指标值第一的青海是最后一名宁夏的3.89倍，另外，30个省（区、市）中有15个省（区、市）指标值低于全国平均水平。

从东部、中部、西部、东北四大区域看，生态环境共享度的区域差异也比较明显。如图3－10所示，西部生态环境共享度明显好于其他三个地区，其次是东部地区，而中部、东北的生态环境共享度则相对较弱。分析两个二级指标可以发现，生态环境共享度的区域间差异主要来自资源方面，西部具有明显的优势，中部和东北地区相对较弱；同时，东部和西部环境与气候变化方面的优势显著。

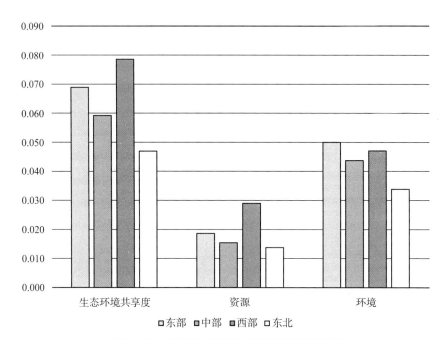

图 3–10　中国四大区域生态环境共享度对照

注：图中数据为四大区域中各省（区、市）指标值的算术平均值。

从四大区域内各省（区、市）的生态环境共享度排名来看，东部地区 10 个省（区、市）中，排在全国前 10 的有 4 个，分别是海南、北京、上海和浙江；福建、河北和江苏位于全国中游，分别排名在第 12、16 和 18 位；广东、山东、天津等省（区、市）排名则相对靠后，列全国后 10 位。中部地区 6 个省（区、市）整体排名中下游。湖南排名最靠前，列第 10 位；山西、江西和安徽处于中下游水平，分别列第 17、19、20 位；湖北和河南排名全国后 10 位，分别列第 25 和 27 位。西部地区整体的生态环境共享度指标值明显优于其他地区，11 个省（区、市）中，青海、内蒙古、宁夏、重庆、四川 5 个省（区、市）列全国前 10 位，并且青海、内蒙古排名全国前 3；广西、贵州、云南和陕西位于全国中上游，分别排第 11、13、14 和 15 位；但甘肃排名为全国倒数第 1。东北三省中，整体生态环境共享度较差，三省均为全国后 10 位，排名分别为第 22、26 和 29 位。通过以上对生态环境共享度的分析，可以得出，中国的生态环境共享度存在明显的地域性差异，西部地区具有显著的优势，中部、东北地区则相对较弱。

三、生态环境共享度区域内情况分析

从四大区域内各省（区、市）的情况看，各区域内省际生态环境共享度也存在较大差异。东部10个省（区、市）的指标值极差为0.050，从排名上看，4个地区排名全国上游，3个地区排名全国中游，3个地区排名全国下游，且排名最高的海南（第3）和排名最低的天津（第28）名次差距25位。西部地区的生态环境共享度水平差异明显，指标值极差为0.107，主要是由于青海和内蒙古指标值明显高于其他地区。其中，青海、内蒙古、宁夏、重庆、四川、广西、贵州、云南和陕西9省指标值高于全国平均水平，新疆和甘肃则低于全国平均水平，排位靠后。中部6个省（区、市）的指标值极差为0.031，排名上普遍靠后，除湖南省高于全国平均水平外，其余各省（区、市）均低于全国平均水平。东北三省在生态环境共享度上的排名差异很小，三个省（区、市）均位于全国下游，吉林、辽宁和黑龙江的排名分别为第22、26、29位。

表 3－14　　　　　　　　　生态环境共享度四大区域内部差异分析

区域	地区	指数值	排名	区域	地区	指数值	排名
东部	海南	0.094	3	西部	青海	0.144	1
	北京	0.081	4		内蒙古	0.108	2
	上海	0.08	5		宁夏	0.079	6
	浙江	0.078	8		重庆	0.079	7
	福建	0.074	12		四川	0.078	9
	河北	0.067	16		广西	0.074	11
	江苏	0.061	18		贵州	0.073	13
	广东	0.058	21		云南	0.072	14
	山东	0.054	23		陕西	0.07	15
	天津	0.044	28		新疆	0.054	24
中部	湖南	0.075	10		甘肃	0.037	30
	山西	0.066	17	东北	吉林	0.055	22
	江西	0.06	19		辽宁	0.048	26
	安徽	0.06	20		黑龙江	0.039	29
	湖北	0.052	25				
	河南	0.044	27				

注：根据表3－13整理。由于缺少主要测算数据，西藏、香港、澳门和台湾未参与测算。

四、生态环境共享度对共享发展水平的影响分析

表 3-15 中，差距列的值等于生态环境共享度排名减去对应的共享发展指数排名，数值为负表示该省生态环境共享度对其共享发展水平的贡献为正，数值为正表示该省生态环境共享度对其共享发展水平的贡献为负。

表 3-15　　　　分区域省际共享发展指数与生态环境共享度排名差异比较

区域	地区	共享发展指数排名	生态环境共享度排名	差距	区域	地区	共享发展指数排名	生态环境共享度排名	差距
东部	北京	1	4	3	西部	内蒙古	10	2	-8
	上海	2	5	3		重庆	12	7	-5
	江苏	3	18	15		宁夏	13	6	-7
	浙江	4	8	4		陕西	14	15	1
	天津	5	28	23		新疆	18	24	6
	福建	6	12	6		四川	19	9	-10
	山东	7	23	16		广西	23	11	-12
	海南	8	3	-5		贵州	28	13	-15
	广东	9	21	12		云南	29	14	-15
	河北	24	16	-8		甘肃	30	30	0
中部	湖北	11	25	14		青海	16	1	-15
	江西	17	19	2	东北	辽宁	15	26	11
	湖南	20	10	-10		吉林	22	22	0
	山西	21	17	-4		黑龙江	26	29	3
	安徽	25	20	-5					
	河南	27	27	0					

注：根据表 2-3 和表 3-13 整理而得。由于缺少主要测算数据，西藏、香港、澳门和台湾未参与测算。

从相对序列位次差异情况看，海南、河北、湖南、山西、安徽、内蒙古、重庆、宁夏、四川、广西、贵州、云南和青海 13 个省（区、市）资源环境承载力对区域共享发展水平的贡献为正。这 13 个省（区、市）中，西部地区较多，占 8 个；中部地区占 3 个；东部地区也有 2 个。具体而言，贵州、云南差距最大，表明这两个省份生态环境共享度对其共享发展指数排名的贡献作用最明显。北京、上海、江苏、浙江、天津、福建、山东、广东、湖北、江西、陕西、新疆、辽宁和黑龙江 14 个省（区、市）生态环境共享度对区域共享发展水平排名的贡

献为负，河南、甘肃和吉林的生态环境共享度对共享发展水平排名的贡献为零。在以上这 17 个地区中，东部地区最多，占 8 个；中部地区占 3 个；西部地区占 3 个；东北地区 3 个。具体而言，天津、山东、江苏差距最大，表明这 3 个地区生态环境共享度水平对其共享发展指数排名的负拉动作用最明显。

各地区的具体情况分析如下：在东部地区，除海南省和河北省外，其他 8 个省（区、市）的生态环境共享度排名均落后于共享发展指数排名，且有 3 个省（区、市）甚至落后 10 名以上，表明东部地区整体的生态环境共享度水平较弱，制约了共享发展总指数的提升。在中部地区，除湖北省、江西省和河南省外，其他 3 个省（区、市）的生态环境共享度排名均略高于共享发展指数排名，表明中部地区大多数省（区、市）的生态环境共享度对共享发展指数有一定推动作用。西部地区 11 个省区有 8 个的生态环境共享度排名高于其共享发展指数排名，且有 5 个省（区、市）高于（或等于）10 名以上，表明西部地区的生态环境共享度对共享发展指数的拉动作用十分明显。东北地区辽宁和黑龙江两个省的生态环境共享度排名均低于其共享发展指数排名，表明东北地区的生态环境共享度拉动作用也较强。

第四章

中国城乡共享发展指数比较

本章根据"共享发展指数测算结果（城乡维度）"中共享发展指数（城乡）及其一级、二级指标的测度标准，利用 2014 年的年度数据，从经济发展分享度、社会保障公平度、公共服务均等度、减贫脱贫实现度、生态环境共享度五个角度分别对我国除西藏自治区外 30 个省（区、市）的共享发展指数进行了测度及分析。

第一节　城乡经济发展分享度测算及分析

本节根据"中国城乡共享发展指数指标体系"中经济增长共享度的测度标准，利用 2014 年的年度数据，从经济增长和就业角度分别对 30 个省（区、市）城乡间的经济发展分享度指数进行测度及分析。

一、城乡经济发展分享度指数测算结果

在城乡共享发展指数测度体系中，城乡经济发展分享度占城乡共享发展指数的权重为 18.75%，相对于其他四个指标，这一指标对城乡共享发展指数的贡献居中。从指标构成来看，经济发展分享度指标主要是由表 4 – 1 中的 3 个指标加权组合而成。

表 4 – 1　　　　　　城乡经济发展分享度二、三级指标、权重

指标序号	二级指标	三级指标	权重
1	收入与支出	城乡居民家庭人均可支配收入比	6.25%
2		城乡家庭人均消费支出比	6.25%
3	就业	城乡就业人数之比	6.25%

注：本表内容是由本报告课题组召开的多次研讨会确定的。

从表4-2中可以发现，城乡经济发展分享度指标的前10名分别是天津、浙江、湖北、河北、江西、山东、江苏、山西、上海和黑龙江，其中东部地区6个，中部地区3个，东北地区1个。

表4-2　　　　　　　　　　　城乡经济发展分享度指标指数及排名

指标 城乡	经济发展分享度		二级指标			
			收入与支出		就业	
	指标值	排名	指标值	排名	指标值	排名
天津	0.126	1	0.125	1	0.001	29
浙江	0.126	2	0.099	2	0.026	10
湖北	0.119	3	0.085	3	0.034	6
河北	0.113	4	0.078	5	0.035	5
江西	0.104	5	0.073	8	0.031	7
山东	0.098	6	0.050	17	0.048	2
江苏	0.097	7	0.079	4	0.018	15
山西	0.093	8	0.054	14	0.040	3
上海	0.090	9	0.052	15	0.038	4
黑龙江	0.087	10	0.077	7	0.010	20
吉林	0.086	11	0.077	6	0.009	22
福建	0.082	12	0.072	9	0.011	19
河南	0.076	13	0.058	12	0.018	14
安徽	0.073	14	0.068	10	0.006	24
贵州	0.071	15	0.009	28	0.063	1
四川	0.071	16	0.055	13	0.015	17
广西	0.067	17	0.039	23	0.028	9
湖南	0.064	18	0.061	11	0.003	27
北京	0.063	19	0.044	18	0.019	13
宁夏	0.063	20	0.042	20	0.021	12
内蒙古	0.053	21	0.050	16	0.003	26
青海	0.052	22	0.042	21	0.010	21
重庆	0.050	23	0.043	19	0.007	23
广东	0.044	24	0.041	22	0.003	25
海南	0.040	25	0.039	24	0.001	28
陕西	0.040	26	0.023	27	0.017	16
辽宁	0.039	27	0.027	26	0.012	18

指标\城乡	经济发展分享度		二级指标			
			收入与支出		就业	
	指标值	排名	指标值	排名	指标值	排名
新疆	0.037	28	0.037	25	0.000	30
甘肃	0.033	29	0.005	29	0.028	8
云南	0.029	30	0.005	30	0.024	11

城乡经济发展分享度二级指标收入与支出的前 10 名分别是天津、浙江、湖北、江苏、河北、吉林、黑龙江、江西、福建和安徽，排名基本与城乡经济发展分享度一致，但二级指标就业的排名则出入较大，前 10 名分别是贵州、山东、山西、上海、河北、湖北、江西、甘肃、广西和浙江。

二、城乡经济发展分享度区域差异分析

从城乡经济发展分享度的区域分布来看，城乡经济发展分享度总体呈现东部、中部较好、东北居中、西部较后的局面（见图 4 - 1）。

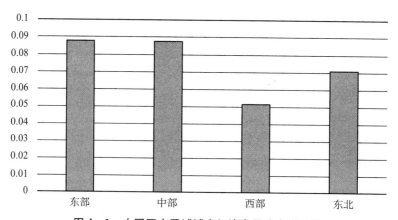

图 4 - 1 中国四大区域城乡经济发展分享度对照

在东部地区的 10 个省（区、市）中，排在前 10 位的有 6 个，福建、北京、广东、海南分别排在第 12、19、24、25 位。其中，天津以 0.126 的高分居全国第 1 位。东北三省的排名分别为第 10、11、27 位，处于中等水平；中部六省中，江西排名最为靠前，列第 5 位，其余五省排在第 3 ~ 18 位，均值与东部几乎相等；西部地区的 11 个（除西藏外）参评省（区、市）中，除贵州排在第 15 位，

其他省份（区、市）均排在 15 位以后，整体排名靠后。

表 4 – 3　　　　　　　　城乡经济发展分享度四大区域内部差异分析

区域	地区	指数值	排名	区域	地区	指数值	排名
东部	北京	0.063	19	西部	内蒙古	0.053	21
	天津	0.126	1		广西	0.067	17
	河北	0.113	4		重庆	0.050	23
	上海	0.090	9		四川	0.071	16
	江苏	0.097	7		贵州	0.071	15
	浙江	0.126	2		云南	0.029	30
	福建	0.082	12		陕西	0.040	26
	山东	0.098	6		甘肃	0.033	29
	广东	0.044	24		青海	0.052	22
	海南	0.040	25		宁夏	0.063	20
中部	山西	0.093	8		新疆	0.037	28
	安徽	0.073	14	东北	辽宁	0.039	27
	江西	0.104	5		吉林	0.086	11
	河南	0.076	13		黑龙江	0.087	10
	湖北	0.119	3				
	湖南	0.064	18				

注：根据表 4 – 1 整理。由于缺少主要测算数据，西藏、香港、澳门和台湾未参与测算。

从四大区域内各省（区、市）的情况看，东部 10 个省（区、市）两极分化较大，天津、河北、上海、江苏、浙江、山东均在前 10，而北京、广东、海南分列 19、24、25 名。中部六省的城乡经济发展分享度分布比较均匀，排名分布于 3 ~ 18 名之间，数值介于 0.119 和 0.064 之间，指数值最高的湖北省高于最低的湖南省 0.055。西部 11 个省（区、市）的城乡经济发展分享度除贵州、四川、广西外均处于 20 名以后，其中云南省指数值最低，为 0.029，也处于全国最后，西部整体排名靠后，排名最高最低省（区、市）的极差为 0.042。东北三省中，城乡经济发展分享度数值分别为辽宁省 0.039，吉林省 0.086，黑龙江省 0.087；除辽宁排名靠后外，吉林、黑龙江排名均靠前。

第二节　城乡社会保障公平度测算结果及分析

本节从区域比较的视角，采用"中国城乡共享发展指数评价体系"，测算 30

个省（区、市）城乡间的社会保障公平度，详细阐述这些地区社会保障公平度的基本格局和特点，并具体比较这些地区在养老、健康、医疗、住房方面的差异。

一、城乡社会保障公平度指数测算结果

在城乡社会保障公平度指数测度体系中，城乡社会保障公平度占城乡共享发展指数的权重为37.5%，相对于其他四个指标，这一指标对城乡共享发展指数的贡献最大，所占权重最高。从指标构成来看，经济发展分享度指标主要是由表4-4中的6个指标加权组合而成。

表4-4　　　　　　城乡社会保障公平度二、三级指标、权重

指标序号	二级指标	三级指标	权重
4	养老	基本养老保险参保率城乡之比	6.25%
5		养老金支出与达到领取养老金标准的人数比值的城乡比	6.25%
6	健康医疗	医疗保险参保率城乡比	6.25%
7		医疗保险支出与达到领取医疗保险标准的人数比值的城乡比	6.25%
8	住房	人均住房建筑面积城乡比	6.25%
9	教育	人均受教育年限的城乡之比	6.25%

注：本表内容是由本报告课题组召开的多次研讨会确定的。

从表4-5中可以发现，城乡社会保障公平度指标的前10名分别是上海、广东、宁夏、安徽、重庆、江西、湖南、天津、陕西和北京，其中东部地区4个，中部地区3个，东北地区3个。

表4-5　　　　　　城乡社会保障公平度指标指数及排名

| 城乡 指标 | 社会保障公平度 | | 二级指标 | | | | | | | |
| | | | 养老 | | 健康医疗 | | 住房 | | 教育 | |
	指标值	排名	指标值	排名	指标值	排名	指标值	排名	指标值	排名
上海	0.176	1	0.065	1	0.034	6	0.063	1	0.014	21
广东	0.154	2	0.005	29	0.063	2	0.024	3	0.063	1
宁夏	0.141	3	0.034	19	0.089	1	0.003	25	0.015	18
安徽	0.124	4	0.064	2	0.035	5	0.012	13	0.012	24
重庆	0.122	5	0.055	4	0.043	3	0.018	5	0.006	28

城乡 \ 指标	社会保障公平度		二级指标							
			养老		健康医疗		住房		教育	
	指标值	排名	指标值	排名	指标值	排名	指标值	排名	指标值	排名
江西	0.108	6	0.040	15	0.039	4	0.011	14	0.019	3
湖南	0.108	7	0.045	11	0.030	12	0.014	8	0.019	4
天津	0.107	8	0.030	20	0.032	9	0.029	2	0.017	10
陕西	0.106	9	0.051	5	0.025	17	0.014	11	0.017	7
北京	0.101	10	0.049	6	0.011	28	0.022	4	0.019	5
河南	0.100	11	0.046	8	0.034	7	0.005	22	0.014	19
福建	0.097	12	0.035	18	0.029	13	0.017	7	0.017	9
江苏	0.093	13	0.043	12	0.019	22	0.014	9	0.017	14
湖北	0.093	14	0.040	14	0.027	15	0.013	12	0.013	22
云南	0.092	15	0.056	3	0.020	21	0.008	17	0.009	27
河北	0.091	16	0.041	13	0.027	16	0.006	21	0.018	6
甘肃	0.089	17	0.045	10	0.030	11	0.004	23	0.009	26
山西	0.087	18	0.037	16	0.022	19	0.008	16	0.021	2
山东	0.086	19	0.045	9	0.017	26	0.007	19	0.017	8
广西	0.086	20	0.029	21	0.033	8	0.009	15	0.015	16
浙江	0.076	21	0.022	23	0.019	23	0.018	6	0.017	10
贵州	0.070	22	0.035	17	0.028	14	0.002	27	0.006	29
海南	0.067	23	0.025	22	0.023	18	0.002	26	0.017	10
四川	0.061	24	0.016	26	0.019	24	0.014	10	0.012	25
内蒙古	0.060	25	0.021	24	0.021	20	0.001	28	0.017	13
吉林	0.060	26	0.012	28	0.032	10	0.003	24	0.013	23
辽宁	0.058	27	0.019	25	0.018	25	0.008	18	0.014	20
青海	0.057	28	0.047	7	0.003	30	0.007	20	0.000	30
新疆	0.042	29	0.016	27	0.009	29	0.000	29	0.017	14
黑龙江	0.033	30	0.001	30	0.016	27	0.000	30	0.015	17

城乡社会保障公平度二级指标养老的前 10 名分别是上海、安徽、云南、重庆、陕西、北京、青海、河南、山东和甘肃；二级指标健康医疗的前 10 名分别是宁夏、广东、重庆、江西、安徽、上海、河南、广西、天津和吉林；二级指标住房的前 10 名分别是上海、天津、广东、北京、重庆、浙江、福建、湖南、江苏和四川；二级指标教育的前 10 名分别是广东、山西、江西、湖南、北京、河

北、陕西、山东、福建和天津；从表 4 - 5 可以看出，每个省的城乡社会保障公平度二级指标排名比较分散，各省 4 个二级指标中排名均呈现部分靠前，部分靠后。

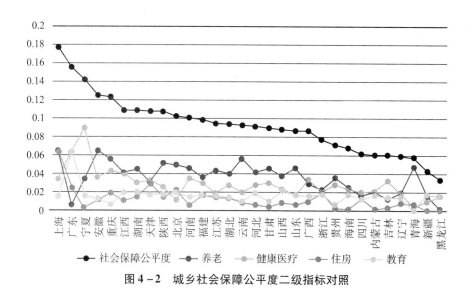

图 4 - 2 城乡社会保障公平度二级指标对照

二、城乡社会保障公平度区域差异分析

从城乡社会保障公平度的区域分布来看，城乡社会保障公平度总体呈现东部、中部较好、西部居中、东北较后的局面（见图 4 - 3）。

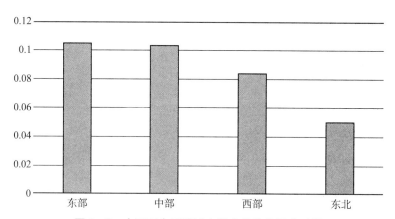

图 4 - 3 中国四大区域城乡社会保障公平度对照

在东部地区的 10 个省（区、市）中，排在前 10 位的有 4 个，其中，上海以 0.176 的高分居全国第 1 位。东北三省的排名分别为第 26、27、30 位，处于最低水平；中部六省中，安徽、江西、湖南排名均进入前 10，其余 3 省排在第 11～18 位；西部地区的 11 个（除西藏外）参评省（区、市）中，除宁夏、陕西、重庆排进前 10 外，其他省份（区、市）均排在 15 位以后，整体排名居中。

表 4-6 城乡社会保障公平度四大区域内部差异分析

区域	地区	指数值	排名	区域	地区	指数值	排名
东部	北京	0.101	10	西部	内蒙古	0.060	25
	天津	0.107	8		广西	0.086	20
	河北	0.091	16		重庆	0.122	5
	上海	0.176	1		四川	0.061	24
	江苏	0.093	13		贵州	0.070	22
	浙江	0.076	21		云南	0.092	15
	福建	0.097	12		陕西	0.106	9
	山东	0.086	19		甘肃	0.089	17
	广东	0.154	2		青海	0.057	28
	海南	0.067	23		宁夏	0.141	3
中部	山西	0.087	18		新疆	0.042	29
	安徽	0.124	4	东北	辽宁	0.058	27
	江西	0.108	6		吉林	0.060	26
	河南	0.100	11		黑龙江	0.033	30
	湖北	0.093	14				
	湖南	0.108	7				

注：根据表 4-5 整理。由于缺少主要测算数据，西藏、香港、澳门和台湾未参与测算。

从四大区域内各省（区、市）的情况看，东部 10 个省（区、市）差异性明显，北京、天津、上海、广东均在前 10，而河北、浙江、山东、海南，则分列 16、21、19、23 名。中部六省的城乡社会保障公平度分布整体居中，区域内部排名分布比较均匀，分布于 4～18 名之间，数值介于 0.124 和 0.087 之间，指数值最高的安徽省高于最低山西省 0.037。西部 11 个省（区、市）的城乡社会保障公平度除重庆、陕西、宁夏外均处于 15 名以后，其中新疆指数值最低，为 0.042，西部整体排名靠后，排名最高最低省（区、市）的极差为 0.099。东北三省中，城乡社会保障公平度数值分别为辽宁省 0.058，吉林省 0.060，黑龙江省 0.033；东北三省排名均位于最后。

第三节　城乡公共服务均等度测算及分析

本节以公共服务均等化的测算结果为基础，从地区比较的视角，分别从基础设施、科技、教育和文体等四个方面分析30个省（区、市）城乡间的公共服务均等化，探讨公共服务均等化与地区共享发展的关系。

一、城乡公共服务均等度指数测算结果

在城乡公共服务均等度指数测度体系中，城乡公共服务均等度占城乡共享发展指数的权重为12.5%，相对于其他四个指标，这一指标对城乡共享发展指数的贡献较小，所占权重较低。从指标构成来看，公共服务均等度指标主要是由表4－7中的2个指标加权组合而成。

表4－7　　　　　　　　城乡公共服务均等度二、三级指标、权重

指标序号	二级指标	三级指标	权重
10	交通	人均公路里程的城乡之比	6.25%
11	科技	城乡宽带接入用户之比	6.25%

注：本表内容是由本报告课题组召开的多次研讨会确定的。

从表4－8中可以发现，城乡公共服务均等度指标的前10名分别是上海、江苏、河北、福建、浙江、河南、广东、山东、海南和江西；其中东部地区8个，中部地区2个，东北地区和西部均未有省份进入前10。

表4－8　　　　　　　　城乡公共服务均等度指标指数及排名

指标 \ 城乡	公共服务均等度		二级指标			
			交通		科技	
	指标值	排名	指标值	排名	指标值	排名
上海	0.125	1	0.063	1	0.062	2
江苏	0.065	2	0.002	21	0.063	1
河北	0.061	3	0.001	27	0.059	3
福建	0.060	4	0.009	7	0.052	4
浙江	0.050	5	0.004	15	0.046	5

续表

指标 城乡	公共服务均等度		二级指标			
			交通		科技	
	指标值	排名	指标值	排名	指标值	排名
河南	0.048	6	0.008	9	0.040	7
广东	0.048	7	0.016	3	0.032	12
山东	0.045	8	0.003	18	0.042	6
海南	0.041	9	0.009	6	0.032	11
江西	0.038	10	0.004	16	0.034	9
四川	0.037	11	0.003	19	0.034	8
新疆	0.036	12	0.014	4	0.022	18
安徽	0.035	13	0.001	29	0.034	10
辽宁	0.034	14	0.010	5	0.024	16
黑龙江	0.031	15	0.018	2	0.013	26
北京	0.030	16	0.003	20	0.027	14
吉林	0.029	17	0.008	10	0.021	22
内蒙古	0.029	18	0.000	30	0.029	13
湖南	0.028	19	0.003	17	0.025	15
贵州	0.027	20	0.008	8	0.019	24
甘肃	0.027	21	0.006	14	0.021	20
重庆	0.025	22	0.007	13	0.018	25
陕西	0.024	23	0.002	24	0.023	17
广西	0.024	24	0.002	23	0.022	19
云南	0.022	25	0.001	28	0.021	21
湖北	0.021	26	0.001	25	0.019	23
山西	0.016	27	0.008	11	0.009	27
青海	0.015	28	0.008	12	0.007	29
宁夏	0.010	29	0.002	22	0.008	28
天津	0.001	30	0.001	26	0.000	30

城乡公共服务均等度二级指标交通的前10名分别是上海、黑龙江、广东、新疆、辽宁、福建、海南、河南和吉林；二级指标科技的前10名分别是江苏、上海、河北、福建、浙江、山东、河南、四川、江西和安徽；从表4-8中可以看出，每个省的城乡公共服务均等度二级指标排名中，交通的排名与一级指标比较相似，而科技的排名与一级指标相差较大，如图4-4所示。

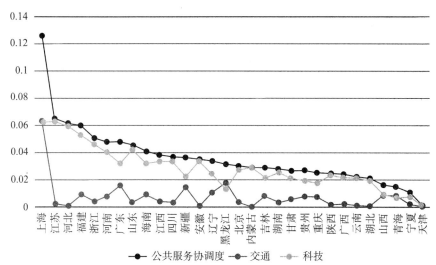

图4-4 城乡公共服务均等度二级指标对照

二、城乡公共服务均等度区域差异分析

从城乡公共服务均等度的区域分布来看，城乡公共服务均等度总体呈现东部一枝独秀、中部、西部、东北较后并近乎持平局面，西部排名最后（见图4-5）。

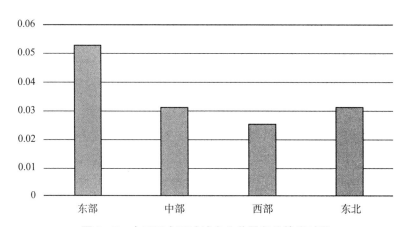

图4-5 中国四大区域城乡公共服务均等度对照

在东部地区的10个省（区、市）中，排在前10位的有8个，其中，上海以0.125的高分居全国第1位。东北三省的排名分别为第14、15和17位，处于中间水平；中部六省中，仅河南进入前10名，江西、安徽列第10、13位，其余3省排在第19～27位；西部地区的11个（除西藏外）参评省

（区、市）中，除新疆、四川外，其他省份（区、市）均排在 15 位以后，整体排名最后。

表 4 - 9　　　　　　　城乡公共服务均等度四大区域内部差异分析

区域	地区	指数值	排名	区域	地区	指数值	排名
东部	北京	0.030	16	西部	内蒙古	0.029	18
	天津	0.001	30		广西	0.024	24
	河北	0.061	3		重庆	0.025	22
	上海	0.125	1		四川	0.037	11
	江苏	0.065	2		贵州	0.027	21
	浙江	0.050	5		云南	0.022	25
	福建	0.060	4		陕西	0.024	23
	山东	0.045	8		甘肃	0.027	21
	广东	0.048	7		青海	0.015	28
	海南	0.041	9		宁夏	0.010	29
中部	山西	0.016	27		新疆	0.036	12
	安徽	0.035	13	东北	辽宁	0.034	14
	江西	0.038	10		吉林	0.029	17
	河南	0.048	6		黑龙江	0.031	15
	湖北	0.021	26				
	湖南	0.028	19				

注：根据表 4 - 8 整理。由于缺少主要测算数据，西藏、香港、澳门和台湾未参与测算。

从四大区域内各省（区、市）的情况看，东部 10 个省（区、市）排名均靠前，除北京、天津排名为 16、30 名以外，河北、上海、江苏、浙江、福建、山东、广东、海南的排名均在前 10 名，其中上海排名全国第一。中部 6 省的城乡公共服务均等度分布中间靠后，区域内部排名呈现两极分化趋势，河南、江西、安徽列 6、10、13 名，山西、湖北、湖南列 27、26、19 名，指数值最高的河南省高于最低湖北省 0.032。西部 11 个省（区、市）的城乡公共服务均等度除新疆、四川外均处于 15 名以后，其中宁夏指数值最低，为 0.010，西部整体排名靠后，排名最高最低省（区、市）的极差为 0.027。东北三省中，城乡公共服务均等度数值分别为辽宁省 0.034，吉林省 0.029，黑龙江省 0.031；东北三省排名均位于中间。

第四节　城乡减贫脱贫实现度测算及分析

本节根据"中国城乡共享发展指数指标体系"中减贫脱贫实现度的测度标准，利用2014年的年度数据，从脱贫减贫指标角度分别对30个省（区、市）城乡间的减贫脱贫实现度指数进行了测度及分析。

一、城乡减贫脱贫实现度指数测算结果

在城乡减贫脱贫实现度指数测度体系中，城乡减贫脱贫实现度占城乡共享发展指数的权重为18.75%，相对于其他四个指标，这一指标对城乡共享发展指数的贡献居中。从指标构成来看，减贫脱贫实现度指标主要是由表4-10中的3个指标加权组合而成。

表4-10　　　　　城乡减贫脱贫实现度二、三级指标、权重

指标序号	二级指标	三级指标	权重
12	减贫脱贫	城乡最低生活保障标准之比	6.25%
13		城乡供水普及率之比	6.25%
14		城乡累计已改厕受益人口比重之比	6.25%

注：本表内容是由本报告课题组召开的多次研讨会确定的。

从表4-11中可以发现，城乡减贫脱贫实现度指标的前10名分别是上海、北京、江苏、广东、浙江、天津、海南、四川、山西和山东；其中东部地区8个，中部地区1个，西部地区1个，东北地区未有省份进入前10。

表4-11　　　　城乡减贫脱贫实现度指标指数及排名

城乡 ＼ 指标	减贫脱贫实现度		二级指标 减贫脱贫	
	指标值	排名	指标值	排名
上海	0.187	1	0.187	1
北京	0.183	2	0.183	2
江苏	0.181	3	0.181	3

指标 城乡	减贫脱贫实现度		二级指标	
			减贫脱贫	
	指标值	排名	指标值	排名
广东	0.162	4	0.162	4
浙江	0.162	5	0.162	5
天津	0.155	6	0.155	6
海南	0.135	7	0.135	7
四川	0.133	8	0.133	8
山西	0.131	9	0.131	9
山东	0.124	10	0.124	10
重庆	0.119	11	0.119	11
湖北	0.115	12	0.115	12
安徽	0.114	13	0.114	13
黑龙江	0.110	14	0.110	14
福建	0.106	15	0.106	15
江西	0.104	16	0.104	16
湖南	0.103	17	0.103	17
新疆	0.099	18	0.099	18
宁夏	0.087	19	0.087	19
河北	0.086	20	0.086	20
吉林	0.082	21	0.082	21
贵州	0.082	22	0.082	22
云南	0.075	23	0.075	23
辽宁	0.072	24	0.072	24
内蒙古	0.071	25	0.071	25
河南	0.070	26	0.070	26
广西	0.067	27	0.067	27
甘肃	0.066	28	0.066	28
陕西	0.061	29	0.061	29
青海	0.037	30	0.037	30

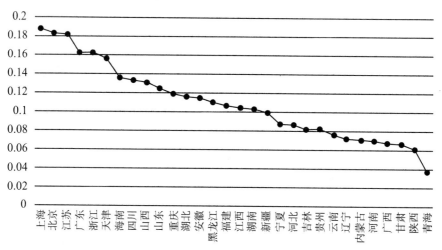

图4-6 城乡减贫脱贫实现度一级指标对照

二、城乡减贫脱贫实现度区域差异分析

从城乡减贫脱贫实现度的区域分布来看，城乡公共服务均等度总体呈现东部最高，中部、东北居中，西部较后的局面，其中中部居中靠前，东北居中靠后（见图4-7）。

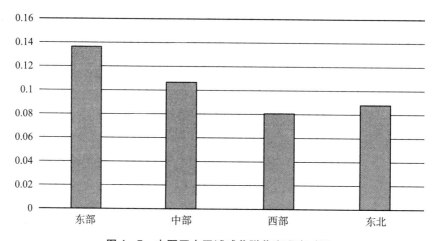

图4-7 中国四大区域减贫脱贫实现度对照

在东部地区的10个省（区、市）中，排在前10位的有8个，其中，上海以0.187的高分居全国第1位。东北三省的排名分别为第14、21和24位，处于中间偏后水平；中部六省中，仅山西进入前10名，湖北、安徽列12、13位，其余

3 省排在第 16、17、26 位；西部地区的 11 个（除西藏外）参评省（区、市）中，除四川、重庆排在第 8、11 位外，其他省份（区、市）均排在 15 位以后，整体排名最后。

从四大区域内各省（区、市）的情况看，东部 10 个省（区、市）排名均靠前，除福建、河北排名为 15、20 位以外，北京、天津、上海、江苏、浙江、山东、广东、海南的排名均在前 10 位，其中上海排名全国第一。中部 6 省的城乡减贫脱贫实现度分布中间靠后，区域内部排名均匀分散，从 9 位到 26 位，指数值最高的山西省高于最低河南省 0.061。西部 11 个省（区、市）的城乡减贫脱贫实现度除新疆、重庆外均处于 15 名以后，其中青海省指数值最低，为 0.037，西部整体排名靠后，排名最高最低省（区、市）的极差为 0.096。东北三省中，城乡减贫脱贫实现度数值分别为辽宁省 0.072，吉林省 0.082，黑龙江省 0.110；东北三省排名均位于中间偏后。具体情况如表 4-12 所示。

表 4-12　　　　　　　城乡减贫脱贫实现度四大区域内部差异分析

区域	地区	指数值	排名	区域	地区	指数值	排名
东部	北京	0.183	2	西部	内蒙古	0.071	25
	天津	0.155	6		广西	0.067	27
	河北	0.086	20		重庆	0.119	11
	上海	0.187	1		四川	0.133	8
	江苏	0.181	3		贵州	0.082	22
	浙江	0.162	5		云南	0.075	23
	福建	0.106	15		陕西	0.061	29
	山东	0.045	8		甘肃	0.066	28
	广东	0.124	10		青海	0.037	30
	海南	0.135	7		宁夏	0.087	19
中部	山西	0.131	9		新疆	0.099	18
	安徽	0.114	13	东北	辽宁	0.072	24
	江西	0.104	16		吉林	0.082	21
	河南	0.070	26		黑龙江	0.110	14
	湖北	0.115	12				
	湖南	0.103	17				

注：根据表 4-11 整理。由于缺少主要测算数据，西藏、香港、澳门和台湾未参与测算。

第五节　城乡生态环境共享度测算及分析

本节从区域比较的视角，采用"中国城乡共享发展指数评价体系"，测算30个省（区、市）城乡间的生态环境共享度，详细阐述这些地区生态环境共享度的基本格局和特点，并具体比较这些地区在资源和环境方面的差异。

一、城乡生态环境共享度指数测算结果

在城乡生态环境共享度指数测度体系中，城乡生态环境共享度占城乡共享发展指数的权重为12.5%，相对于其他四个指标，这一指标对城乡共享发展指数的贡献较低，权重较轻。从指标构成来看，生态环境共享度指标主要是由表4-13中的2个指标加权组合而成。

表4-13　　　　　　　城乡生态环境共享度二、三级指标、权重

指标序号	二级指标	三级指标	权重
15	资源	城乡人均日生活用水量之比	6.25%
16	环境	城乡人均绿化面积之比	6.25%

注：本表内容是由本报告课题组召开的多次研讨会确定的。

从表4-14中可以发现，城乡生态环境共享度指标的前10名分别是上海、福建、河南、天津、安徽、辽宁、吉林、浙江、江苏和山西；其中东部地区5个，中部地区3个，东北地区2个，西部地区未有省份进入前10名。

表4-14　　　　　　　城乡生态环境共享度指标指数及排名

城乡＼指标	生态环境共享度		二级指标			
			资源		环境	
	指标值	排名	指标值	排名	指标值	排名
上海	0.125	1	0.063	1	0.063	1
福建	0.069	2	0.042	6	0.027	2
河南	0.062	3	0.058	2	0.004	8
天津	0.053	4	0.053	3	0.000	30
安徽	0.050	5	0.039	12	0.011	4

指标 城乡	生态环境共享度		二级指标			
			资源		环境	
	指标值	排名	指标值	排名	指标值	排名
辽宁	0.049	6	0.048	4	0.002	15
吉林	0.047	7	0.046	5	0.001	18
浙江	0.047	8	0.042	7	0.005	7
江苏	0.045	9	0.031	17	0.013	3
山西	0.045	10	0.040	10	0.005	6
山东	0.044	11	0.039	11	0.004	9
河北	0.041	12	0.040	8	0.001	23
重庆	0.041	13	0.040	9	0.001	22
黑龙江	0.040	14	0.038	13	0.002	14
贵州	0.037	15	0.036	14	0.002	17
江西	0.034	16	0.032	16	0.002	13
内蒙古	0.033	17	0.032	15	0.001	27
湖南	0.033	18	0.030	18	0.003	12
广东	0.031	19	0.027	19	0.004	10
新疆	0.027	20	0.022	21	0.005	5
湖北	0.026	21	0.023	20	0.003	11
广西	0.020	22	0.019	22	0.001	19
宁夏	0.017	23	0.017	23	0.000	28
甘肃	0.013	24	0.012	24	0.001	20
四川	0.011	25	0.011	25	0.000	29
北京	0.011	26	0.010	26	0.001	25
青海	0.010	27	0.009	27	0.001	21
海南	0.009	28	0.008	29	0.002	16
陕西	0.009	29	0.009	28	0.001	26
云南	0.001	30	0.000	30	0.001	24

城乡生态环境共享度二级指标资源的前10名分别是上海、河南、天津、辽宁、吉林、福建、浙江、河北、重庆和山西；二级指标环境的前10名分别是上海、福建、江苏、安徽、新疆、山西、浙江、河南、山东和广东；从表4-14可以看出，每个省份的城乡生态环境共享度二级指标排名中，资源和环境的排名都与一级指标比较相似，如图4-8所示。

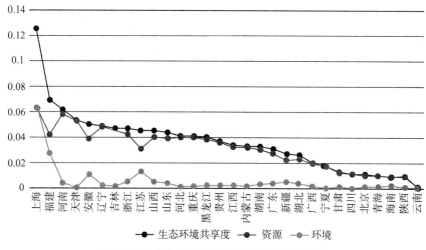

图4-8 城乡生态环境共享度二级指标对照

二、城乡生态环境共享度区域差异分析

从城乡生态环境共享度的区域分布来看，城乡生态环境共享度总体呈现东部最高、西部最低、中部和东北居中的情况（见图4-9），并且东、中、西部城乡生态环境共享度差距较小。

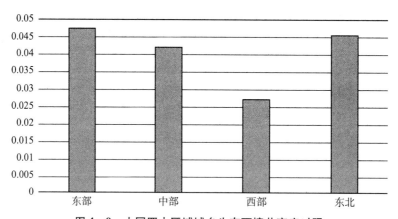

图4-9 中国四大区域城乡生态环境共享度对照

在东部地区的10个省（区、市）中，排在前10位的有5个，其中，上海以0.125的高分居全国第1位。东北三省的排名分别为第6、7和14位，处于中间靠前水平；中部六省中，河南、安徽、山西进入前10名，江西、湖北、湖南列16、21、18位；西部地区的11个（除西藏外）参评省（区、市）中，除重庆排

在第 11 位外，其他省份（区、市）均排在 15 位以后，整体排名最后。

表 4 – 15　　　　　　城乡生态环境共享度四大区域内部差异分析

区域	地区	指数值	排名	区域	地区	指数值	排名
东部	北京	0.011	26	西部	内蒙古	0.033	17
	天津	0.053	4		广西	0.020	22
	河北	0.041	12		重庆	0.119	11
	上海	0.125	1		四川	0.011	25
	江苏	0.045	9		贵州	0.037	15
	浙江	0.047	8		云南	0.001	30
	福建	0.069	2		陕西	0.009	29
	山东	0.044	11		甘肃	0.013	24
	广东	0.031	19		青海	0.010	27
	海南	0.009	28		宁夏	0.017	23
中部	山西	0.045	10		新疆	0.027	20
	安徽	0.050	5	东北	辽宁	0.049	6
	江西	0.034	16		吉林	0.047	7
	河南	0.062	3		黑龙江	0.040	14
	湖北	0.026	21				
	湖南	0.033	18				

注：根据表 4 – 14 整理。由于缺少主要测算数据，西藏、香港、澳门和台湾未参与测算。

从四大区域内各省（区、市）的情况看，东部 10 个省（区、市）排名呈现两极分化趋势，北京、广东、海南排名为 26、19、28 名，东部其余省份的排名均在 12 名以前，其中上海排名全国第一。中部 6 省的城乡生态环境共享度分布靠前，区域内部排名均匀分散，从 3 位到 21 位，指数值最高的河南省高于最低的湖北省 0.032。西部 11 个省（区、市）的城乡生态环境共享度，除重庆外均处于 15 名以后，其中云南省指数值最低，为 0.001，西部整体排名靠后，排名最高最低省（区、市）的极差为 0.118。东北三省中，城乡生态环境共享度数值分别为辽宁省 0.049，吉林省 0.047，黑龙江省 0.040；东北三省排名均位于中间偏前。

第五章

共享发展战略专题研究

在本章中，课题组组织了相关领域的 8 位权威专家学者，就中国共享发展问题进行了深入研究和探讨，形成了 8 篇研究报告，以期对我国共享发展战略的实施起到一定的推动作用。

研究报告一　共享型社会的基础构造[①]

"共享经济"作为一个热词，目前主要在技术层面上被使用。因为信息技术的进步，一间办公室在一定时期被几家公司使用，产生了效率。这种效率产生在直接生产经营领域。跨出直接生产经营过程，在社会经济关系领域建立共享机制有更重要的意义。本报告对后者做一概要分析。

一、良好的制度是财富分享的基础

财富的源泉首先是人。依照经济学的思想，土地、资本和劳动，是参与财富生产的三大要素。一般来说，土地的数量是一个常数，不可能"涌流"。我们有可能通过对国土的整治，增大某一种土地的供应数量，但从长期看，土地资源是十分有限的。资本供应受制于国民储蓄倾向，其增长也不是无限制的。劳动力作为财富的源泉之一，其数量不可能也不应该"涌流"；需要"涌流"和可能"涌流"的是人的创造才能。

在人类历史的近两三百万年里，生产的增长大大地超过了资本的增长和劳动力数量的增长，由此可见，生产增长的贡献源泉来自人的生产率的提高；而生产

---

① 作者：党国英，教授，中国社会科学院农村发展研究所。

率的提高直接来自人的生产技术的进步、经济结构的改善和社会制度的进步。这三方面的积极变化，归根结底要靠人的创造才能的充分发挥。

制度改良是一切积极变化的因素中最根本的因素。由人所创造的良好的社会制度，是财富源泉保持旺盛喷涌力的重要条件。对经济史的研究证明，技术进步是制度变革的函数。托勒密时代的埃及已认识到蒸汽的力量，但仅仅依此为玩乐。古罗马掌握的工艺技术在上中世纪被掩埋了几百年，到 12 世纪和 13 世纪才复活。中国大约在 14 世纪发现了焦炭炼钢，但这场潜在的革命却没有下文。由于那些时代没有相应的制度支持，这些技术不能被进一步开发和应用。私有财产的保护、专利制度的实施、法人制度的应用、复式簿记的推广，都大大推动了新技术的发明速度和应用速度，促进了近代工业文明的迅速成长。

经济结构的改善与制度变迁同样密不可分。人的教育水平的提高、劳动力由乡村转向城市、妇女地位的提高、企业规模的扩大等，是经济结构积极变化的主要标志，同时也是现代生产力巨大增长的直接推动因素。这些方面的变化都直接得益于国家财政制度的改善、劳动力市场的自由化以及国家信用制度的改进。

良好的制度还可能直接创造财富的源泉、改善财富的分配状况。人创造财富是为了获得满足，但导致满足的不仅仅是物质财富，还包括精神财富。通常，一个社会的富裕阶层在物质财富获得相当满足以后，开始追求精神财富；在对后者的追求中，一个主要方面是获得"社会声望"的满足。在一个良好社会里，"社会声望"的最后供给者是广大人民群众，他们通过对富人的评价和对政治家的选举，来"生产"对富人和政治家的评价，同时也约束了富人和政治家的社会行为，使富人产生转变为慈善家的冲动，使政治家必须努力代表人民的利益、反映人民的要求。这个趋势一经产生，社会将逐步走向公正、平等、自由和普遍的富裕。

当然，不能说一切财富都是不干净的。一个社会如果发生财富分配的两极分化，那也不是财富本身的过错，而是制度的过错。社会的秩序就是强有力的人物在历史上反复竞争、妥协而达成的社会契约，这种契约客观上也保护了多数弱者；如果有一个的良好的社会制度，就更有可能在相对人道的基础上使社会财富更快地增长。

综上所述，财富增长要靠制度的改进、靠观念的不断更新。所谓财富源泉的涌流，本质上是合理配置生产资源，使有限的资源得到最合理（收益最大化）的利用。实现这个目标别无他途，只有永不停息地改革。只要我们制度改革有大的进展，财富的源泉就将得到充分开掘，财富的巨大增长以及财富的公正分配都将实现。

二、劳动与资本能否共享发展

除劳动时间长问题之外，我国职工的劳动强度高、劳动环境差、工资待遇低、妇女受歧视等，也是劳资关系中的突出问题。这方面已经有不少文献报道。从宏观角度看，我国劳动者的劳动报酬总额不到国民收入的一半，低于一般市场经济发达国家，说明劳资之间的分配不公正。

我国与劳动保护相关的法律执行力度不够、劳动者劳动强度高、劳动时间长，严重影响城市经济体吸纳农村剩余劳动力的能力。比较分析发现，我国国民经济每增长一个百分点对就业的拉动作用（就业弹性系数），比起发达国家要低许多（见表5-1），这种情形严重制约我国农村人口向城市转移。

表5-1　　　　　　　我国与主要发达国家就业弹性系数比较

	美国	联邦德国	英国		日本	中国
时间段	1919～1957年	1950～1960年	1911～1931年	1948～1955年	1929～1955年	1990～2007年
E-GDP弹性系数	0.48	0.42	0.27	0.33	0.23	0.098

注：1. 除中国外，其他国家的数据分析中用国民收入指标计算，因分析增长率，不影响结论。2. 中国的数据未按照第二次经济普查结果调整，对结论影响微小。3. 有关数据均根据价格指数做了调整，但价格指数类别不同，这一点对结论影响微小。4. 时间段的设定主要是因为考虑数据的可比性。

资料来源：《英法美德日百年统计提要》，统计出版社1958年版；《主要资本主义国家经济统计集》，世界知识出版社1962年版。

过度劳动造成社会不平等，而积极调节劳动市场有利于中等收入群体成长。中短期政策促使劳动成本上升，迫使资方更新技术，用资本替代劳动，会促进社会分工，提高经济效率，从而加速中等收入群体的形成。不要以为中等收入群体的壮大只是经济发展的后果，政府的中短期政策对此无所作为。有利于中等收入群体崛起的最有效的中短期政策，是用以调整劳资关系的劳动政策、收入调节政策和社会保障政策。这些政策综合起来是社会分配政策。

过度劳动、工资水平低，还会造成畸形国民经济结构。劳动时间太长，人们很难有时间进行文化娱乐消费，相关经济部门就难发展。资本收入过高，刺激奢侈品需求，使奢侈品市场畸形繁荣。因为劳动市场客观上对农民工权益保护不力，贬低了农民工的真实工资单价。大量外来人口居住在违章建筑之中，或群租居住，这种情形导致大城市廉价劳动力聚集，以致大城市的劳动力价格甚至低于小城市，使小城市的投资环境恶化，区域经济布局恶化。

劳动时间过长、劳资关系紧张，从长远看还影响社会稳定。所以说，城市兴起了，但城市如果是以原子式的穷人为主体，实在是政治风险很大的事情。劳动时间过长妨碍农村劳动力转移，让农村成为过剩劳动力的储备场所，会使农民无法割断和自然经济的联系，使农村社会经济的金融深化遭遇阻力，城乡社会经济一体化就难以实现。从社会政治安定的角度看，与自然经济密切联系的农民很容易和与依附型的社会关系相契合。这种群体还很容易受邪教和谣言的蛊惑，一旦闹腾起来，其内部不存在妥协谈判机制，后果非常不好。

劳资关系处理不好，还不利于我国中等收入群体成长，而中等收入群体崛起才是我国强盛的重要标志之一。在市场经济条件下，依靠资本增值和资本权利来满足生活需要的人不会是多数，而大多数人要靠劳动收入维持生活。如果白领阶层和产业工人的主体不能成为认同社会主体价值观、拥有体面房产的中等收入群体，社会根基就不牢靠。资本权利阶层和劳动阶层的人数比例应该与社会可支配收入的分配比例大体相当，例如，社会可支配收入的70%应该是劳动收入。我国的这个比例远低于这个数，这就需要通过深化改革，大幅度调整劳资关系，改善收入分配结构。

改革开放以来，我国经济持续走向繁荣，出口水平连创纪录，劳动力的充足供应和低工资水平功不可没。但这种低工资产生低劳动成本的经济扩张方式如不创造条件转换为新的发展模式，就会成为经济持续增长的隐患。在经济扩张初期，可以借助所谓"人口红利"的优势，开拓国际市场，使国内工业规模扩大。一旦有了工业规模，应该使工资水平逐步上升，促进企业用资本替代劳动，提高产品的质量，一方面占领国际高端市场，另一方面扩大国内需求，使国内市场与国家工业规模相适应。显然，这种认识在国家发展战略的形成中没有跟进。

有人以为，干预职工劳动时间、限制职工加班，会阻碍我国经济发展。持这种看法可能与人们对自由主义经济学的错误理解有关。人们会简单地以为，工资水平是由劳动市场决定的，只要劳动市场存在劳动力供过于求的状况，工资水平就无法提高，国家不能干预；若干预了，劳动资源就不能有效配置。早两年曾有一位儒商跟我说，他是看到了在一些高度竞争的产业部门中工人劳动时间很长，例如每天工作在12小时左右，但这是工人愿意这样啊，他们为了多挣钱啊，限制他们的工作时间，不是要打掉他们的饭碗吗？我以为这个说法很没有道理。但仅仅懂得这一点还不够，我们还应知道，只有工作单价很低的时候，工人才愿意加班工作；工资一旦上升到一定水平，工人就会追求闲暇。可还要懂得，工资低的原因正是他们在加班工作。想一想，若全国每一个工人每周工作80小时以上会挤占多少个工作岗位啊！已经就业的劳动力的过度劳动，就好像陷入经济学家常常讲的"囚徒困境"一样，自己想进天堂，但脚底下是地狱。改变这样一种机制，换一种新的机制，难道不需要政府介入吗？

如果一定要讲调整劳资关系本身的风险，无非是短期内中国劳动成本明显上升，影响到中国产品的出口增长。这种影响不妨看作好事。只要工资增长不超过劳动生产率的增长，就不会引起通货膨胀。可能发生的是物价的结构性变化，如蔬菜、水果和肉类价格的上升，一部分服务价格的上升，但这种变化毋宁看作经济发展所必需。通过对发达国家劳资关系调整的历史考察，可以发现，适度缩减劳动时间（如严格的8小时工作制），提高劳动保护水平，有助于提高劳动效率，增进社会协调程度。

希望是有的。我们首先要有一个正确的认识，然后还要解决体制方面的问题，扎扎实实做些事情，使得我们的各级政府真正能响应中央建立和谐社会的号召。

影响我国劳资关系调整的许多原因当中，最重要的方面是一些政府部门不能严格按照国家法律法规对企业用工行为进行监督。现实中甚至有一种由"囚徒困境"理论所描述的恶性循环机制在起作用。一些地方政府为了吸引投资，用不正确的理念来保护自己的"投资环境"，结果放纵了一些企业对职工利益的侵害。地方政府在"环境"方面彼此竞争，纵容企业克扣工资，最终形成的宏观环境益发加强了资本的力量，使工人越来越处于不利地位，也给地方"改善"投资环境带来更大的压力。所以，解决问题的关键是地方政府严格执法，真正在企业监管中落实中央"以人为本"的施政理念，不要在资本和劳动之间厚此薄彼，过分疼爱资本。要懂得，过分疼爱资本最终会害了资本，因为低工资、低福利只能保证资本的一时之欢，长远看他们会牺牲效率、丧失市场。

调整劳资关系的关键举措是严格执行各项涉及劳动保护的法律法规，制定行之有效的劳动纠纷案件侦查、诉讼规范，切实保护劳动者的劳动权、休息权、健康权和报酬权。国家机关应率先执行劳动法，严格限制公务人员加班，并严格按依法支付加班工资。国家机关要通过下放和精简权力的办法减少文案工作，以减轻工作负担。改变部门主导立法的现行格局，增强各级人民代表大会的立法功能，实现立法的专业化，有助于减轻政府机构的文牍工作。企业的工资集体谈判制度应全面加强。

社会就是这样，只要有市场，有竞争，有多元化，让资本当老板，也坏不到哪里去。相反地，如果没有市场，没有竞争，没有多元化，资本退居二线，也好不到哪里去。让经济学家宣传自己的"工具理性"，伦理维护者鼓吹自己的价值观，政治家讨好自己的支持者大众，也让资本和劳动根据自己承担的风险去分别找一线或二线位置，这个社会大抵就有希望了。希望就在于这样的和谐，并在和谐中改良。可是历史证明，和谐离不开强势阶层增加自己的教养。

三、穷人、财富与社会主义理念

当白领们在热烈地谈论如何"理财"的时候，还有一部分人在考虑生存问题。聪明的人已经发现，如果总有一部分人没有能力解决自己的生存问题，那么富人的财产也打理不好，所以，他们提出，为了富人的利益而帮助穷人！看来，富人理财的首要事情，竟是学做高尚人，去帮助穷人。富人能这样做吗？很难，因为每一个富人都希望别的富人去做一回慈善家；抚慰穷人的任务由他们去完成。可是，如果富人们谁也不去做这件事，而政府也没做好这件事，那就麻烦了。

一个好社会的标志之一，是尽可能地降低穷人的生存风险。富人敢于冒风险，冒风险甚至是他们的生活内容。富人抗风险能力强，穷人抗风险能力弱，一些事情对穷人来说是风险，对富人来说不是风险。所以，穷人最需要社会的照顾，当然，这种照顾不能是随意地劫富济贫。

可是，社会总有一种反对照顾穷人的力量。常见的说法，是说穷人懒惰。但公允而论，懒惰只是致穷的很不重要的原因。甚至可以说穷困才产生懒惰，因为穷人没有足够的资源让他们从事生产活动。疾病、缺乏教育以及较差的生存环境，是更常见的致贫因素。的确有大量的例子，说明一个穷人由于勤劳，实现了发家致富的梦想，但这需要一定的社会条件。

还有学者从理论上去证明歧视穷人的合理性。有人在论证"资本雇佣劳动"的合理性时，说富人值得信任，穷人不值得信任，理由是说穷人容易破罐子破摔，而富人则要对自己的财富负责，所以，最好是让富人来管理穷人。这种说法有片面性。就一个企业来说，如果它即将破产，资本家承担的风险比一般劳动力的风险大，从而资本家更关心企业的命运，这大概是资本雇佣劳动的理由。但如果扯上道德，尤其是离开企业这种组织，在大的社会范围里考察问题，恐怕不能说富人比穷人更好。特别在社会结构的剧烈转变时期，暴富起来的人往往是不守公共秩序的投机家。这种人，其实很不值得信任。

把穷人最不当人的是一些冷酷的政治家。例如袁世凯就在别人要求他能够体恤百姓疾苦的时候，他却回答说：谁让他们是老百姓！这种政治家当政，的确意味着战争，因为在他的政治视野里，穷人不可能有一个恰当的位置，他便因此不可能是一个好的政治家，而最有可能是一个穷兵黩武的军阀。

　　靠穷人自己来解放自己，或者他们自己想办法降低自己的风险，是很困难的。一般而论，穷人的受教育程度有限，对外部世界的把握能力很差，理解程度低，所以更容易遭受欺诈。他们梦想发财，但常常把发财与偶然性联系在一起。于是，常常上当受骗，成为被宰割的羔羊。在历史上，除非穷人绝无可能再得到政府的照顾，否则穷人队伍里不可能出现那种政治领袖，承诺领导他们改变命运。但是，一旦发生穷人与政府之间的战争，后果并不如穷人所愿。在以往传统社会，每一次农民战争中富起来的不是一般穷人，而是穷人里边的领袖人物。

　　真正改变穷人命运的是社会改革，是一步一步地强大社会物质基础，改变社会结构。但成功的改革并非总能发生，否则我们这个世界也不至于经常发生暴力革命了。如何实现改革，我这里按下不说，现在假定一个已经具备改革职能的政府，看它如何降低穷人的生存风险。改革不外乎考虑下面几种办法。

　　第一，普及基础教育。教育是缩小贫富分化的最强有力的手段。第二，帮助穷人免受商业欺诈。为此，政府部门要睁大警惕的眼睛，严密监视和打击各种危害百姓利益的不法行为。第三，建立社会保障制度，使人人获得基本的生存保障。第四，也是最重要的一点，建立民主选举制度，使人们在社区公务人员的选举中切实发挥影响作用。

　　事实证明，中国政府的改革取得了举世瞩目的成就，使得中国的绝对贫困人口已经大为减少。对于减少贫困，我们还有许多工作要做。我们期待政府在改革道路上坚定不移地走下去，也期待对政府所做的工作给予理解和支持。

　　富人会不会帮助穷人？如何帮助穷人？这是一个需要认真思考的问题。在过去的经济学模型中，分配公正与否容易被当作一个外生的问题来处理，所以，对这里的提问，经济学家自然是不大愿意回答的。这也是经济学常常遭受批评的原因之一。

　　经济学中的"科斯定理"指在自由竞争条件下（交易成本为零的同义语），交易双方都能实现利益最大化，但这种利益最大化不能消除预先的资源分配状况；也就是说，穷人是在穷的基础上实现利益最大化，穷困本身是难以克服的。主流经济学讲的一系列"帕累托最优条件"，也使得富人与穷人之间的分配成为一个由外生变量支配的问题；穷与富都由他们的"预算"规定好了。

　　经济学的这种"拈轻怕重"把财富分配难题放到了一边。但从一般历史观察看，财富分配的公正与否有可能是一个"内生"的问题。想一想，如果财富的分配是由偶然性因素来支配的，社会贫富悬殊将会很大，或者这个量的变化将全无规律可言，但事实却不是这样。在历史悠久的国家，贫富悬殊总是被控制在一定的范围里；尤其在所谓熟人社会，在构成社会的小社区内部，生活上的贫富悬殊（而不是财产占有上的贫富悬殊）也会被控制在一定的范围里。

贫富悬殊何以得到控制？其道理说白了竟令人吃惊——穷人对富人的评价权是穷人的财富，它虽然在某些社会会贬值，但却永远不会被剥夺；而富人要获得穷人的好的评价，必须向穷人支付货币！推而广之，穷人对政治家的投票选择权，也是他们的财富，政治家必须在公共资源的分配中向穷人显示足够的友善。越是发育良好的社会，穷人的此项权利越具有较高的价值。

在一个小的社区，较富裕的人会成为社区的公众人物，并且他们有可能乐意成为公众人物；在一个国家，最富有的一批人也会成为国家的公众人物，他们同样大多乐意成为这样的公众人物。他们需要社会声望，而换取社会声望的办法，不外乎捐出金钱，兴办慈善事业。在自由竞争程度较高的环境下，富人必须在市场上来满足他们对社会声望的需求。但这个市场通行"价格歧视"的原则。"声望"这种物品的供应者是大众，包括了穷人，他们给富人"供应"社会声望这种特殊物品时，会开出较高的价码；需求者越是富有，他们开出的价码越高，也就是说，富人越是富有，就越需要做更大、更多的善事来从社会大众那里获得社会声望。这就导致财富或福利的转移。

当然，一般社会民众也有获得良好社会评价的欲望，但这种欲望通常来说是潜在的。他们可能在自己的社区里追求诸如"善良、正派"这样的评价，而普通民众不需要做什么慈善事业就有可能获得这样的评价。

在一个发育良好的社会，"社会声望"这种物品的供应机制及其歧视性供应价格，使得社会财富的一部分会从富人那里流向穷人，并使社会财富分配的两极分化受到制约。

自由、平等、公正和安全是人的基本追求，也是人的基本权利。但看起来这还不够，穷人还应有对社会富人和政治家评价的权利。这种权利是穷人的财富，这种财富是需要一种好的"变现"条件。

作为经济学者，我更感兴趣的是富人怎么样才会帮助穷人，而不是他们愿意不愿意帮助穷人。富人对穷人究竟能做什么，不是取决于他们的态度，而是取决于他们的生活环境，更具体地说，取决于富人和穷人之间的交易条件。把富人和穷人的关系归结为交易问题，更有助于我们加深对这个问题的认识。

四、转移支付的社会意义

由市场完成的要素分配解决劳动、土地、资本间的关系问题，应该以提高效率为主要目的。这其中的劳动分配固然要遵循市场规律，但公共部门可以通过教育及社会权利配置来提高劳动者的工资谈判能力。这是国民收入第一次分配的基本要求。

离开国民收入第一次分配，依靠政府实现的富人对穷人的转移支付，通常被认为是解决平等问题。这种转移支付能不能从效率角度给予评价？这是一个有意义的学理问题。下面我们对这种可能性做一个分析。

我们做如下假设：

第一，收入对当事人的边际效用递减。

第二，公共部门在操作转移支付时会产生成本。

按以上假设，在图5-1中，我们可分别确定富人、穷人在转移支付中的效用变化。富人的收入减少以及穷人的收入增加，其效用变化曲线是凸起的。

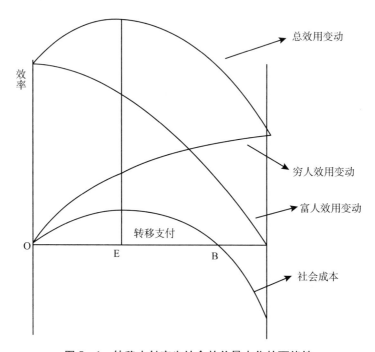

图5-1 转移支付产生社会效益最大化的可能性

因为转移支付操作的成本大于零，如果富人的钱全部给予穷人，转移支付前后的社会效用并不相等。但如果这个成本不是足够大，穷人总效用与富人总效用在转移支付的某个点上相加，会有一个二者总效用之和的最大值。

这个分析表明，适当转移支付制度及适当的转移支付水平，对社会是有利的。

研究报告二　共享发展与可持续减贫[①]

　　贫困是人类社会面临的最严峻挑战之一，消除贫困是当今世界共同的课题。中国作为全世界最大的发展中国家和第一人口大国，改革开放30多年，特别是自"八七扶贫攻坚计划"以后，通过不懈努力，在经济呈现快速发展的同时，中国实现了7亿多人口脱贫，"十二五"以来，全国贫困人口由2011年的1.22亿人减少到2014年的7000多万人，贫困发生率从20世纪80年代的80%以上下降到2014年的7.2%，2015年继续减少1000万人以上。扶贫的成效全世界有目共睹，减贫成果对世界减贫的进程起着举足轻重的作用。

　　不过也必须看到，截至2014年底，全国还有7017万农村贫困人口、12.8万个贫困村、592个国家扶贫开发工作重点县、14个集中连片特困地区，贫困人口数量多、分布广，目前仍有5000万人口没有脱贫，绝对贫困人口数量仍然庞大，扶贫攻坚任务依然十分艰巨，减贫形势不容小觑。

　　以发展的眼光来看待贫困问题，我国的减贫工作更是任重而道远。我们不仅需要实现减贫，更需要实现可持续性减贫。这里可持续性减贫与减贫的可持续性是有区别的，前者不仅包括减贫的结果而且包括减贫手段方式方法，而后者则主要是从减贫的结果来判断的。

　　总体上讲，实现可持续性减贫，就是要在努力消除贫困的同时，促进经济与社会的可持续发展——"既满足当代人的需求又不损害后代人满足需求的能力"，即在提升人口素质、提高人民生活水平和保护环境、资源永续利用的前提下使经济和社会同步发展。保证减贫内在机制的可持续性和外在支撑环境的可持续性是达成这一目标的必要条件。

一、共享发展与可持续减贫

　　共享、分享或共同分享，从经济学角度来讲是指资源的共同分享及利用。共享发展，是指能让商品、服务、机会、数据（资源）及（人的）才能等具有共享渠道的发展体系，即拥有闲置资源的机构或个人无偿或有偿让渡资源使用权给他人，让渡者无偿或获取回报，分享者利用分享他人的闲置资源创造价值。民众

---

　　① 作者：雷明，教授，北京大学光华管理学院。

公平、无偿或有偿地共享一切社会资源，彼此以不同的方式进行付出和受益，共同享受发展红利。

从社会学来讲，共享是广大人民群众共同享有，是要消除贫富悬殊、避免两极分化，其方向和目标是共同富裕。共享是中国特色社会主义的本质要求，它不能建立在追求绝对平等的空中楼阁之上，而只能建立在全体人民共同奋斗、经济社会发展的基础之上。共享是中国特色社会主义的本质要求，它不能建立在追求绝对平等的空中楼阁之上，而只能建立在全体人民共同奋斗、经济社会发展的基础之上。但共享不是搞平均主义，共享承认差距，要求把差距控制在合理范围内，防止贫富悬殊，尤其要努力消除贫困。

共享发展，是我国在经济社会发展到全面建成小康社会冲刺阶段，对于"效率优先，兼顾公平"发展理念的完善和升级。发展决定民生，离开了发展，无法改善民生；民生影响发展，民生问题解决好了，发展才会有力量、有后劲。坚持共享发展，就是"发展为了人民、发展依靠人民、发展成果由人民共享"。只有保证人人享有发展机遇、享有发展成果，全体人民推动发展的积极性、主动性、创造性才能充分调动起来，13亿多中国人才能朝着共同富裕目标一步一步地前进。

"共享发展"的发展观，是对发展理论的一种贡献。较高的人均收入水平不能保证较低的绝对贫困程度。仅仅侧重提高国民生产总值的增长速度，以预期和期望逐渐增加国民收入来改善弱势人群生活水平是远远不够的。真正有效的经济和社会发展是在保持经济增长的同时，增长的利益和好处，要全面惠及整个社会和各层次的人群。

当今可持续减贫已成为全面建成小康社会最艰巨的任务、促进共享发展最基本的要求。"小康不小康，关键看老乡。"摆脱贫困是我们全面建成小康社会的一个重大的经济问题、社会问题和政治问题。共享发展，就是直面这一问题，在全面建成小康社会的冲刺阶段，让人民共享更多改革红利，把各个地区、民族、群体都纳入这一发展框架中。

共享发展是推动持续发展和可持续减贫的不竭动力。共享发展不仅充分说明了"为了谁、依靠谁"这一深刻命题，也指明了实现推动持续发展和可持续减贫的动力所在。脱贫是全面建成小康社会的"最后一公里"。努力实现脱贫致富，让人民共享更多改革红利，把各个地区、民族、群体都纳入发展框架中，共同付出，共同受益，是落实共享发展的具体体现。

共享发展将带来革命性变革。共享发展不仅仅是城乡共享，不仅仅是这一代人"共享"，还应该是代代"共享"。这要求发展必须是可持续的，要求发展是稳定长期的。共享发展观念上的革命性的转变，要求进行制度性的变革以进一步解放生产力，推动经济的持续发展和可持续减贫的最终实现。

二、可持续减贫下共享发展的目标定位

共享，是解决"为谁发展"的问题；脱贫，是实现共享的基本条件。党的十八大提出了"两个一百年"的宏伟目标，作为执政党的中国共产党，必将担当起这一历史使命，把团结带领 13 亿人民实现全面小康作为我们的历史担当，以更大决心、更精准思路、更有力措施，实施脱贫攻坚工程，不丢掉一个民族、一个地区，不让一个人掉队，把人民群众对美好生活的向往作为我们的奋斗目标。一个 13 亿人口的大国，在未来几年中将全面解决剩余 5000 多万贫困人口的脱贫问题，实现全体中国人民共同迈进全面小康社会，必将让全体中国人民更加坚定中国特色社会主义的道路自信、理论自信、制度自信。所以，我们不能仅仅从路径和方法的角度去看待共享发展和可持续减贫，而更应该站在政治和战略的高度去深度思考。

共享不只是理想，而是有着实实在在的内容。这就是以推进社会公平正义为前提，以推进扶贫脱贫、缩小收入差距为抓手，以推进区域、城乡基本公共服务均等化为保障，以推进共同富裕为目标。抓住公平正义，就抓住了影响共享发展的症结，找到了促进共享发展的良方，牵住了走向共享发展的"牛鼻子"。

共享与公平正义互为依托、相辅相成。没有共享谈不上公平正义，没有公平正义更不可能共享。共享要求人人参与、人人尽力、人人享有，体现统筹兼顾、追求普遍受益，这样的发展状态是以社会公平正义为前提的。

共享发展强调人民要普遍享受到社会发展带来的福利。追求共同富裕是中国特色社会主义的核心价值，是社会主义制度优越性的集中体现。共享发展强调人民要普遍享受到社会发展带来的福利。追求共同富裕是中国特色社会主义的核心价值，是社会主义制度优越性的集中体现。

共享发展强调通过顶层设计和预期引导实现民众福利的最大化。共享发展强调通过顶层设计和预期引导实现民众福利的最大化。

共享发展强调的是通过保障人民的社会权利来增进人民福祉。改革发展取得的各方面成果，最终要体现在不断提高人民的生活质量和健康水平上，体现在不断提高人民的思想道德素质和科学文化素质上，体现在充分保障人民享有的经济、政治、文化、社会等各方面权益上。我们做出更有效的制度安排，充分保障和发挥人们在各方面应该享有的基本权利。坚持普惠性、保基本、均等化、可持

续方向，提高公共服务共建能力和共享水平；关注贫困群体，实施脱贫攻坚工程，充分发挥政治优势和制度优势，坚决打赢脱贫攻坚战；提高教育质量，推动义务教育均衡发展，促进教育公平；坚持就业优先战略，实施更加积极的就业政策，创造更多就业岗位，完善创业扶持政策，鼓励以创业带就业，建立面向人人的创业服务平台，推行终身职业技能培训制度；坚持居民收入增长和经济增长同步、劳动报酬提高和劳动生产率提高同步，持续增加城乡居民收入，缩小收入差距；建立包括养老保险、医疗保险、失业保险、社会救助在内的更加公平的社会保障制度，实现全覆盖；推进健康中国建设，建立和完善与我国生产力发展水平相适应的、覆盖城乡的基本医疗卫生制度和现代医院管理制度，促进人口均衡发展，完善人口发展战略，注重家庭发展。

三、可持续减贫下共享发展模式选择

如前所述，目前我国消除贫困的任务依然十分艰巨，贫困人口脱贫已成为全面建成小康社会最艰巨的任务、促进共享发展最基本的要求。确保到 2020 年我国现行标准下农村贫困人口实现脱贫，是我们党向人民作出的郑重承诺。兑现这个承诺，必须按照习近平同志要求的那样"立下愚公移山志，咬定目标、苦干实干"，解决好"扶持谁""谁来扶""怎么扶"等问题，采取过硬、管用的举措啃下脱贫这块"硬骨头"，打赢脱贫这场攻坚战。在推进扶贫脱贫的基础上，还要乘势而上，不断缩小收入差距。当前，我国居民收入差距还比较大。收入差距不缩小，共享发展就缺乏稳固的根基。我们必须在不断做大"蛋糕"的同时把"蛋糕"分好，形成体现公平正义要求、符合共享发展方向的收入分配格局。

共享发展，就是要坚持发展为了人民、发展依靠人民、发展成果由人民共享，作出更有效的制度安排，要通过优化民主机制、改进民生制度，激发全体人民的建设热情和创造活力，使全体人民在"共建"中各尽所能；保障全体人民各项权利的落实、切身利益的增进，让全体人民在"共享"中各得其所；在发展生产力基础上消除绝对贫困、减少相对贫困，使全体人民在"共富"进程中和谐相处。三者互为前提与条件，体现了发展主体的权利与义务、发展动力与发展目标、发展过程与发展结果的有机统一。

共享发展，是发展理念的创新。要把这一新的发展理念贯彻到发展实践中，就要解放思想、打破常规，挑战思想禁区，纠正认识误区，探索实践盲区，自觉地把思想和行动统一到五中全会精神上来；就要以踏石留印、抓铁有痕的劲头，把民生做好，要落到实处、落到痛处，善始善终、善做善成，让广大人民群众不断看到实实在在的民生成效和社会变化，让广大人民群众在共建全面小康中实现共享发展。

共享发展是中国特色社会主义的本质要求，它不能建立在追求绝对平等的空中楼阁之上，而只能建立在全体人民共同奋斗、经济社会发展的基础之上。共享发展不是搞平均主义，共享承认差距，但要求把差距控制在合理范围内，防止贫富悬殊，尤其要努力消除贫困。2020 年全面建成小康社会，是我们党对全国各族人民作出的庄严承诺。扶贫是一场输不起的攻坚战，如果输掉了，人民群众的生活就输掉了、利益就输掉了，党的承诺、信誉、形象就输掉了。所以必须决战决胜，坚决打赢这场输不起的攻坚战，把宏伟蓝图变为共享现实。

共享发展，就要按照人人参与、人人尽力、人人享有的要求，紧紧围绕"十三五"规划《建议》提出的增加公共服务供给、实施脱贫攻坚工程、提高教育质量、促进就业创业、缩小收入差距、建立更加公平更可持续的社会保障制度、推进健康中国建设、促进人口均衡发展等八个方面作出更有效的制度安排，在保障和改善民主的体制机制创新方面为全国探路，使人民在共建共享发展中有更多获得感，共同享有人生出彩的机会，共同享有梦想成真的机会，共同享有同祖国和时代一起成长与进步的机会。三者互为前提与条件，体现了发展主体的权利与义务、发展动力与发展目标、发展过程与发展结果的有机统一。坚持共享发展是实现"共同富裕"重要目标的必然选择。

共享发展，是要通过优化民主机制、改进民生制度，激发全体人民的建设热情和创造活力，使全体人民在"共建"中各尽所能；保障全体人民各项权利的落实、切身利益的增进，让全体人民在"共享"中各得其所；在发展生产力基础上消除绝对贫困、减少相对贫困，使全体人民在"共富"进程中和谐相处。

共享发展强调依靠人民的共同合作。每个人的力量虽然有限，但只要万众一心，众志成城，就没有克服不了的困难。共享发展强调依靠人民的共同创造。梦想成真必须依靠辛勤劳动、诚实劳动、创造性劳动。共享发展强调依靠人民的共识和智慧。要求善于从人民的实践创造和发展中完善政策主张，不断为深化改革开放夯实群众基础。

四、可持续减贫下共享发展的现实路径

消除贫困、公平正义，是中华民族千百年来的梦想，是我们党始终为之奋斗的目标。习近平总书记在县、市、省、中央工作 40 多年，始终把扶贫工作作为重中之重，他花最多的精力抓扶贫脱贫，形成了"精准扶贫""科学扶贫""内

源扶贫"等一系列重要扶贫思想，并提出"六个精准"（扶持对象精准、项目安排精准、资金使用精准、措施到户精准、因村派人精准、脱贫成效精准）"四个切实"（切实落实领导责任、切实做到精准扶贫、切实强化社会合力、切实加强基层组织）"四个一批"（扶持生产和就业发展一批、移民搬迁安置一批、低保政策兜底一批、医疗救助扶持一批）的扶贫思想，丰富和完善了马克思主义中国化的扶贫理论。在全面建成小康社会的伟大事业中，没有5000多万贫困人口的可持续脱贫，就谈不上发展成果人民共享。要实现5000多万人口的可持续脱贫，关键在于实现共享发展。

共享发展强调发展的目的是一切为了人民。维护和保障全体人民生存和发展权益，既是我们党一切行动的出发点和根据，也是落脚点和归宿。共享发展不仅仅是自上而下的，同时也应是自下而上、自左而右和自右而左的。

共享发展强调要把群众切身利益作为检验发展的标准，自觉增强为人民服务的意识，从民众最现实、最关心、最直接的问题入手，不断推进经济和社会的发展，让百姓有实实在在的获得感。共享发展强调党和国家要加强对发展过程的调控，顺应广大人民对美好新生活的热切期待，在经济社会发展的各个环节都体现对人民群众利益的维护和发展。实现共享发展，就要解决贫困问题。

扶贫脱贫是全社会的事业，需要动员各方面的力量积极参与进来。因此，有必要完善东西部协作和党政机关、部队、人民团体、国有企业定点扶贫机制，激励各类企业、社会组织、个人自愿参与扶贫，在扶贫攻坚中踏踏实实践行人人参与的共享发展理念。

实现共享发展，从宏观上说，需要具备充分的发展、"创建"共享平台以及"实现"人人参与三个条件，实现共享发展需要三个驱动力：（1）广大贫困群体感觉有更大的主动权和透明度。现在人们经常会遭遇到四个问题，即波动性、不确定性、复杂性和模糊性。共享发展能使广大贫困群体在发展过程中充分发挥自我掌控能力。（2）世界正出现人们的信任感正在更大范围内增强。来自不同阶层的人群，尤其是广大贫困群体对外界尤其是商业性大规模组织的信任度越来越低。不少人对外界缺乏信任感。为此，当他们发现外界与自己产生共鸣时，将会更自信，更容易融入社会。（3）广大贫困群体和其他群体都在发展过程中更受益。广大贫困群体通过公平公正地参与满足了自己的需求，其他群体从闲置物品中获得了额外的收益。

具体来说，就目前而言，实现共享发展，就是要从根本上解决可持续减贫问题。首先，共享发展，就要补短板，其中首要的任务内容是公共服务提供。基本公共服务作为党和政府为满足人民群众共同需求而提供的、使社会成员共同受益的各种服务，必须坚持普惠性、保基本、均等化、可持续的发展方向。习近平同志高度重视基本公共服务均等化问题，把加强和优化公共服务作为促进社会公平正义、促进共同富裕的重要抓手。当前，受发展水平制约，我国东中西部之间、城市与农村之间基本公共服务水平差距较大，尤其是贫困地区、革命老区、民族地区、边疆地区财力相对有限，基本公共服务水平较低，影响了人民群众共享改革发展成果。促进共享发展，就要着眼全体人民，从解决人民群众最关心、最直接、最现实的利益问题入手，增加财政转移支付，紧盯广大贫困地区和贫困群体补短板，完善基本公共服务体系，努力实现基本公共服务全覆盖，让全国各地基本均等、全体人民普遍受惠。

其次，共享发展，需要进一步解决居民收入问题。进一步缩小城乡居民收入差距，提高居民收入占国民经济初次分配的比重，坚持居民收入增长和经济增长同步、劳动报酬提高和劳动生产率提高同步，健全科学的工资水平决定机制、正常增长机制、支付保障机制，完善最低工资增长机制，完善市场评价要素贡献并按贡献分配的机制。

另外，共享发展，还需要进一步解决就业创业问题。近年来国家把"双创"作为促进经济发展"双引擎"的一个重要引擎，市场主体空前活跃，线上与线下相结合的"双创"活动迅猛发展，我国新登记企业出现"井喷式"增长，要促进就业创业，坚持就业优先战略，实施更加积极的就业政策，完善创业扶持政策，加强对灵活就业、新就业形态的支持，提高技术工人待遇。这实际是秉承了党的十八大以来的就业优先战略和更加积极的就业政策。随着一系列措施的实施，必将提高劳动参与率，积极促进大众创业、万众创新，真正把全国人民特别是广大贫困群体的积极性、主动性、创造性调动起来。

共享发展，还需要进一步解决教育公平问题。教育公平是共享发展的基石。提高教育质量，推动义务教育均衡发展，普及高中阶段教育，逐步分类推进中等职业教育免除学杂费，率先从建档立卡的家庭经济困难学生实施普通高中免除学杂费，实现家庭经济困难学生资助全覆盖。这一系列教育公平的措施，是孩子们真正的福音，是全国人民的福音，功在当代，利在千秋。

共享发展，还需要进一步解决社会保障问题。建立更加公平更可持续的社会保障制度，实施全民参保计划，实现职工基础养老金全国统筹，划转部分国有资本充实社保基金，全面实施城乡居民大病保险制度。这是国家的惠民政策又一个大礼包。

共享发展，还需要进一步解决居民特别是贫困群体健康问题。进一步推进健康中国建设，缩小城乡居民健康差异，显著提高医疗卫生服务可及性、服务质量、服务效率和群众满意度，破解"看病难、看病贵"问题，逐步实现"人人享有基本医疗卫生服务"的目标。为此，要深化医药卫生体制改革，理顺药品价格，实行医疗、医保、医药联动，建立覆盖城乡的基本医疗卫生制度和现代医院管理制度，实施食品安全战略。

研究报告三　共享发展是社会进步的长期课题①

近代以来，随着经济发展特别是由于产业构造的变化，自给自足的传统经济向以交换为主的资本主义经济转换，频发的危机造成失业人口成为城市贫民，进而引发系列社会问题，由此成为西欧国家社会救济与福利政策出现的社会原因，如英国在16世纪后期颁布"济贫法"。中国政府主导的福利制度出现的甚至更早，根据1077年即宋神宗熙宁十年施行"惠养乞丐法"，各州府在入冬后需"差官检视内外老病贫乏不能自存者"，每日"给米豆一升，小儿半之"。1098年，宋哲宗元符元年更进一步，颁行"居养法"为"鳏寡孤独贫乏不能自存者"设居养院，"以官屋居之，月给米豆，疾病者仍给医药"。可见，作为认同特定社会体系、制度安排的代偿，不同族群及社会成员获得社会普遍认知的基本生活及安全保障是所有超越特定利益集团的国家形态维系的基础。从人文发展的视角看，亦是人类文明与社会发展不断进化的结果。毋庸置疑，协调不同区域、族群、产业及城乡发展，实现社会成员最广泛地获得社会发展成果，即共享实际上是人类社会发展历程中长期存在的课题。近年来，以英国公投脱欧，美国总统大选特朗普胜选等为典型事件的欧美社会阶层对立、分化，明确标志着社会右翼化的广度与深度都在增加。在冷战后国际化、全球化不断推进，欧洲一体化进程进入高度阶段的今天，出现这样的逆时代潮流的现象，其根源依然是共享问题。

一、现阶段我国共享发展特征

共享社会发展成果，妥善处理经济增长过程中不同阶层、行业、区域乃至不同族群成员利益关系，尤其是收入分配关系，是现代社会发展最大的课题。发达国家虽然已经构建了相对完善的社会调节制度，如超额累进的所得税制度及遗产税制度，尤其是完善的社会保障体系，但阶层分化、收入差距扩大依然是广为关

---

① 作者：张建平，教授，中央民族大学经济学院副院长。

注和普遍存在的问题，也成为欧美许多国家社会催生变革、引起动荡的核心问题。我国由于社会经济相对发展滞后，与发达国家相比，在制度建设、立法保障方面均有不小差距。现阶段，构建和形成在经济增长背景下全社会成员收入合理增加及避免差距过大，实现公共服务均等化，成为社会普遍关心，并在许多领域和地区普遍存在的问题，因此不仅具有普遍性，而且十分紧迫。改革与开放政策实施以来，中国经济长期高速增长产生了巨大的影响，不仅经济、产业结构发生根本性变化，就业结构、人口结构、城乡结构等方面亦发生了巨变。特别是，国民总生产与财政收入的增长，彻底改变了共享发展的基础。构建了覆盖城乡的最低生活保障体系，2006 年全面取消农业税，包括农村医疗保险在内城乡医疗保险体系亦确立并开始逐步发挥保障作用。特别是精准扶贫战略的全面实施，全面消除贫困进入了关键时期。可见我国共享发展的保障基础进一步夯实，现实条件逐步形成，即具有现实性。由此可见，共享发展是人类社会发展过程中长期存在的课题，是国际性课题也是世界性课题。中国的共享发展一方面具有广泛性、普遍性的特征，与发达国家比还具有紧迫性、深刻性、严重性的特点，另一方面由于经济社会长期稳定发展积累了丰厚社会经济资源，共享发展具有现实基础，进入了可以全面推进的现实阶段。

二、共享发展背景与直面的课题

（一）反贫困与民族地区协调发展

中共十八届五中全会根据全面建成小康社会现实需要，提出 2020 年国内生产总值和城乡居民平均收入以 2010 年为基准实现倍增，在现行标准下完成农村贫困人口脱贫，区域性整体贫困得到全面解决。由于贫困人口与区域性贫困主要分布在西部和民族地区，这些地区不仅贫困发生率亦远远高出其他地区，也是区域性整体贫困问题最集中的地区和城乡居民收入水平普遍较低的地区。可见，没有民族地区的小康就没有全面小康，不解决民族地区的贫困问题，就不可能全面解决区域性整体贫困问题，农村贫困人口全面脱贫的目标也不能实现。因此，民族地区经济社会发展能否实现新的跨越，能否形成可持续发展的态势，对于上述目标的实现与全面建设小康社会任务完成有深刻的影响。

改革开放政策实施前，我国处于普遍贫困、经济近乎崩溃边缘的阶段。以农村经济体制改革为起点的改革开放政策的实施后，不仅在短短的 10 年内全面解决了温饱问题，而且实现了经济长期高速增长，成长为仅次于美国的世界第二大经济体，成为世界经济增长与发展的重要引擎，人民币国际化进程亦不断推进，纳入国际货币基金组织（IMF）特别提款权（SDR）货币篮子，成为继美元、欧元、日元、英镑后的第五大国际基准货币，不仅中国经济对世界经济的影响不断增长、扩大，在国际货币与金融、国际投资领域的作用于影响力也日趋扩大。支撑我国经济长期高速增长的主要驱动因素是要素投入，包括资本与劳动力投入的持续增长，以及长期大规模的资源开发和利用，如矿产资源、土地资源等。改革红利主要在初期，技术进步的影响近年有所扩大，都产生了积极的作用，但长期看，主要驱动要因是要素投入和对外贸易的持续高速增长，其中投资与以农村劳动力转移为特征的劳动力投入增加贡献最为显著。西部与其他地区相比，不仅是投资，特别是包括外资在内的市场主导型投资，明显缺乏比较优势，严重滞后于东中部，劳动力转移为基本特征的供给增加，亦呈现外流格局，不仅西部，包括中部与东北地区均有类似特征。另外，作为制造业大国，我国无论品牌还是全球竞争力方面，具有影响力投资与跨国企业基本分布在经济率先发展的东部地区，特别是沿海地区。长期高速增长的对外贸易发展也主要以东部地区为主，以进出口总额与地区生产总值为依据计算的对外贸易依存度，一些东部地区省、市超过100%，而西部地区则多在10%左右，甚至更低。要素投入规模、增速不同，对外贸易发展水平存在巨大差异，是30多年来，区域间发展绝对差距扩大的根源。未来经济增长即新常态经济增长是平衡性提高、包容性增强，可持续基础上的中高速经济增长。"十三五"时期民族地区经济发展，不能延续传统增长方式，不能以增加环境负荷和大规模资源开发为依托。在不断推进全面对外开放，在市场主导要素与资源配置的体制与机制逐步完善的背景下，只能走注重生态文明建设的绿色发展的道路，只能靠创新驱动，完成产业升级、结构转型，形成可持续发展态势，夯实区域、城乡协调发展的产业基础，才能实现十八届五中全会提出的共享发展目标，如期完成全面建成小康社会。由此可见，尽管处于战略发展的机遇期，民族地区经济社会发展与发达地区相比，叠加存在的矛盾、问题更多，面临困难与挑战更为严峻，如何应对是值得深入思考的重大课题。

（二）城市化背景及课题

近代以来，经济社会发展过程主要是工业化为主的三次产业构造或结构的转型，其中工业部门的扩张产生的劳动力需求，主要依靠比较利益相对低下的农业部门获得，这个过程即是通常所说的农业劳动力转移。正常情况下，由农村农业部门转向工业部门的劳动人口，逐步将生活的重心由乡村转至工业部门所在地区，一般可以是大中小不同规模的城市，由于工业部门是现代部门，农业劳动力转移的原因是收入高于在农业部门的水平，而且随着劳动力的不断转移，工业部门的工资水平也会不断提高。正是因为这个原因，农村居民移居城市成为现实，许多国家实现了劳动人口由农业传统部门大量转入城市，在工业化发展的同时实现了城市化。我国改革开放政策实施以来，虽有波折，但总体看农村劳动力转移的过程一直没有中断。目前，城市常住人口的比重已经超过农村常住人口，这意味着，我国工业化进程推进的同时也产生了城市化的结果。数以亿计的农村劳动力进入非农领域，推进了被动城市（镇）化的进程。到2013年底，法定统计的城镇常住人口接近54%。这是中国改革开放以来经济社会发展带来的巨变，甚至可以说是成果的一部分。如果作为城市常住人口总体城市居民均获得各所在地同样的住民权益，如社会保障、基本教育权益保障等，那么城市化进程就是经济发展、产业升级、社会进步的必然结果。然而，户籍人口统计的数据和这个比例则相差十几个百分点。有关农民工统计的权威数据亦显示，目前全国农民工的数量超过2.6亿。意味着我国城市常住人口中相当大的部分，即被称为农民工及其家庭成员的群体没有获得上述权益，而且这种状况有固化的趋势，已经成为城市化发展面临的最核心问题，也是最大的课题。如何解决这个问题，不仅关系到城市化发展的目标能否实现，更关系到城市社会进步与健康发展，是新型城市化成败的关键。由于常住人口中的一大部分，不是一般意义上的市民。众所周知，二元结构下的社会，由于劳动生产率与工资收入的差异，大量传统部门的劳动力会随工业化发展转移到现代部门。无论是刘易斯的二元结构理论还是在其基础上探讨了农业部门发展与工业化进程关系的拉尼斯·费景汉模型，均勾勒的是农业劳动力转移，最终实现两部门的同质化。纵观从包产到户至今的农业发展，中国工业化进程没有出现农业总供给不足引致劳动力成本上升停滞的局面，也没有出现劳动力严重不足的问题，经济确实长期保持了高速增长，即使进入所谓的"新常态"阶段，保持6%~7%的增长速度依然是高水平，作为超大经济体亦是无太多先例的。既然如此，长期持续的劳动力转移是成熟化过程不可逆转的基础和条件，城乡人口结构的变化也显示这个过程确实存在。毋庸置疑的另一个问题体现的却是完全不同的特质，30多年来的我国农业劳动力向非农部门的转移，却是转而不移，仅仅是流动，而且长期处于流动状态，很多学者将此种现象描述成"两栖化"。人们甚至很坦然地把包括城市出生在内的在城市长大的所谓农民工的后代称为"二代农民工"。中国社科院发布的《社会蓝皮书》显示，我国18岁以上的人口中近二成是居住在城市的无（城市）户籍人口，这个比例差不多是农村户籍人口的三成。城市总就业中，所谓农民工的就业人口占比超过45%。这就是高速发展的所谓人口红利的源泉，是工业化进程伴生的社会结构。如此大规模的勤劳人口，创造社会财富，却没有获得法律赋予他们应有的公民权利，特别是社会保障权益，甚至影响到《义务教育法》保障的法定义务教育权利也不能平等、全面地得以实现。这绝不仅仅是"三农"问题，也不仅是城市化过程中的所谓发展中的问题。是我们不能漠视、默认、放任的全社会的问题，是中国社会经济是否能够平稳、和谐、持续发展的至关重要的大问题。如何认知这个问题，怎样应对和妥善解决这个问题，是中国城市化直面的课题，也是未来很长一个时期社会经济发展与民生改善的最大课题。

三、紧迫课题的应对

（一）反贫困与民族地区协调与共享发展目标的实现

如期完成全面建设小康社会的百年目标（两个一百年目标之一），全面完成农村脱贫任务，解决整体性区域贫困问题，均与民族地区发展直接相关。"十三五"是我国谋求区域协调与共享发展的关键时期，是民族地区经济社会发展前所未有的战略机遇期。依据十八届五中全会确立的五大发展理念，特别是绿色发展的核心理念，未来我国经济发展不能延续传统增长方式，不能以增加环境负荷为代价。在市场主导要素与资源配置的体制与机制逐步完善的背景下，注重生态文明建设，靠创新驱动，完成产业升级、结构转型，形成可持续发展态势，才能构筑区域、城乡协调发展的产业基础，这是实现共享发展的前提。创新已经成为区域经济社会发展核心竞争力形成的重要乃至主要影响因素，对区域竞争力形成的影响会越来越大。作为重要区域创新主体的各类企业，尤其是高新技术领域的企业主体，对区域创新能力的形成与提高产生作用越来越重要。在全球化、对外开放进程逐步推进和市场主导要素与资源配置体制、机制不断完善的战略背景下，只有依靠创新驱动，民族地区才能完成比发达地区更为紧迫和困难的产业升级、结构转型，实现跨越，形成可持续发展态势。另外，考虑到以优化发展、重点开发和限制开发等分类指导原则为特征的主体功能区战略格局在"十三五"期间将基本形成，以及我国经济社会发展将进入绿色、循环、低碳，注重生态文明建设的新阶段等方面的因素，民族地区经济社会发展的创新机制的形成，必须从经济发展、社会进步、环境保全与生态文明建设、公共服务均等化等方面客观把握、系统认知。具体思路与原则包括以下几个方面：第一，要明确民族地区在生态文明建设背景下中国经济可持续发展基础形成与维系中的主体地位与战略影响。第二，确立民族地区创新驱动发展的源泉在于构建新型综合创新体系。第三，新型综合创新体系的确立，要符合新时期民族地区在未来生态文明建设与可持续发展基础形成、维系中的战略主体地位及其作用和功能发挥、确保的内在要求。第四，坚持问题与绩效导向，明确责任主体，从体制机制创新切入，深化改革，全面落实包括消除区域性整体贫困等长期困扰民族地区发展障碍的精准扶贫措施等，提高政策实施的效果。第五，实现共享发展，协调发展的理念才有现实基础。民族地区的发展，必须在共享理念的实现方面谋求突破，必须从生态文明建设与全面小康建设及主体功能区战略目标实现的现实需要出发，在包括生态补偿、区域合作与协同发展、公共服务、财政分配、资源利用与开发等领域构建、完善和创新体制，形成责任明确、保障有效、富有活力机制。第六，整合资源，特别是现有的政策资源，调整和强化包括西部大开发战略、兴边富民行动计划及其他扶持民族地区经济社会发展的政策支持力度，提升政策实施的效果，形成合力，促进综合创新体系的形成。总之，只要确立和有效形成符合民族地区经济社会发展战略需要、主体责任明确、保障与支持机制有效的综合创新体系，未来在全面推进对外开放和不断深化改革的背景下，民族地区依靠创新驱动形成可持续发展态势，实现跨越发展就有现实基础，就能如期完成全面建设小康社会的战略任务。

（二）城市化背景下共享发展的应对策略

第一，要认知和客观把握城市化的实质，即城市化是科技进步为先导的三次产业结构变化、升级的引致的社会构造变化，是结果。历史上的城市基本上是先有产业形态及产业人口集聚，才有城市形成。城市形成后又会派生出新的需求，成为新的产业形态出现的前提。第三产业就是这样逐步发展起来的，许多国家特别是发达国家，甚至成为国民收入的主要来源。

第二，正确认知经济发展与城市扩张的关系，不能简单把城市扩张作为经济增长的途径。因为脱离经济发展实际，即上述产业形态与产业人口集聚作为基础与前提，人为进行的扩张不仅无法实现真正意义的城市化，还会造成资源浪费。许多地方的"鬼城"现象就是本末倒置的城市扩张。

第三，明确责任主体及其分工。目前城市化进程直面的最大课题是两栖化农民工群体的问题。城市化作为经济发展特别是产业结构变化升级的伴生过程，其主体除了产业部门的企业、劳动者以外还包括政府相关部门在内的公共责任主体。合理界定各自主题的责任，特别是作为城市发展与建设主导主体的政府之责任与义务，对城市化进程影响至关重要。因为，如果不能合理界定，城市化过程就会偏离其固有的轨迹，如现在许多地方出现的产业聚集与城市扩张脱节、地产带动的城市扩张与产业人口集聚脱离、城市派生需求与新产业效用缺失等，就是政府主体责任界定模糊，甚至完全缺失、放任的结果。也可以理解为错置了城市化进程路径，毋庸置疑，其结果绝不会是与经济发展、社会进步内在需求协调的格局。十八大以来，政府倡导的以人为本的新型城市化目标，只有在错置修正的前提下才能实现。

第四，法治保障是破解城市化直面课题的前提与必要条件。纵观30多年来的经济发展、工业化进程与城市扩张的历程，尤其是急速扩张的时期，由于缺乏规范透明约束，主体责任不明确，公共服务保障基础的投资缺失，公共服务供给不足、短缺，不仅无法惠及新市民群体，有些甚至不能满足传统意义上市民群体的需要，如入托难、保障房建设严重滞后等问题。这也成为大量城市常住人口不能市民化的障碍与制约因素。因此，在逐步健全和提高依宪治国机制和水平的现时代，城市化进程的推进亦需依法进行。作为未来相当长的时间内城市化发展指导性、纲领性、保障性规范，有必要探讨、制定类似于促进城市化发展性质的法律。通过明确城市建设、发展主体，特别是政府主体责任和义务，杜绝城市化进程路径错置。只有这样，以人为本的新型城市化目标才能实现，经济增长与城市扩展协调、城乡一体与社会和谐的发展目标才能实现。社会主义核心价值观中，最符合价值解释的表述中公正、平等、和谐等是信念也是目标，要实现就要面对上述课题。需要全社会客观理解，充分认识，形成共识，才有可能突破既有的思维定式，突破既存利益格局的束缚，依宪治国条件下公民权利的平等实现即社会主义核心价值观体现的伟大社会目标才能达成。

综上所述，共享经济社会发展成果，是社会进步的使然，是人类社会发展进程中的共同课题。目前，我国共享发展的重大任务主要是以反贫困为主体的低收入阶层和欠发达区域的居民生活境遇改善，以及解决所谓"农民工"为主体的新市民的困惑的新型城市化。显而易见，无论是贫困还是城市化，尽管在过去30年经济高速发展过程中得到了相当大程度的缓解，取得了显著的进展，但问题依然很艰巨，都不可能在短时间实现有可持续性效果意义上的根本性的解决。对我国共享发展的广泛性、深刻性、紧迫性、必要性与现实性特点充分认知的同时，树立系统意识与长期意识。客观把握共享发展内涵，界定核心，在依法治国的理念指导下，通过具有可持续效果的政策实践，确保共享目标的实现。由于共享发展目标的实现不仅涉及机会与权利的平等、环境公平，还与制度、规范合理透明，以及法治基础上的有效体系与机制等密切相关。因此，只有形成了共同参与、协商、决策的共建共享体系，有限资源和公共服务最优化才能实现。

研究报告四　借力共享经济　助推共享发展①

党的十八届五中全会提出了共享发展的理念。提出新时期国家发展的核心目标是为了"使全体人民在共建共享发展中有更多获得感，增强发展动力，增进人民团结，朝着共同富裕方向稳步前进"，强调"共享是中国特色社会主义的本质要求。"至此，共享发展成为全面建成小康社会进程中坚持人民主体地位和共同富裕的重要指导原则。这一新的理念和提法切合中国的实际，反映中国发展的本质，也顺应国际共享经济发展的大势，因此它既有根植性又有理论性，本章着重从理论层面探讨共享发展与共享经济潮流的契合性，以揭示共享发展所具有的时代创新价值和实践指导意义。

一、共享经济已成为时代的潮流

随着互联网的发展，一种新型经济模式——共享经济引起了人们广泛的关注。Uber 和 Airbnb 这类以"共享"为理念的互联网共享平台公司近年来在市场上取得了巨大成功。在国内市场，出行共享平台如滴滴、快的，住宿共享平台如小猪短租、自由家等也在蓬勃发展。预计到 2025 年，全球共享经济的规模将达到 3350 亿美元。中国共享经济的发展，依据 2016 年 2 月中国国家信息中心信息化研究部发布的《中国分享经济发展报告 2016》的估算：2015 年中国分享经济市场规模约为 19560 亿元，投身于这一领域的服务提供者约 5000 万人，约占劳动人口总数的 5.5%，直接或间接参与分享经济活动总人数已经超过 5 亿人，预计未来 5 年分享经济年均增长速度在 40% 左右，到 2020 年分享经济规模占 GDP比重将达到 10% 以上。报告还预言，未来 10 年中国分享经济领域有望出现5～10 家巨无霸平台型企业。

共享经济在促进中国转型发展中备受重视。2015 年夏季达沃斯论坛上，李克强总理提到"共享经济是拉动经济增长的新路子"。2016 年 3 月，共享经济首次出现在政府工作报告中，李克强总理明确提出，要"促进"、"支持"共享经济的发展；2016 年 4 月，国务院办公厅发布《国务院办公厅关于深入实施"互联网＋流通"行动计划的意见》宣布"鼓励发展共享经济新模式"，提出"要从

---

① 作者：王玉海，教授，北京师范大学资源学院。

消费、就业、供给、创新、基础设施提升、政府公共服务保障等方面促进共享经济的发展。"可见共享经济已成为"新常态"下中国经济发展的新亮点，将助力中国经济实现"换挡升级"。

共享经济已经渗透到社会生活的方方面面。如交通出行、房屋短租、金融服务、物流服务、二手物品交易、生活服务、技能共享、知识共享、医疗、教育、自媒体、办公空间、生产能力等。从 2000 年起，最先是闲置资源增加收益的驱动借助网络技术触发新的商业盈利模式，少量共享经济商业实践萌发，相关企业的体量和数量都很小。2008 年金融危机之后，共享经济迎来了高速发展的黄金期，金融危机导致经济发展速度放缓，反而促进了社会闲置资源的利用和个人灵活就业的繁荣，目前共享经济领域的大多数独角兽企业都是在这个阶段成立和发展起来，共享经济的理念得到认可。2013 年后，随着市场对共享经济企业的追捧，融资屡创新高，覆盖的领域越来越多。

共享经济从个人参与到企业加入再到政府介入已然在全社会展开。一开始仅限于个人之间物品的共享，主要集中在消费领域，形成了目前最成熟的共享领域，如私车共享、住房共享等。之后企业参与共享进一步促进了创新创业的繁荣，大量共享平台企业从线上到线下建立起完善的共享生态链，同时还将共享扩展至生产领域，如众包、众筹这类以技能和金融共享为主的服务，进一步促进了资源的流通和灵活的就业。继而政府也加入进来，进一步开放资源共享合作，如首尔、纽约、旧金山等国际都市，大曼彻斯特郡地区以及英国政府都积极投身共享经济，开放政府数据、公共资源以促进共享型城市和共享型社会的建设。共享经济从消费层面的合作，延伸到商业盈利模式的形成，再到城市地区发展的方式，已经演化为新一轮可观的经济发展浪潮。可见，共享经济促进了服务业的发展，加强了闲置资源的高效利用，提高了创新创业的灵活度等，从创新企业到商业浪潮，从个人参与到社会共享，共享经济的大潮已经到来。

二、共享经济是共享发展的基础

共享经济，顾名思义就是人们以共享为特征的经济活动方式。是人们在资源共享条件下的分工合作与共享发展，实质是作为经济活动主体的人与人之间关系发生的跃变，而产生的条件则是互联网技术的广泛应用。互联网的出现，人们之间的联系更为便捷而广泛，人与人的关系发生了实质性的改变，人与人的合作方式变得更为丰富多样。

共享经济的实质就是通过共享获得共赢。共享经济之所以风靡全球，是因为借助互联网实现了人们更多更大范围的合作，这其中有三个基本的要素：合作平台、共享资源、剩余盈利。拥有不同资源能力的人通过互联网平台实现资源的共享利用和分工合作，并借助互联网的市场机制实现剩余收益的合理分配。这其中互联网的合作平台作用最为突出，也是互联网时代才有共享经济的原因所在。

共享经济中涉及的合作都是陌生人之间的合作，同时，基于互联网的新型合作方式具有交易成本为零、信息对等的特点。与传统科层制组织相比，对信息获取和剩余资源的支配以及取得合作剩余都不再以权威为约束。传统科层制组织的规模受限于组织成本，但是互联网共享平台几乎可以无限扩展，任何新接入平台的个人或组织都可以近乎零成本地共享平台已有功能，平台扩张的成本相对于企业扩张的组织成本来说非常小。

共享经济的组织模式更具柔性、更灵活、变化能力强，而传统组织基于自上而下的结果，倾向于稳定的内部环境。在共享经济组织中，个人的自主性提高，可以便捷地加入一个共享组织，提供以及获得产品或服务。这意味着：人们可以在共享平台上自由选择分割资源或者被整合资源，利用开放资源，灵活地选择自己的生活、工作方式。从企业对资源的态度来对比，共享经济组织通过整合和开放资源，追求创新，与传统组织积累竞争性资源并控制资源以保有竞争优势的态度完全不同。

所有这些变化，其实一个基本的特点就是共享，共享资源、共享平台、共享物品、共享信息、共享成功，等等，一句话就是共享发展，就是个人因为社会的发展而有一种发展的获得感，社会因为个人合作收益的增加而取得进步。共享经济揭示要在社会层面共享发展，共享经济为共享发展提供了物质基础和实现路径。

首先，共享经济提供共享发展的物质基础。共享发展首先是共享发展的物质成果，而共享经济是共享发展直接的物质财富来源。共享经济借助互联网平台，合作范围不断扩大，合作收益也不断递增，通俗地说做大了"合作下的蛋糕"，共享经济体现出的合作剩余报酬递增是共享发展的不竭源泉。

其次，共享经济奠定共享发展的组织基础。我们前面界定共享经济是作为经济活动主体的人与人之间关系发生的跃变，而这体现为具体的合作组织方式，这种组织方式也应有相应的组织制度基础，最为突出的表现在如下几点：参与人地位相对独立更加自由；去中心化明显，个体节点的重要性突出；合作范围不断扩大，合作秩序扩展演进；可利用的资源扩大，资源利用效率提高；合作方式多元合作剩余报酬递增。随着合作秩序的扩展，合作组织制度在更大范围、更高层次上逐渐得以形成。

最后，共享经济揭示共享发展的实现路径。共享发展理念需要落地，全体公民发展成果的共享，需要有具体的实现途径，现在更多的是在社会层面通过政府调控转移支付的方式来实现，这方面共享经济也有了一定的揭示发现，如起点的"众筹"方式、过程中的"互联网＋"途径、结果上的"羊毛出在猪身上"效果。而且因为"社群"的理念而将经济—社会—生态联系在一起，不仅恰当界定收益分享的获得途径，而且拓展了社会资本的应用价值，进而揭示人与人、人与自然之间的生态共享关系。

三、共享发展的核心是剩余分配

十八届五中全会提出的共享发展理念，其基本内涵诚如会议公报所言："坚持共享发展，必须坚持发展为了人民、发展依靠人民、发展成果由人民共享，作出更有效的制度安排，使全体人民在共建共享发展中有更多获得感，增强发展动力，增进人民团结，朝着共同富裕方向稳步前进。"这不只是发展成果的合理分配，还要实现发展机会的平等；也不仅是发展资源基础的共建共享，而且是发展动力共同富裕的发掘实现；既是一种发展的合作扩展方式，更是一大发展的制度安排。共享发展重在以怎样的方式实现共享，其核心是收益的增加和分配的公平，实质是探索创新实现共享的方式。归结下来主要有两个层面：一是如何实现共享成果的增加，也即是确保获得合作剩余；二是如何对共享成果进行合理的分配，也即是收入分配能够实现公平正义。

人们进行合作的目的和动力是为了获得合作收益。在有限范围内进行合作，获得的合作剩余是有限的，互联网的出现提供了一个可以超越时间和空间的共享平台，这个共享平台可以连接任何一个接入网络的个人，共享的范围变得更大。通过每一次共享，参与各方都从中得到了合作剩余，供给方利用闲置资源取得收益，需求方用较低成本满足了需求，平台得到服务费，合作成本则被便利的互联网服务压缩到极低。更为关键的是，开放的共享资源激发了创新，带来了新的合作收益。共享带来的合作收益随着合作的次数增加而增加、随着共享范围的扩大而增加，越来越多的合作收益无疑激励着越来越多人参与合作。

共享发展下人与人之间的关系将发生根本的变化。人与人的联系更为经常便捷，合作的方式也更加多种多样，人们之间的关系更大程度地体现为一种"自由人联合体"：参与的个人是自由而独立的，对企业组织依赖程度大大降低；信息更加公开透明、信息获取更加便利，交换的速度更为迅速；供求连接加强，能够最大限度地满足个性需求，私人定制逐渐盛行，产品更加多样化、个性化；新的盈利点层出不穷、新的盈利方式多种多样、新的合作组织模式不断涌现。

共享发展也内含着收入分配的合理公平正义。"共享"的基本含义是强调每一个国民或公民都具有共同享有社会发展成果的平等权利。这个"共享"并不是平均主义，更不是利己要求下的瓜分公共资源，而是充分体现分配正义下的收益的合理分配和发展的机会均等。这些原则要求大家不难理解，问题是如何将这些原则落实到具体的收入分配过程之中。而共享经济的产生为共享发展提供了足够的启示：基于互联网的共享平台并不仅仅是一个技术支撑，也不只是简单地提供"中介"服务，它还是交易规则的集大成者，而且还借此建立起信誉体系。参与者利用平台提供的信息进行交易和合作，平台变成了陌生人之间讨价还价的机制，为合作提供框架支撑，彼此共享各自拥有的资源，建立起平台规则和信誉体系。

共享平台的分配作用具体通过资源的分割、整合和开放来体现。资源分割是指通过共享平台对个人闲置资源使用权的分割，并对分割后的使用权进行交易。

热布卡布卡公司（Zipcar）以及大多数交通共享服务的本质都是对资源的分割，将交通工具的使用权分割后，不同的个人可以通过共享平台在需要的时间获取同一车辆的使用权；资源整合是指对个人能力无法驾驭的资源进行整合，使其变得可以交易。就像爱本卜（Airbnb）将全世界各个国家的房主的闲置房屋资源整合在平台上供需求方挑选，不通过一个平台，个人无法完成这样的商业活动；资源的开放共享则更加触及共享经济价值的本质，众多开源软件开发平台、开放的大数据库的拥有者可能无法基于现有力量使用这些资源，也可能不明白它们有怎样的价值，于是他们选择对公众开放资源。如 MySQL 这一款开源数据库就为全世界中小企业、创业公司带来了发展动力，这一免费资源节省了开支、促进了创新，也在共享中被无数研发人员使用并创新出各种强大的功能。

奇美尔曼（Eilene Zimmerman）认为在新的共享经济中，使用权的价值高于支配权。产权在商业利益追求的驱动下裂变为支配权（ownership）与使用权（access），共享经济带来的产权裂变是最重要的经济特征之一。在传统经济学的理解中，资产两权合一不可分割，因为二者合一或分开都不会带来更多利益。同时因为资产的不可复制性，任何共享行为都是在"做减法"，人们基于利益最大化的考虑，不会接受共享行为。如果使用权和占有权分开，基于共享平台的高效匹配，使用权分离可以带来新的收益，需求通过使用权得到满足，使用但不占有成为可能。这也是自法国大革命以后，第一次将支配权和使用权分开并盈利。基于此，有人认为共享经济对私有资产的共享是对资本主义的革命。

四、共享发展的根本是提高福祉

共享发展归根结底来说，就是让人民享有经济的发展和社会的进步，提高人民的福祉。一个国家福祉的提高，是指人们从经济生产、社会活动及其生态处境中获得的好处，对生产、生活、生态的满足感。人类福祉由物质财富增长、社会人际关系协调、自然环境改善三方面构成，一个国家、一个地区的人类福祉既有总量的高低，但重要的还是内在质量和结构的协调。在不同阶段有不同的侧重点，在不同地区也有不同的差异性。一开始，或许偏向经济发展，以资源消耗、经济增长为主导，但之后就要调整经济结构、改善民生福祉，进而改善环境反哺生态福祉，以促进总体福祉的提高，从而真正步入可持续发展的轨道。

让人民群众共享发展成果，这是社会主义的本质要求，也是社会主义制度优越性的集中体现，更是我们党坚持全心全意为人民服务的根本宗旨。习近平总书记强调，"我们追求的发展是造福人民的发展，我们追求的富裕是全体人民共同富裕"，共享发展是全面建成小康社会的必然要求。实现全面小康需要人人参与人人尽力，而发展的机会和发展的成果也要让人人获得、人人分享，这也就意味着社会进步和福祉提高。一方面，只有激发调动全体人民推动发展的积极性、主动性、创造性，我国发展的"蛋糕"才能不断做大。另一方面，发展归根结底还是要由全体人民拥有共享，实现公平正义实现可持续发展。时下我们的发展不平衡，经济发展超前，社会民生滞后，资源浪费环境破坏，即便是经济利益分配，两极分化严重，分配不公问题突出，区域公共服务水平的地区差距、城乡差距较大，共享发展的实际情况和制度设计都有不完善的地方。

提高全体人民的福祉，主要通过提高个人收入和改进社会公共福利两个途径。也就是说，有些福祉与个人收入水平的提高和个人可支配领域的改善相关，有些福祉则取决于公共收益领域的改进，而这方面则只能作为一种共享让大家均受其益。个人可支配领域主要取决于3个层面：国家财政收入、地方财政收入、个人（城市/农村）可支配收入；公共收益领域主要包括安全、社保、卫生、文教、就业、安居、交通、环保等10个层面。

个人可支配领域的福祉提高，从共享发展层面来看突出的是协调两个方面的关系：一方面是协调国家地方财政收入与个人收入的比例关系，多年来国家财政收入大于地方财政收入，地方财税收入大于个人可支配收入，工资收入增长滞后于经济发展水平和财政收入提高的程度，应该逐步提高个人收入占比；另一方面是协调国民不同收入分配关系，近年来我国贫富差距越拉越大，已经形成两极分化趋势，税收的调整作用式微，机会的均等差异悬殊，利益阶层固化严重，社会流动趋于僵化，因此要加强收入分配领域的改革。公共收益领域的改进体现为让全体国民的共享，可以说共享发展体现得更为直接，这方面需要协调两个层面的关系：一是不同领域之间的协调，关键是突出以人为本，体现发展的根本出发点和落脚点；二是不同地区之间的国民待遇平等，如不同主体功能区之间的补偿关系和不同地区的社会福利水平均等，国家层面从转移支付出发的平衡作用非常有限，相应的共享发展的空间也非常广阔。

为此，十八届五中全会做出增加公共服务供给、实施脱贫攻坚工程、提高教育质量、促进就业创业、缩小收入差距、建立更加公平更可持续的社会保障制度、推进健康中国建设、促进人口均衡发展等八个方面的部署，这既是关于共享发展的有效制度安排，也是我们推动共享发展的重要着力点。

五、共享发展要侧重于扶贫脱困

扶贫脱困是践行共享发展理念的题中应有之义，是民生坚守的底线，是全面建成小康社会的相对短板。2015 年 11 月中共中央政治局专门召开扶贫会议，审议通过了《关于打赢脱贫攻坚战的决定》，提出"到 2020 年确保我国现行标准下的农村贫困人口实现脱贫，贫困县全部摘帽，解决区域性整体贫困"。十八届五中全会在共享发展理念下，专门对扶贫脱困做出安排。提出"实施脱贫攻坚工程，实施精准扶贫、精准脱贫，分类扶持贫困家庭，探索对贫困人口实行资产收益扶持制度，建立健全农村留守儿童和妇女、老人关爱服务体系。"

首先，扶贫脱困是共享发展短板制约。共享发展要求共享发展的成果，"一个都不能少"，"一个都不能缺席"，而贫困人口和贫困地区的存在，客观上是一种"掉队"，事实上是没有共享到发展进步的结果。在贫困地区的贫困家庭，大多都是几辈人多少年积贫积弱的结果。在贫困地区，"十个能干不如一个条件"，发展的基础条件普遍很差，资源短缺工业基础薄弱，有些还是生态保护限制地区，为其他地区的发展牺牲了本地的发展。近年来市场经济的发展，商品交换下强调资本力量，市场主导的分配机制加大了"马太效应"，而国家补偿以及转移支付的平衡作用杯水车薪，尤其是利益集团扭曲了收益分配僵固了社会流动，贫困地区和贫困人口在国家发展的进程中，差距被越拉越大，以致形成两极分化趋势，成为共享发展最突出的短板。

其次，扶贫脱困要走共享发展的路子。共享发展重在共享发展的机会，这就要求构建一种共建共享的机制，形成一种共同繁荣的氛围。贫困地区之所以贫困，主要是公共基础设施条件太差，贫困人口之所以贫困，主要是缺失发展的机会。正因此，十八届五中全会指出："增加公共服务供给，从解决人民最关心、最直接、最现实的利益问题入手，提高公共服务共建能力和共享水平，加大对革命老区、民族地区、边疆地区、贫困地区的转移支付。"在此基础上，从国家到社会、从地方到中央还要探索形成共享发展的扶助机制，以便从制度上根本解决贫困问题。

最后，精准扶贫是共享发展的突破口。共享发展难在收益分配，精准扶贫是在扶贫脱困上的突破，真正将扶贫脱困落到了实处。精准扶贫、精准脱贫，因人因地施策，提高扶贫实效。贫困原因不尽相同，帮扶措施就要精准到位。这是现在扶贫领域对共享发展的有效探索，不只是在结果上，而是深入到原因机理，还延伸到将来的发展保障。这是"收入分配"层面对共享发展最为突出的运用，对探索共享发展机制也有重要的启示作用。

研究报告五　共享发展与残疾人小康[①]

党的十八届五中全会通过了《中共中央关于制定国民经济和社会发展第十三个五年规划的建议》（以下简称《建议》），《建议》首次提出，实现"十三五"时期发展目标，破解发展难题，厚植发展优势，必须牢固树立创新、协调、绿色、开放、共享五大发展理念。其中，共享发展是五大发展理念的出发点和落脚点，坚持共享发展，必须坚持发展为了人民、发展依靠人民、发展成果由人民共享。共享发展内涵丰富，既强调人民是发展的主体，要参与发展过程；也强调人民是发展的受益者，应享有发展成果。《建议》提出增加公共服务供给、实施脱贫攻坚工程、提高教育质量、促进就业创业、缩小收入差距、建立更加公平更可持续的社会保障制度、推进健康中国建设、促进人口均衡发展等八个方面的部署，这八个方面是共享发展的主要着力点。

我国约有8500万残疾人。随着社会的文明进步，特别是改革开放以来，我国残疾人事业得到了长足的发展，残疾人的生存发展状况显著改善。然而，残疾人平等参与社会生活还面临着很多困难和障碍。作为社会大家庭的平等成员，残疾人既是社会发展的受益者，也是社会发展重要的参与者和建设者。"十三五"是全面建成小康社会的决胜阶段，没有残疾人的小康，就不是真正意义上的全面小康。2016年8月，国务院下发了《"十三五"加快残疾人小康进程规划纲要》，把残疾人小康纳入全面建成小康社会大局，要求帮助残疾人和全国人民共建共享全面小康社会。残疾人是社会中最困难的群体，推动残疾人实现同步小康，需要坚持共享发展理念，一方面，营造无

[①] 作者：赵军利，研究员，国家统计局中国经济景气监测中心。

障碍的社会环境，鼓励和支持残疾人自强自立参与小康建设；另一方面，不断完善残疾人基本公共服务，进一步保障和改善残疾人民生，促进残疾人共享社会发展成果。

一、我国残疾人的生存和发展状况

我国残疾人口规模大，呈现较快增长趋势，残疾人总体生活水平与全社会平均水平差距仍然较大，就业、教育、康复等基本公共服务供应不足，社会保障仍不完善。坚持共享发展理念，积极推进残疾人全面小康进程，既能显著改善残疾人生存状况，促进残疾人自我发展，增进残疾人福祉，也是全国人民共建共享全面小康社会的必然要求。

（一）残疾人口规模大，老龄化程度高

由于正处于工业化、城镇化和人口老龄化加快进程中，我国处于残疾高发时期。有研究预计，2020 年以后我国残疾人每年将以 250 万人的速度快速增加，至 2050 年残疾人口将达到 1.68 亿，占全国总人口的 11%[①]。从城乡分布看，大多数残疾人生活在农村，约占残疾人总数的 7 成。各年龄段的残疾人中，老年残疾人口比重最高，增长速度也最快。2006 年第二次全国残疾人抽样调查显示，60 岁及以上的老年残疾人口为 4416 万人，占残疾总人口的 53.2%；老年残疾人口比 1987 年增加了 2365 万，占全国残疾人新增总数的 75.5%，老年残疾人口的增长已经成为全国残疾人数变化的主要原因。有研究预计，到 2050 年我国残疾老人规模将达到 1.03 亿人，是 2010 年的 2.5 倍[②]。目前我国还有 1230 多万农村残疾人尚未脱贫，260 万残疾人生活困难。

（二）残疾人就业率较低，新增就业人数呈下降趋势

目前我国处于就业年龄段的城乡残疾人大约有 3200 万[③]，他们中大多数有就业的能力和愿望，其中还有很多具有一定的专业技能。2015 年，全国城镇残疾人就业人数为 430.2 万，农村残疾人就业人数为 1678.0 万，其中 1323.2 万残疾人从事农业生产劳动。不过，2007～2015 年，城镇年度新增残疾就业人数呈下降

---

① 张蕾：《中国残疾人口变化趋势预测研究》，北京大学博士研究学位论文，2007 年。
② 丁志宏：《我国老年残疾人口：现状与特征》，载《人口研究》2008 年第 7 期。
③ 张海迪：《为残疾人创造美好的小康生活——学习贯彻〈国务院关于加快推进残疾人小康进程的意见〉》，载《残疾人研究》2015 年第 1 期。

趋势，从 2007 年年增 39.3 万下降到 2015 年的新增 26.3 万。近年来，城镇残疾人的登记失业率在 10% 左右，是全社会平均水平的 2 倍多。

（三）残疾人受教育程度普遍不高，但总体素质逐渐提高

18 岁及以上的残疾人受教育程度普遍不高，但从未上过学的比例持续下降，普通高校录取人数逐年有所增加。2015 年，全国有 8508 名[1]残疾人被普通高等院校录取，比 2014 年增加了 738 人，比 2007 年增加 3274 人；1678 名残疾人进入特殊教育学院学习，与上年持平，比 2007 年增加 592 人。2013 年度全国残疾人状况及小康进程监测数据[2]（以下简称"监测数据"）显示，2013 年，全国 6~14 岁残疾儿童接受义务教育的比例为 72.7%，比监测开始的 2007 年提高 9.4 个百分点。从未上过学的比例从 2007 年的 42.4% 下降到 2013 年的 36.3%。残疾人的素质和参与社会的能力逐渐提高。

（四）残疾人家庭生活水平和信息化水平显著低于全社会平均水平

残疾人总体生活水平不断提高，但与全社会平均水平相比仍有较大的差距。监测数据显示，2013 年全国残疾人家庭人均可支配收入仅为全国平均水平的 56.2%。残疾人家庭的生活质量明显落后，残疾人家庭恩格尔系数显著高于全国平均水平，医疗保健支出占家庭消费支出的比重却远高于全国平均水平，交通和通信支出比重则显著较低。残疾人家庭每百户彩电、电冰箱和洗衣机的拥有量较低，电脑拥有量和残疾人使用电脑上网比例均远低于全国平均水平。残疾人家庭信息化水平较低，制约了残疾人广泛获取信息和参与社会。

（五）残疾人平等参与社会生活面临很多障碍

残疾人参与文化体育、康复、培训、参政议政等社会活动仍面临很多障碍，参与率相对较低。无障碍环境建设虽然取得了长足的发展，但总体覆盖率较低，存在地区发展不平衡、城乡差距较大等问题。残疾人本身的认知局限，残疾人家庭、企业和社会各界对残疾人的态度和观念离现代文明残疾人观仍有一定的差距，这些因素都在一定程度上限制了残疾更加自由地参与社会生活。社区是残疾人走出家庭、融入社会的重要场所。残疾人社区活动参与率仍然较低，监测数据显示，2013 年还有一半多残疾人没有参与社区活动，仍有相当比例的残疾人没

---

[1] 《2015 年中国残疾人事业发展统计公报》[残联发（2016）14 号，2016 年 4 月 1 日]。
[2] 《2013 年度残疾人状况及小康进程监测报告》，中国残疾人联合会，http://www.cdpf.org.cn/sjzx/jcbg/201408/t20140812_411000.shtml。

有接受康复服务。残疾人找工作的主要途径是熟人介绍，而不是公共就业服务机构或者招聘会，表明残疾人社会化程度相对较低。

二、坚持共享发展理念，促进残疾人共建共享全面小康社会

坚持共享发展理念，充分发挥残疾人积极性，在新形势下，通过政策支持，提供适当条件，增强残疾人自我发展能力，推动残疾人参与小康社会共建。完善残疾人基本公共服务体系建设，提高公共服务供给能力和质量，帮助广大残疾人普遍享有优质公共服务、改善残疾人生存发展环境。针对残疾人多样性、不同层次的消费需求，依托市场发展残疾服务相关产业，构建多元化的产品和服务提供方式，提高残疾人的生活质量。营造无障碍社会环境，促进残疾人平等参与共建共享全面小康社会。

（一）残疾人具有参与共建小康社会的能力

目前我国劳动年龄段的残疾人超过 3000 万人，其中有就业能力和就业意愿的残疾人还远没有实现充分就业。尽管与社会平均水平相比，残疾人受教育的水平较低，但知识水平和素质在逐年提升，每年高校入学人数也在增加，残疾人人力资本也在不断增值。残疾人有主动参与发展的积极性，通过教育培训，提供适当的辅助条件，能够帮助更多的残疾人参与共建小康社会。特别是，自 2012 年起我国劳动年龄人口绝对数首次下降，2012～2015 年劳动力数量持续下降，分别减少 345 万人、244 万人、371 万人和 487 万人。劳动力供给持续减少是我国未来一段时间内面临的新常态，促进残疾人积极参与社会发展也有利于缓解劳动力供给压力。

（二）提供全面优质基本公共服务，为残疾人共享社会发展成果提供有力支撑

健全和完善基本公共服务体系，加大基本公共服务供给能力，提升残疾人基本公共服务水平，为残疾人走向小康和共享发展成果提供有力支撑，促进残疾人自我发展能力持续提升。为残疾人提供基本公共服务应坚持普惠与特惠相结合，坚持标准化、法制化和可持续的原则，继续强化残疾预防服务，严格贯彻落实《国家残疾预防行动计划（2016～2020 年)》，有效控制因遗传、疾病、意外伤害、环境及其他因素导致的残疾的发生和发展。强化残疾人康复服务，广泛开展以社会和家庭为基础的康复服务，为广大残疾人提供方便可及的康复服务。关注

重点人群的康复如儿童抢救性康复，为贫困残疾人、重度残疾人提供基本的康复和护理。随着老年残疾人口的增加，应结合老年人口的需求不断改进服务。着力提高残疾人教育水平，提升特殊教育质量，积极推行融合教育，倡导残疾儿童进入普通学校就读，促进残疾人素质持续提升。全面推进城乡无障碍环境建设，推进互联网信息服务无障碍，畅通残疾人社会参与渠道。

（三）提高残疾人信息化水平，互联网＋助力拓宽残疾人就业空间

随着互联网和通信技术的发展和广泛应用，基于互联网的新产业、新业态和新商业模式蓬勃兴起，成为新的经济增长动力，互联网支撑大众创业、万众创新的作用不断增强，越来越多的残疾人通过互联网成功实现了就业和创业，互联网等技术的应用拓宽了残疾人的就业空间。提升残疾人信息化水平，帮助残疾人跟上互联网经济发展的节奏，深入探索和发掘互联网经济促进残疾人就业的潜力。加快提升残疾人信息化水平，需要政府主导，企业积极参与，鼓励和推动高科技企业、网商、电信和物流企业通过科技助残方式，为残疾人提供电脑、手机等硬件设备，降低或减免通话和上网费率，免费开展技术培训和辅导。大力扶持残疾人通过互联网自主创业，财政提供创业补贴和启动经费、安排小额贴息贷款、给予社会保险补贴以及税收优惠等措施，联合企业给予技术和经营指导，引进天使投资和风险投资，搭建和完善残疾人创业平台。积极发展无障碍的商业环境，引导残疾人参与到互联网经济中，显著提升残疾人参与经济和社会活动的能力和质量。

（四）积极推动残疾人服务产业发展，充分满足残疾人多元化消费需求

残疾人有着特殊的生存和发展需求，涉及康复、教育、就业、社会保障、信息化水平、文化体育和社会参与等各个方面，随着经济社会的发展，以及残疾人生活水平的提高，残疾人的消费能力不断提升，消费需求也呈现多层次、多元化的特征。充分满足残疾人需求，需要创新观念，探索残疾人服务工作新机制。由政府主导，完善公共服务网络，保障和满足大多数残疾人生存发展的基本需求。对于广大残疾人更高层次和更高质量的需求，应鼓励和推动企业及社会各界积极参与，利用市场适度配置资源，不断提升服务范围和产品品质。我国正加快推进经济转型和升级发展，消费作为拉动经济增长的动力，将发挥更加重要的作用。为此，政府大力推进信息消费、养老、健康、文化创意和设计等产业发展。以此为契机，结合国家产业发展战略，着重促进、发展残疾人康复和养老服务业、辅

助器具产业、无障碍信息技术产业、教育和培训服务业、旅游业和文化创新产业，培育残疾人特殊消费市场，不仅能满足残疾人的特殊需求，提高残疾人生活质量，同时也有利于促进就业、拉动经济增长。

（五）营造无障碍社会环境，促进残疾人平等参与和融合发展

无障碍的社会环境是残疾人平等参与社会生活的重要保障。建设无障碍的社会环境应该包括物理环境无障碍，互联网信息服务无障碍和平等包容的社会环境。应不断拓宽无障碍设施覆盖率。随着现代化交通网络的发展和残疾人地区间流动性增强，交通设施的无障碍建设和完善显得尤为急迫。我国正处于城镇化加快发展时期，无障碍设施应更加适应城市功能的变化和延伸。信息化及互联网的发展深刻地改变着人们的生产生活，也给残疾人带来了新的机遇，加快推进信息无障碍建设，逐渐建成无障碍信息网络，有助于显著提高残疾人参与社会生活的能力和效率。社会对待残疾人的态度是残疾人正常融入社会的最大障碍，建设无障碍的社会环境最重要的是要形成平等包容的社会风尚。一方面要让"平等、参与、共享、融合"的文明残疾人观成为社会的主流价值观，防止残疾人被歧视和侵害，让社会更多地关注残疾人所具备的能力和价值而不是其残疾本身。另一方面要鼓励和帮助残疾人主动积极融入社会，创造财富、实现人生价值。应坚持在法制轨道上发展残疾人事业，促进形成公平、正义的社会环境，全面地保障残疾人的权利。通过消除环境、制度和态度的各种障碍，促进残疾人平等参与和融合发展。

研究报告六　共享经济助力绿色发展[①]

十八届五中全会提出"创新、协调、绿色、开放、共享"五大发展理念，这意味着绿色发展在"十三五"期间将会成为指导我国国民经济和社会发展的主要方针之一，在实际操作中也将会得到更多体现。

绿色发展是中国在面临增长和环境双重制约下，所提出的具有生态文明和可持续发展共同特征的新理念和新战略，本身所强调的是生活和生产方式的绿色化。共享经济作为一种新的经济形态，强调对自然资源使用效率的提高，有利于环境保护和经济社会的可持续发展，为经济发展提供了一种全新的参考模式，而

---

① 作者：韩晶，教授，北京师范大学经济与资源管理研究院。

且是符合绿色发展理念的新经济模式。可见，共享经济与绿色发展之间存在着密切关联。

一、共享经济与绿色发展的环保理念高度契合

我国在改革开放以来，经济增长中长期存在高投入、高能耗、高污染等问题，使得生态环境破坏逐渐加重，经济发展与生态保护之间的矛盾日益严峻。绿色发展要求自然资源利用合理化，在保持发展的同时，用绿色生产和生活方式替代传统增长模式，避免自然生态环境遭到更为严重的污染和破坏。可见，绿色发展理念是以生态文明为要旨的和谐发展，所要解决的问题就是把传统模式下人与自然之间的对抗关系，转换成为可持续的共生关系，使人类在满足自身需要的同时达到优化生态环境的目的，从而令社会生产和生活中的各种要素资源能够更加符合发展的客观规律。

共享经济作为一种新的经济形态，其主要理念是通过共享平台，便捷、高效地实现闲置资源使用权的暂时转移，将个体拥有的闲置资源进行充分的社会化利用。传统经济是基于资源要素不断投入来获得新的产品和服务。共享经济具体的实现途径则是通过对消费和生产方式等的创新，最大化提高闲置资源的利用率，不需要或尽可能减少对资源要素的大量投入，实现物尽其用，从而达到增长与环境保护的和谐统一，实现经济社会的绿色发展。可见，共享经济本身就是绿色发展理念的一种现实呈现。

共享经济与绿色发展在理念上高度契合，两者对自然系统与人类经济社会发展之间关系的认识具有高度一致性。这说明，绿色发展的重要性已经得到了经济社会活动中各方的广泛认可，与此同时，共享经济也为绿色发展理念的践行提供了一个重要的现实参考，为绿色发展的实现增添了更多的可能性。

二、共享经济符合绿色发展对经济转型的要求

绿色发展的物质基础是绿色经济发展。绿色经济发展至少包括绿色消费、绿色生产和绿色技术创新三个重要内容。在绿色发展的总体指导下，经济行为要以环境友好为基本前提，去追求利益的最大化，在经济发展过程中，同时实现环境效益和经济效益的统一。共享经济的产生和兴起过程充分体现了经济活动的绿色性，其在消费、生产与技术创新和应用三个方面对经济运行模式进行的改造和融合，对于经济结构的转型优化会起到积极的促进作用。

（一）共享经济的表现形式具有绿色消费的特征

绿色消费的宗旨要求消费活动的进行要产生更少的能源消耗，有效缓解传统模式带来的资源需求和环境压力。共享经济概念的产生最早便是源于对消费领域的研究，共享经济强调剩余资源的有效利用，通过基于公共网络的第三方共享平台，暂时转移闲置资源的使用权，在满足个体消费的同时节省了购置成本。这种以物品使用权的重复交易和使用为表现形式的共享经济，将社会个体所拥有的闲置资源进行了充分的社会化利用，在实现个体福利提升的同时，也满足了全社会对生态保护的迫切需求。从这一点看，共享经济是符合绿色发展理念的新经济模式，其本身是实现绿色消费的一种切实可行的方式。

以往对于环境保护和绿色增长的关注点主要是生产环节。事实上，消费环节同样存在着类似高能耗这样的环保问题。传统消费一般情况下都是一种"使用—丢弃"的粗放模式，这个过程会产生大量的浪费和垃圾。没有消费的绿色化，单纯地在生产环节加大环保要求，无法从根源上解决当前经济增长中已经积累起来的环境问题。有研究数据显示，目前发达国家家庭中拥有的物品，其实际使用率不到60%。事实上，随着中国经济的快速发展和收入水平的不断提高，人们所拥有的物品已经开始逐渐地超过了其实际需求，我国的许多家庭同样存在着物品闲置、实际使用率偏低的问题。而共享经济所呈现出的绿色特征，正在对传统消费模式进行着一次重大的变革和升级，在提升既有社会资源利用效率的同时减少了对新增资源的过度消耗，对绿色发展将会起到积极的推动作用。

（二）共享经济是绿色生产的实现形式之一

绿色生产要求生产活动实现低能耗、低物耗、低排放，即生产过程中的能源消耗要低、对自然资源的使用强度要低、产生的污染物也要低。改革开放后，出于对经济建设的强烈愿望，粗放式的生产方式大行其道，然而这种生产方式具有反生态性，经济快速增长的背后是环境问题的日益严峻。绿色发展的紧迫性使得我国必须在生产方式上做出更多创新性的探索和尝试。共享经济所具有的绿色特征在生产领域的应用和推广无疑会给现有模式带来新一轮的变革性影响，并成为产业绿色转型发展的重要途径。

共享经济强调对资源使用效率的提高。当前，我国产能过剩问题较为突出，设备、资源等生产要素分布不均从而造成部分生产能力并未得到有效利用。共享经济可以提高生产要素的使用率，这相当于增加了总供给。这就使得在控制新增产能规模的情况下依旧有途径满足经济增长对产品的不断需求，从而避免资源被过度集中地投入到特定的行业当中，这不论是对于缓解已经存在的产能过剩，还是预防新的产能过剩行业的产生都会发挥积极作用。实际上，根据共享经济分享使用权的特征，当前经济领域中开始兴起的基于云技术的研发、生产与制造新模式可以看作是生产环节与共享经济之间的积极尝试。可以预见的是，随着共享经济模式从消费向生产领域的扩张，生产要素与资源将会在这一过程中实现更优化的配置，对中国经济的结构调整和转型升级无疑具有重大的现实意义。

（三）共享经济与绿色技术创新和应用相互促进

绿色技术的创新和应用是绿色消费和绿色生产的技术基础，是实现经济活动低能耗、低物耗和低排放运行的核心内容。绿色发展将绿色技术注入生产和消费当中，在实现生态效益提高的同时也保证了经济效益的合理增长，对于实现经济、社会和环境有机统一，形成绿色发展的新模式起到根本的支撑作用。

共享经济是互联网时代社会资源高效配置与利用的一种新经济形态，其兴起与快速发展的基础是互联网技术。共享经济得益于此，其形式灵活多样，传统上时间和空间对经济活动的限制作用被大大削弱。通过共享的网络平台，个体可以充分发挥各自的想象力和创造力，极大地提高了全社会参与创新活动的积极性。共享经济受益于互联网技术的发展，同样互联网技术也会在促进共享经济不断发展的过程中取得更多突破。"十三五"期间，我国战略新兴产业的重要方向就是移动互联网和社会网络服务、云计算、大数据、物联网等相关行业，共享经济将会成为技术创新和应用的重要领域。

三、共享经济有助于绿色发展的社会文化制度建设

绿色发展的内在精神根源是社会文化对生态环保理念的充分肯定和认可。绿色发展的文化要求人类的思维方式、价值观念、行为规范等要与自然和谐统一。绿色文化的发展可以从根本上改变人们的消费模式和生产方式。共享经济兴起于消费领域，其内在原因不仅仅得益于技术层面的变革，更重要的是这一过程中人们环保意识的觉醒，其本质上是基于个人自觉行为而形成的一种经济模式。对于我国长期以来存在的高速消费、奢侈消费的文化而言，只有依靠绿色文化的发展才能从根源上遏制人类经济活动对生态环境的破坏影响。绿色发展文化的形成不仅仅会引起消费领域的变革，更重要的是其也会对生产环节产生根本性的方向指引，对于当前我国绿色发展而言会起到事半功倍的作用。

绿色发展同样伴随着制度保障的建设。绿色发展需要自然系统和经济系统的

支持，但实现过程依然会面临重重困难。要保持人类活动与自然环境和谐统一，仍然需要以保护资源、维持生态平衡作为基本出发点和最终归宿，进行必要的制度建设。共享经济作为一种新兴的经济模式，其快速发展需要一系列的制度创新加以保障。制度建设已经在共享经济的发展过程中展开了尝试，未来包括安全信用体系、利益保障机制、平台监管体系等在内的制度保障还会继续推进。制度的完善将会促进资源更加有效合理的配置，最终形成公正、平等、和谐的生态社会新秩序。更重要的是，我国可以以共享经济为突破口，在共享经济领域进行相关制度建设的过程中积累实践经验，为实现全社会的绿色发展目标做出贡献。

四、小结

绿色发展的最终目的是要实现自然环境系统、经济系统和社会系统的和谐统一。现阶段，我国经济发展与生态保护之间的矛盾日益严峻，转型发展正处于关键时期。要完成绿色发展的目标，我国需要在全社会建立和形成基于绿色发展的文化环境和制度安排，通过从根本上提高资源的利用效率推动经济结构的绿色转型和发展，逐渐完成对自然资源和环境的有效利用和保护，最终实现经济社会的创新、协调、绿色、开放、共享发展。共享经济与传统经济不同，它符合资源节约、环境保护的基本要求，是一种体现绿色发展理念的新经济模式。共享经济通过实现消费和生产方式的绿色化，促成我国绿色发展路径的形成，对于我国加快建设资源节约型、环境友好型社会，早日迈进生态文明的新时代，具有重大的现实意义。

研究报告七 大数据背景下的社会参与、创新与共享发展[①]

一、共享发展的社会需要创新和开放

国家提出"创新、和谐、绿色、开发、共享"五大发展理念，强调共享发展是我国社会发展的终极目标。共享发展即以人为本，坚持发展要依靠人民、为了人民、成果为人民共享的理念，坚定走经济、政治、社会、文化、生态等系统均衡化、多维化全面发展的共建共享之路。[②] 从直接的概念上理解，共享发展有两

① 作者：陈浩，教授，北京师范大学经济与资源管理研究院。
② 马占魁、孙存良：《准确理解和把握共享发展理念的深刻内涵》，载《光明日报》2016 年 6 月 19 日。

层含义：一是发展仍是社会进步的主轴，二是共享是社会进步追求的手段和目标。"共享"要求发展方式从单一化的纯经济增长模式转化为多维的、均衡的、以人为本的共建共享式发展模式；"发展"要求体现社会进步，以创造更高水平的物质与精神文明为目标。因而共享发展永远不是追求单一化、个人化的发展，而是强调社会和人民大众作为一个组织整体的共同发展。

要实现共享发展，创新是动力。创新为社会实现更高水平的物质与精神文明提供了生生不息的动力源泉。创新是引领社会发展、进步的第一驱动力，这也是为什么国家在"五大发展理念"的战略规划中将创新列在第一位的根本原因。人类社会经历了早期以蒸汽技术革命及电力技术革命为特征的第一次、第二次科技革命；自20世纪50年代后，进入了以原子能、电子计算机、空间技术和生物工程发明和应用为标志的第三次科技革命。进入21世纪，科技革命的步伐并没有停止，而是以不断深化的方式，提升为以互联网、绿色新能源、智能制造、大数据等以新型信息技术为特征的信息技术革命时代。中华民族错过了第一、第二次产业革命发展的机会，在第三次革命的中后期中努力缩小差距，而现今在新的技术革命时代正面临了难得的发展机遇。与此同时，经历了过去近40年的快速的、集约式的、粗放式的经济发展后，中国经济已经步入了新的常态：经济增速从高位回落趋平，产业结构急需深化调整；需要从过去的高污染、高能耗、重速度、重规模、轻质量、轻效率的粗放式发展模式转向绿色、环保、高质、高效、全面均衡的发展模式。在这一过程中，需要大力弘扬和刺激全面的社会创新，坚持以科技创新为核心，并融入理论创新、制度创新、组织创新、文化创新等多维的创新实践；从单一的要素驱动、投资驱动的模式转向创新驱动，通过优化社会产业结构，提升产业技术效率。只有这样才能为我国社会的发展寻找到新的、强健的、可持续的动力，才能够将社会共享发展的蓝图变为现实。

创新是共享发展的动力，而开放则是创新的保障，也是共享发展的内在需求和必由之路。[①] "五大发展理念"中的开放发展的目标是要通过主动开放、双向开放、公平开放、全面开放和共赢开放等措施和手段，更大范围、更高层次、更高质量地全方位提高我国开放式经济的水平，实现我国经济的持续繁荣发展。自我国实施改革开放的国策以来，通过对外开放，学习了国际先进的技术创新方法与体系以及先进的管理经验，同时通过引入了高素质人才及优良的国际资本投资，与自身的国情结合，使我国的社会与经济发展驶入了快车道。改革开放促使我国建立了与国际贸易规则相适应的体制机制，以合作共赢的方式融入了全球经

---

① 马占魁、孙存良：《准确理解和把握共享发展理念的深刻内涵》，载《光明日报》2016年6月19日。

济与治理体系，在发展的同时也增强了我国在全球经济治理的制度性话语权，为社会的可持续发展创造了更大的动能。特别是通过"一带一路"、亚投行等国际化倡议与建设措施，有力地促进了中国经济与世界经济的接轨、融合与共赢。总之，中国越发展，就越开放。[①] 由里到外开放的社会将极大地促使创新观念、思想、技术的孕育与发展，同时也将极大地促进社会以合作共赢、成果共享的方式向更高水平的发展迈进。

二、大数据背景下的知识共享与社会创新：从个人智慧走向集体智慧

进入 21 世纪，世界步入了新的科技革命时代。该时代以基于互联网和大数据等高新信息技术为基础，通过积极发展绿色新能源与智能制造产业，创造高效、创新、可持续发展的社会。"大数据时代"[②] 的大数据体现了 5V 特征：Volume（大量）、Velocity（高速）、Variety（多样）、Variability（变差）、Value（价值）。海量的数据与信息流通过移动与万维网以极其迅速的方式在社会和城市的内部和之间频繁地流动、扩展与交换，渗透到了社会生活的每一个角落和层面。涉及交通、人口、健康、金融、教育、环境与社会管理等各领域和各行业的数据量呈爆炸式的增长。同时，由于快速的城市化和人口增长，社会与环境问题更趋恶化。交通拥堵、污染、疾病、犯罪、金融动荡频发；对清洁供水、安全食品和能源供应的巨大压力长期得不到缓解；全球变暖和环境退化等所带来的长时间、大尺度的持续冲击使现代社会和城市变得愈发脆弱。对于这些问题，传统的以中心城市为核心、以经济刺激手段为导向的集约化的服务解决模式已不能适应现代复杂多变、信息快速流动、城市日趋分散的新型社会架构形式；而需要运用动态、系统的方法从社会、政治、经济、行为和数学模拟等多角度入手进行综合的分析，提出完整的解决方案。在此过程中，通过社会学习和大数据分析，将个人智慧转化为社会集体智慧，促使社会创新思想流的形成，是塑造综合社会解决方案的关键。

传统的社会学和经济学理论认为人的行为与决策是基于个人的需求和理性选择。[③④] 也就是说，个人作为自我决策的主体拥有完全的自主性、知识和理性；

---

① 高虎城：《中国越发展就越开放（深入学习贯彻习近平同志系列讲话精神）》，载《人民日报》2013 年 12 月 9 日。

② Mayer - Schonberger V., Cukier K. Big data：a revolution that will transform how we live, work and think [M]. London, UK：John Murray Publishers, 2013.

③ Bicchieri C. Rationality and Coordination [M]. London：Cambridge University Press, 1993.

④ Hedstrom P., Stern C. Rational choice and sociology [A]. The New Palgrave Dictionary of Economics (2nd ed.) [C]. Basingstoke, Hampshire New York：Palgrave Macmillan, 2008.

由于具有完整的知识和理性，必能做出完全符合自身需求的最合理的行为反应与决策。这一理论与现代西方科学体系的建立与个人主义的社会发展思潮的形成是紧密相关的，可以说仍然左右着当代西方经济、社会与科学发展的方向。当然，后来更多的社会和经济实践认识到个人的决策行为通常具有认知偏见，并不能总是保证完全理性的实现，因而个人有限理性①被认为是较完全理性选择更准确的理论假说。

无论是个人完全理性还是有限理性都强调理性的个人化及在一个竞争性市场环境下通过个人化的需求认定能做出符合自身利益最大化的理性抉择。这种抉择在一个竞争的市场环境下通常是排他的、零和的。然而，大量的研究和观察表明，在人类社会发展的历史长河中，特别是在当代社会，人的思想和行为是高度受周边社会环境影响的，竞争和合作总是相互交融的，且合作日趋成为现代社会发展的主旋律。

人的行为受社会环境的影响和制约是无疑的。人作为社会化的个体需要不断从周边人群和环境学习新的知识、技能，以更好地适应不断变化、发展的社会和直面社会竞争。人与人之间通过相互深化的社会学习可形成进一步维系社区稳定的习俗和规则，进而推动文化的形成和演化。合作在现代社会更是普遍现象，如现代的市场竞争中很少是体现于个人与个人的直接、单一的竞争，更多的是以团体的形式参与竞争，如公司与公司之间、团队与团队之间、行业与行业之间、城市与城市之间、区域与区域之间以及国家与国家之间，等等。每一个团体内部的个体是基于共同的理念和规则相互协同、合作的，以实现团体的利益最大化来保障团体内个人利益的最大化。对于此共享、共赢式发展，团体将凝聚成高度协调、相互学习、相互交流的利益共同体。就人类文明本身起源而言，也是因为人之集聚形成城市，进而通过交流和合作促进了技术、生产力和思想的进步与发展，而后形成了现代文明。也就是说，人类文明本身就是交流、合作、共享的产物；没有交流与合作将无法产生人类文明。

交流与合作意味着人类的生存和发展能力不仅来自个人理性，更来自基于共同生境和发展愿望的社会学习和社会影响。对个人而言，提升个人决策能力的途径并不主要来自个人的独立理性思考，而在于更好的社会学习。从观察他人的行为和效果，学习成功的模式和经验，再加入个人理性的判别是提高个人决策能力的最佳途径。这有如通过社会学习得到新的知识，再通过自身理性解读和过滤得以升华形成适合自己发展的新的知识和技能。事实上，能推动改革成功的人并非

---

① Simon H. Bounded rationality and organizational learning [J]. Organization Science, 1991, 2 (1): 125 – 134.

是意志最坚定的人，而是最能与志同道合者相处、聆听和融入他们意见的人；能形成伟大思想的人并非是那些绝顶聪明的人，而是那些最能够从别人身上获取好的想法并融会贯通的人。① 研究表明，人们选择怎样的行为来满足个人的需求都具有不断演化的与他人交流互动的特征。事实上，人的需求和偏好几乎总是基于其周围同伴社区的共同价值的判断，而非直接基于个人生物本能或天生道德观的理性思考。② 由于互相的社会学习和参考，当一个人发现其另一个同伴采取了某项决策并取得好的效果时，他将非常可能根据自己的情形采取相同或相似的策略，而他的策略可能又会被其他的同伴学习和借鉴。这样优秀的策略在这一组人群中通过适度的学习和进一步传播、演化，将能形成对组织整体有益的群体智慧，实现了从个人智慧向集体智慧的演化。而当集体智慧通过社会学习和探索，不断融入外界新的、好的想法后得以深化发展，最终对每个个体而言，运用集体智慧产生的决策将会比自身孤立决策产生的效果要好得多。③ 当然，这种群体的相互学习必须是适度的，否则过度的学习容易产生"羊群效应"而导致集体智慧的非理性化。

在大数据背景下，基于移动通信设备和互联网的现代信息技术为人们的信息交流和社会学习提供了极大的便利条件。例如人们可以通过手机微信平台实现异常迅速的信息传递和想法交流；利用 GPS 卫星定位和导航应用系统可很方便的出行及避开拥堵的高峰地段；利用互联网络可方便地查询各种需要的及时信息；城市交通智能感知侦测系统可实现智能、动态、高效的交通管理；利用气象与资源卫星平台，能更快速而有效地监测诸如气象、灾害与国土资源的变化动态。诸如此类的信息便利化获取、快速传输与安全加密保障等同时将极大地方便工作团队的虚拟化管理与运作。在大数据和快速信息流的交互下，通过社会网络，特别是虚拟化的网络平台，能更方便地与相关外部信息源建立交互联系，并因此促成大量（简短）想法的快速形成、传递和反馈；在团队组员之间实现密集、快速的互动；以及以更便利的反馈方式激励团队成员贡献多样化的想法和意见。总之，在大数据快速传输与交流模式下，将能更有效地通过外部性的社会探索获取新的、多样性的思维和想法，并通过内部性的团队或社区成员的增强式社会参与、交流互动、融合过滤与提炼升华，形成新的、具有创新性的、好的集体智慧。这种集体智慧，以知识共享的方式，促进了社会的创新式共享发展。

---

①③ Pentland A. Social physics：how good ideas spread-the lessons from new science ［M］. New York：The Penguin Press，2014.

② Haidt J. The emotional dog and its rational tail：asocial intuitionist approach to moral judgment ［J］. Psychology Review，2010，108（4）：814 –834.

三、以数据促进发展，建设数据驱动的创新型共享发展社会

在过去近 40 年中，中国经历了让世界惊奇的快速的经济发展。伴随的大规模城市扩张与持续的人口增长也给环境、社会和管理带来了巨大压力，产生了大量、尖锐的社会问题。例如，雾霾和空气污染现已不仅成为十分严重的生态环境问题，也已成为影响国家形象的显著性社会污点标记；交通拥塞、看病难、教育资源（特别是青少年教育资源）严重的地域扭曲长期得不到有效解决；频发的网络金融欺诈和各种负面网络流言与欺诈陷阱使业已脆弱的社会信任水平陷入更深刻的危机。为了有效应对这些问题，可以借助大数据的分析手段，动态地审视和分析人的行为和社会互动模式，进而提出能系统整合社会、经济和政治系统分析的方法与激励措施，建立动态、综合的新的城市科学体系，为现代城市问题的有效治理提供有效的解决途径。为此，我们应立足于以数据促发展，将社会打造成一个数据驱动的智慧社会。并通过刺激社会参与和社会探索，促进想法流和创新思想的形成，进而为社会与城市问题的有效解决，社会创新式共享发展提供助力。

建立一个高效的数据驱动的创新性共享发展社会，具体可以从创建现实的生活实验室入手。通过它观察人的行为和互动反应，发现社会链接的因果关系；通过采集和分析真实世界的数据，设计与实验新的社会干预措施，① 为目标问题的解决提供验证方案。就中国的国情而言，可以设计建设以下四级水平层次的、以数据为驱动的生活实验室：

1. 学校生活实验室。该型实验室是最小尺度的实验室，相对容易设立和控制。该尺度一般涉及较少数量的实验对象，多为数十人或数百人。基于移动端设备的应用程序及服务器端的服务分析程序可采用严格的匿名式隐私保护方式被用来记录、过滤、分析和生成基于实验对象行为的聚合分析结果。在中国大学的实验场景范例中，有两种突出的社会主题问题值得特别关注。一是如何应用社会网络干预来测试和帮助提升社会信任。社会信任对于形成想法流和集体创新智慧是至关重要的。当前，低水平的社会信任是困扰和制约中国社会发展与进步的一个中心问题之一，同时也将不可避免地影响社会参与和社会探索的实践。为此，可在学校这样一个可控的实验场景下，探索如何运用特殊的社会网络干预与激励方法（如某种利他主义的社会激励措施）来增进并同时有效测试社会信任水平，促

---

① Pentland A. Social physics: how good ideas spread-the lessons from new science [M]. New York: The Penguin Press, 2014.

使学校成为一个更加和谐、协作和更富有创造性的社区。另外一个实验范例可以涉及如何通过增强社会参与和社会探索帮助高校毕业生启动成功的自主创业。这一范例与国家当下积极"双创"的现时政策是紧密相连的。

2. 企业生活实验室。面向企业的生活实验室的目标主要是帮助企业如何运用社会物理学的方法寻找提升企业的生产效率与竞争力、避免致命的运行决策失误、增强技术革新和技术创新的能力建设、提高运用管理效率等问题的解决方案。当然，不同行业的企业就问题的定位与解决方案探索有不同的需求，生活实验室应就不同的需求，应用社会物理学的方法提出具体的、具有针对性的目标设计与解决方法。

3. 城市生活实验室。就生活实验室整体目标而言，城市生活实验室可能是其中最为核心的部分，因为城市是中心居住区域，在发展过程中面临着大量的政治、经济、环境问题。可以选择某一试点城市，聚焦于通过促进社会参与和社会探索实践，帮助政府提升面对交通、健康、教育、污染控制、资源管理和减灾对策等问题时的鉴别、分析与决策能力。这一努力与国家正力图在全国范围内推广建设更高效、更安全、更可持续发展的智慧城市政策导向是紧密相关的。为此，需要城市生活实验室就所能帮助应对治理哪些城市具体问题勾勒出清晰的路线图和实践目标，同时需赢得相关城市市政管理部门以及有关国有和私营数据公司的配合支持。一旦在试点城市的经验得到验证，可将试点城市的生活实验室模式推广到其他更大的城市和区域，如京津冀地区、长三角地区、珠三角地区及西南中心经济区等。

4. 社会生活实验室。类似于城市生活实验室，就导向上讲，社会生活实验室关注影响中国整体社会的焦点问题。其中的一个焦点问题比如说是网络金融欺诈问题。该问题已弥漫全国，演变成了全面的社会性问题。可以通过建设社会生活实验室，运用大数据分析，为社会和民众提供快速诊断、早期预警及规避欺诈陷阱的有效解决方案。当然，主要的挑战恐怕在于如何建立基于超量个体社会联系数据分析的社会组织架构以及获得相关的移动数据、银行及网络数据通信平台（如微信）公司的数据支持服务。另一项社会层面的关注可以是基于相关数据安全和个人隐私信息保护的法规和技术，帮助建立安全的国家数据公地（国家共享数据中心）。在数据公地的基础上，通过共享公用数据开发专门的应用，在诸如谷歌、百度等地图平台上动态呈现出贫困、婴儿死亡率、空气及水污染、灾害灾情动态、犯罪率、GDP、社会真实进步 GPI 指数及其他关键社会发展指数的变化情况。个人也能够运用共享数据服务并结合自身的私有数据提升个体社会活动决策和行为选择。同时也可将共享数据有效运用于与全球化尺度相关的全球变化问题，如全球气候变化和环境退化。这些全球性问题将影响包括中国在内的每一个国家的社会发展。

当然无论是基于数据共享的国家数据公地（国家共享数据中心）或是基于探索创新与共享发展具体方案的生活实验室，一个核心问题是关于数据安全和个人隐私保护问题。共享发展的大数据项目涉及的各项活动和任务，包括数据挖掘、过滤、存储、查询、分析、聚合分析和生成研究报告和论文等，都是与个人敏感数据紧密相关的，因而必须严格遵守国家相关信息安全和隐私保护的法律、法规，完善数据保护机制。例如，原生数据必须在通过物理隔绝的安全的内部局域网和服务器中进行相关的存取操作；个人隐私数据必须有效地匿名化和加密；聚合分析数据必须在经由专门的审查和准许后才能得以公共发布等。建立严格的数据安全保护机制和遵从相关的数据安全法规是以数据促发展，在大数据背景下，使中国社会走向健康、稳定、和谐、创新和共享发展的基础性保障。

四、结论

共享发展是我国社会发展的终极目标。共享发展强调是以人为本，走全面、均衡、共建共享之道路，寻求社会和所有人作为一个组织整体的共同发展。要实现社会的共享发展，创新是源动力；而开放是创新源动力建设的基本保障，也是共享发展的内在需求和必由之路。由里到外开放的社会将极大地促使创新观念、思想、技术的孕育与发展，同时也将极大地促进社会以合作共享、共赢的方式向更高水平迈进。当今所处的大数据时代正是这样一个基于现代高新信息技术联通、信息快速迭代与交流的、全面开放的社会。在这样的社会背景下，人们通过便利、快速、多样化的信息交流，实现知识的快速共享；并通过社会参与、合作和探索，促进社会创新思想的有效形成，使社会从强调个人理性的个人智慧走向更具有组织优势和利于社会总体发展的集体智慧模式。大数据下的快速交流模式能更有效地通过外部性的社会探索获取新的、多样性的思维和想法，并通过内部性的团队或社区成员的社会参与、互动交流、过滤融合、提炼升华，形成新的具有创新性的、好的群体组织智慧，并通过知识共享与社会参与式创新，促进社会的共享发展。现阶段，中国正经历着深刻的变革。经过了近40年的快速城市和经济增长，环境和社会都承受了巨大的压力，产生了大量、尖锐的社会问题。面对这些问题，需要借助大数据分析手段，动态地审视和分析人的行为和社会互动模式，进而提出能系统整合社会、经济和政治系统分析的方法与激励措施，创建动态、综合的新的城市科学体系，为现代城市与社会问题的有效治理提供现实的解决途径。为此，我们需要以数据促发展，在大数据技术的带动下，将社会打造成一个创新性的数据驱动的社会；通过建设生活实验室及国家数据共享公地等，刺激社会参与和社会探索，促进想法流和创新思想的形成与迭代，推动创新式的共享发展社会不断迈向新的、更高的水平。

研究报告八　共享发展下如何看待医疗公平问题[①]

"创新、协调、绿色、开放和共享"的五大发展理念，是我国在历经 38 年改革开放、经济高速增长后的今天，如何全面深化改革的重要思考结果。五大发展理念成为继续深化改革的重要衡量标准，从五个方面全面综合深入地判断改革措施的成效、判断制度体系和治理能力走向现代化的标准，最终实现社会可持续的发展，即真正实现经济和社会创新、协调、绿色、开放、共享发展。其中的共享发展，是解决发展不平衡问题，是让全民共享发展的成果。建立共享发展的体制机制，使全体人民在共建共享中有更多获得感，增强发展动力、促进人民团结、实现共同富裕。

中国经济社会发展中的不平衡问题始终存在，其中表现为东、中、西部区域经济发展的不平衡、不协调，占全国国土面积 60% 以上的中西部地区，产出远远低于东部地区；城乡发展的不平衡、不协调，城乡二元结构和城市内部二元结构的矛盾依然比较突出；财富占有的不平衡、不协调。中国的贫富差距有逐渐拉大的趋势，基尼系数接近 0.5，处于十分严重水平，且贫富差距已具有稳定性，形成了阶层和代际转移；社会文明程度和国民素质与经济社会发展的水平不平衡、不协调，在物质比较充裕、人均收入迈入中高收入水平的背景下，社会不文明的现象仍大量存在。

共享发展一种价值理念和价值追求的包容性发展，是平衡效率与公平前提下的发展，重心是解决社会公平正义。是实实在在体现在医疗、教育、就业、扶贫、食品安全等人民生活的方方面面。"共享"是发展目的，着重要解决的是社会公平正义问题。即着力建设保障社会公平正义的制度，逐步建立社会公平保障体系。而医疗体制，是社会保障体系中的重要组成部分。

① 作者：王诺，经济学博士，副教授，北京师范大学经济与资源管理研究院医药资源优化配置研究所，李斐琳，硕士研究生，北京师范大学经济与资源管理研究院。

一、医疗体制的公平性是共享发展的重要内容之一

社会整体公平是医疗体制公平的基础，医疗卫生体制的公平与否更是关系人民生命健康的关键。在社会平等的基础上，从机会和结果两个方面实现了医疗体制的公平。机会公平的目标是保证医疗服务供给能够达到医疗需求的最低标准。由于医疗资源的稀缺性导致医疗供给无法满足需求，因此就需要根据付款能力，尽量保证每个人公平地获得最低标准的医疗服务。结果公平是根据最终收益原则，在不同收入人群中间重新分配医疗资源。最具有累进性质的国家税收融资的支付方式，从最终受益的角度看，比累退性的医疗费用自付方式更具有结果的公平性。

从医疗供给和需求两个方面保证医疗体制的公平性，才是提高整体健康状况的基础，其中，依靠政府税收融资、减少自费支付方式是保证医疗融资公平的关键，最终实现医疗服务的可及性及公平性。例如，在医疗服务的获得方面，从资金和地域保障方面努力，根据不同的地区和人群对资金和服务进行积极的再分配，保证医疗体系的机会公平。同时考虑对孕产妇和老人、儿童等的特别措施，保证结果公平。

二、医疗公平的根本是实现医疗服务的全民共享

在经济社会平稳快速增长的背景下，政府高度关注包括医疗卫生在内的民生问题，为医疗卫生体制改革与发展营造了良好的政治氛围。同时，中国医疗体制改革经过 30 年曲折的探索，在不断认识问题、解决问题的过程中，积累了丰富的经验。在宏观形势与医疗体制自身需要的契机下，2009 年 4 月，中共中央、国务院公布了《关于深化医药卫生体制改革的意见》和《2009～2011 年深化医药卫生体制改革实施方案》，掀开了中国新一轮医疗卫生体制改革的大幕。从 2009 年"新医改"至今，医疗公平，特别是在实现医疗服务全民共享方面取得了很大的进步和改善。2016 年 11 月，中共中央办公厅、国务院办公厅转发了《国务院神话医药卫生体制改革领导小组关于进一步推广深化医药卫生体制改革经验的若干意见》，并发出通知，要求各地区、各部门结合实际认真贯彻落实，中国医疗卫生体制改革进入了新的时期。

（一）提高公共资金的支付比例是提高医疗公平的核心

公共（the public）和私人（the private）资金混合的医疗资金的筹集和使用，

是决定医疗融资，乃至整个医疗体制公平与否的关键因素。一般认为，公共资金融资有利于实现社会疾病风险共担，其比重越大，就有助于提高公平程度。20世纪80年代，南欧各国的医疗改革，都是通过增加公共资金份额，改变公私混合的融资结构来提高医疗系统的公平性。在90个实现了基本医疗服务全民覆盖的WHO成员国中，以公共资金融资为主的国家占88%。

从20世纪80年代开始，我国医疗卫生支出中，来自政府预算资金和社会卫生资金的份额不断下降，个人现金比例却持续增加。从1989年至今，政府预算资金比例始终最低。2001年的总医疗费用开支中，政府与社会来源仅占15.9%和24.1%，达到历史最低点，而个人现金则高达60%。如果个人支付占卫生费用的比例超过50%，将导致卫生服务利用的极端不公平。近年来随着中国医疗卫生体制改革的推出和普及，政府和社会的卫生支出呈上升趋势，2014年的总医疗费用开支中，政府来源达到10579.23亿元，占比30%，社会来源达到13437.75亿元，占比38.1%。

增加公共筹资，特别是税收融资的比重，降低个人现金支付，就能取得医疗融资体制的基本公平。世界银行认为，只要个人支付占比低于30%，则公共资金筹资就能够保证提供公平的卫生服务。2009年我国开始的新一轮医疗改革，强调人人享有基本医疗服务的全面覆盖目标和公平的医疗服务获得，强调医疗配送体系中的公共卫生和基本医疗服务的政府责任，强调公立医院的角色定位，依然是医疗配送横向公平的强化。

具体可分为三步：首先，区分医疗融资中公共资金与私人资金的内容和数量；其次，逐步加大公共资金比重，逐步降低私人资金的支出；最后，短期内可行性强的是将个人现金自付方式逐步向社会医疗保险方式转变，长期内，要结合我国税制特点，进一步加大累进性最强的税收资金在医疗卫生领域的投入。目前从我国现实经济条件看，不宜采用单一税收筹资模式，宜采用税收和社会医疗保险并重的融资模式，在政府和社会之间分摊筹资责任，居民个人现金占卫生费用比重控制在30%以内比较合适。

（二）基本公共卫生服务的均等化

新医改行动中为全体国民新增年人均15元的公共卫生费，到2011年不低于20元。按照2007年13.2亿人口规模测算，每人每年15元，需要198亿元，按照大约200亿元计算；每人每年20元，需要260亿元，因此3年需要600亿~800亿元投入到人均公共卫生经费中。中央财政通过转移支付对困难地区给予补助。截至2009年8月，财政部下达了158亿元资金，启动重大公共卫生服务项目。

新医改行动中全体国民新增年人均 15 元的公共卫生经费，随着我国医改不断深入，国家加大了对基本公共服务的投入力度，到 2015 年人均公共卫生经费已经增长到 40 元，增量全部用于支付基本公共卫生服务，方便几亿农民就地就近看病就医。

2009 年开始，逐步在全国统一建立居民健康档案，并实施规范管理。提供健康教育宣传信息和健康教育咨询服务；定期为 65 岁以上老年人做健康检查；为 3 岁以下婴幼儿做生长发育检查；为孕产妇做至少 5 次产前检查和 2 次产后访视；为高血压、糖尿病、精神疾病、艾滋病、结核病等人群提供防治指导服务；继续实施结核病、艾滋病等重大疾病防控和国家免疫规划以及农村妇女住院分娩等重大公共卫生项目。2009 年开始，按项目为城乡居民免费提供基本公共卫生服务，例如为 15 岁以下人群补种乙肝疫苗；消除燃煤型氟中毒危害；农村妇女孕前和孕早期补服叶酸等，预防出生缺陷；贫困白内障患者复明；农村改水改厕等。

（三）基层医疗卫生服务体系的健全

1. 城市社区卫生服务机构。2009～2011 年间，新建、改造 3700 所城市社区卫生服务中心，1.1 万个社区卫生服务站，同时支持困难地区建设 2400 所城市社区卫生服务中心，为社区卫生服务机构培训医务人员 16 万人次，计划 3 年内投资为 240 亿元。

截至 2015 年底，全国所有地级以上城市，98% 的市辖区已经开展了社区卫生服务，全国已设立社区卫生服务中心（站）34321 个，其中社区卫生服务中心 8806 个，社区卫生服务站 25515 个。社区卫生服务中心人员 39.7 万人，平均每个中心 45 人；社区卫生服务站人员 10.8 万人，平均每站 4 人。社区卫生服务中心（站）人员数比上年增加 1.6 万人，增长 3.3%，且社区卫生服务中心人员的学历和职称逐渐增高，研究生所占比例和正高级所占比例都有所提高。全国社区卫生服务中心诊疗人次 5.6 亿人次，入院人数 305.5 万人，平均每个中心年诊疗量 6.4 万人次，年入院量 347 人；医师日均担负诊疗 16.3 人次，全国社区卫生服务站诊疗人次 1.5 亿人次，平均每站年诊疗量 5879 人次，医师日均担负诊疗 14.1 人次。[①] 一些地区社区门急诊量已经达到地区总门急诊

---

① 《2015 年我国卫生和计划生育事业发展统计公报》，http：//www. moh. gov. cn/guihuaxxs/s10748/201607/da7575d64fa04670b5f375c87b6229b0. shtml。

量的 30%，一定程度上缓解了大医院接诊压力①。卫生部的一项调查显示，社区卫生服务机构已经成为社区患者小病的首选就诊机构，占 71.4%②。到社区医疗机构就诊方便快捷、服务态度好、价格适宜是居民选择社区卫生服务机构就诊的主要原因。

2. 基层医疗服务。2009~2011 年间，中央财政重点支持新建 2000 所县级医院，达到每县至少 1 所标准化水平的医院。2009 年，中央支持 2.9 万所乡镇卫生院建设，同时再扩建 5000 所中心乡镇卫生院，最终达到每个县 1~3 所。到 2011年，实现全国每个行政村有卫生室，特别是支持边远地区的村卫生室建设。3 年内，分别为乡镇卫生院和村卫生室培训医疗卫生人员 36 万人次和 137 万人次。3 年内，估计政府投入农村医疗卫生机构的预算开支平均每年要达到 720 亿元。截至 2015 年末，全国基层医疗卫生机构达到 920770 个，其中，社区卫生服务中心（站）3.4 万个，乡镇卫生院 3.7 万个，村卫生室 64.3 万个，诊所（医务室）19.9 万个。与上年相比，基层医疗卫生机构增加 3435 个。基层医疗卫生机构床位数为 141.4 万张，较上年增加 3.3 万张，占比 20.2%。基层医疗卫生机构卫生人员数为 360.3 万人，占比 33.7%，总诊疗人数达到 43.4 亿人次，占比 56.4%。③

完善城市医院对口支援农村医疗机构的机制，每所城市三级医院要与 3 所左右县级医院（包括有条件的乡镇卫生院）建立长期对口协作关系。用 3 年时间，继续实施"万名医师支援农村卫生工程"。从 2009 年起，对志愿去中西部地区乡镇卫生院工作 3 年以上的高校医学毕业生，由国家代偿学费和助学贷款。

（四）国家基本药物制度的建立

2009 年 8 月发布了《关于建立国家基本药物制度的实施意见》，正式启动了国家基本药物制度建设。基本药物适应基本医疗卫生需求，价格合理，公众可公平获得；公立基层医疗服务机构全部使用基本药物，其他医疗机构也要按规定使用。国家有效管理基本药物的遴选、生产、流通、使用、定价、报销和监测评价等环节。《国家基本药物目录》根据实际情况，每 3 年调整一次基本药物名单。基本药物全部纳入基本医疗保障药品报销范围，报销比例明显高于非基本药物。

① 《卫生部陈竺部长在 2009 年全国社区卫生工作会议的讲话》，http：//chab. org. cn/NewsDetail. asp？id = 5024。

② 《2009 年全国社区卫生工作会议》，http：//www. cnr. cn/gundong/200908/t20090814 _505430443. html。

③ 《2015 年我国卫生和计划生育事业发展统计公报》，http：//www. moh. gov. cn/guihuaxxs/s10748/201607/da7575d64fa04670b5f375c87b6229b0. shtml。

对基本药物价格，国家发改委制定零售指导价格，公立基层医疗服务机构实行基本药物的零差价销售，政府对其进行补助。基本药物零差价销售，改变了过去医院药品15%左右的加成收入，对降低医药价格有明显效果。实行基本药物制度后，国家物价主管部门初步测算，基本药物价格平均降幅在10%左右；同时，基本药物在基层实行零差率销售，患者在基层医疗卫生机构购买基本药物，价格至少比原来便宜25%。

2009年8月公布了《国家基本药物目录（基层医疗卫生机构配备使用部分）》，包括化学药品和中成药共307个品种，并且在34天后正式施行。2009年，每个省（区、市）在30%的公立城市社区卫生服务机构、县医院和乡镇卫生院，全部配备使用基本药物并实现零差率销售；到2011年10月，我国31个省（区、市）和新疆生产建设兵团均实现了在所有基层医疗卫生机构配备使用基本药物，并实现"零差率"销售，至此我国初步形成，国家基本药物制度；到2020年，全面实施规范的、覆盖城乡的国家基本药物制度。

2014年3月25日，国务院总理李克强主持召开国务院常务会议，部署了医改重点工作，并指出医改是全面深化改革的重要内容，要继续完善基本药物制度建①。30余个省份和军队系统建立了省级（全军级）药品集中采购平台。卫生计生委等8部门印发《关于做好常用低价药品供应保障工作的意见》，保障常用低价药品供应。发展改革委印发《关于改进低价药品价格管理有关问题的通知》，对政府定价范围内的低价药品，由控制最高零售限价改为控制日平均使用费用上限标准，具体价格通过市场竞争形成，鼓励低价药品的生产供应；发布了530种低价药品清单。在国家公布的低价药品清单的基础上，已有30个省份公布了省级低价药品清单，平均每个省份新增213个品种。卫生计生委等6部门印发《关于保障儿童用药的若干意见》②。2015年医药改革的重点任务之一就是实现公立医院药品集中采购，推进药价改革。2016年医改重点任务之一是巩固完善基本药物制度，全面推进公立医院药品集中采购，健全药品价格形成机制，构建药品生产流通新秩序，提高药品供应保障能力，解决药品规范生产和流通秩序问题，深化药品流通领域改革的意见③。

---

① 《李克强主持召开国务院常务会议，确定今年深化医改重点工作》，人民网，http：//politics. people. com. cn/n/2014/0326/c1024－24735731. html。

② 《深化医药卫生体制改革2014年工作总结和2015年重点工作任务的通知》，中国网，http：// news. china. com. cn/2015－05/09/content_35531532. htm。

③ 《国务院办公厅关于印发深化医药卫生体制改革2016年重点工作任务的通知》，http：//www. gov. cn/zhengce/content/2016－04/26/content_5068131. htm。

专栏：从希腊医疗改革看我国的医疗体制改革

根据希腊宪法，政府要保证为公民提供充足的、高质量的医疗服务，这个传统上被赋予的解释是，政府直接或者通过社会保险基金承担医疗融资和医疗配送服务。在改革前，希腊医疗支出中40%是医疗私人支付，同时在基础医疗和二级医疗中私人部门占了很大比重。这种状况跟我国80年代开始的医疗改革后结果类似，我国2001年个人卫生经费支出占总经费支出的60%。

公平可及的保障是增加公立医疗服务机构、减少私立机构数量。整个新体系的融资，是薄弱点，因为没有明确在以税收为融资基础的国民医疗保险和社会保险基金之间的资金关系，并且也没有从供给上明确。政府通过对公立医院的补助，使得私立医疗机构的数量减少，但并没有因此减少私人在融资中的比重。因为保险基金（社会和私人，或商业医疗保险）通常与公立和私人医疗机构签订合同，所以，医疗机构从私人转到公立，并没有必然减少私人支付的比例。例如，1983年前，社会医疗保险给私人医疗机构支付，现在转而向公立医疗机构支付。但是，改革的意图是为了减少私人支付比例，增加以税收为基础公共支付。另一个暗含的意思是，希望能够用税收融资替代社会保险。

希腊政府企图通过增加公共医疗服务机构来增加公共支付的想法，改革前私人融资和系统的配送状况为：1981年私人卫生费用比例占40%非常高，背后的原因是医疗服务供给不足，同时基础医疗和医院低效率和低质量。结果病人更倾向于自费去私利医院寻求医疗服务。公立医院医生的低薪水也鼓励非正常付费的盛行。

中国在2001年我国私人卫生费用支出占总支出的60%，比例也非常高；其背后的原因，公立医院提供的服务中，也大部分为自费项目。

因此，希腊相信通过提高政府责任、增加国民社会保险系统内全职医生的工资，可能就能够有效地解决这些问题，降低私人支付的比例。同时，也提高了可及的公平性，通过引导消费者从私人付费的私立医院转向税收和社会保险支付的国民社会保险。这个扩大税收融资、社会融资，减少个人支付的做法是为了保证融资的公平性和累进性。

‖第六章

共享发展调研报告

——北京市农民工群体获得感实证分析

"坚持共享发展理念，使人民在共建共享中提升获得感"是"十三五"期间全面建设小康社会的重要要求，为了研究北京市农民工群体获得感的基本情况以及相关影响因素，课题组成员对北京市不同区域、行业、性别、年龄的农民工进行了问卷调查和访谈交流。基于回收的229份有效问卷调查，利用Probit模型对农民工获得感与各影响因素进行了回归分析，分析表明：性别、文化程度、个人月收入水平对农民工获得感的影响不显著。生活便利程度、医疗卫生保障、社会公平正义程度、被社会接纳程度以及对未来生活的信心程度这些因素对获得感的影响显著，其中农民工被社会接纳程度对获得感的影响最为显著。物质因素不是影响农民工获得感的最重要因素，精神层面的因素更为重要，提升农民工的获得感在重视物质的同时更要重视精神。

第一节　调查的背景、意义与创新

2015年2月习近平总书记在中央全面深化改革领导小组第十次会议提出"让人民群众有更多获得感"。"获得感"一方面体现了以共享发展理念指导经济发展的政策导向，另一方面体现了我国对重"做大蛋糕"轻"分好蛋糕"、重GDP轻民生的观念的摒弃与扭转，对实现共同富裕目标的回归与重视。

目前还没有对于获得感一词的完整定义，孙远太认为"获得感说到底是人们对社会资源的获取和占有情况，在某种程度上反映了人们对所获取和占有的资源的认同"（孙远太，2015），中国社会科学院解释为："获得感多用以指人民群众共享改革成果的幸福感"（社会科学院，2015），刘志彪认为："获得感有别于'幸福感'，它强调一种实实在在的得到"（王斯敏、张进中，2015）包括精神和物质两个方面。但是，对于获得感的具体衡量指标是什么？有哪些因素影响了居民的获得感？农民工群体的获得感情况是怎样的？目前学界对这些问题都没有给出答案。物质层面和精神层面的哪些因素对获得感的影响显著性更强？目前学界的研究还不多。

农民工群体是中国城乡二元体制下产生的特殊群体，在一定程度上属于城市发展中的弱势群体，但是农民工却已成为城镇劳动力市场上不可忽视的重要力量。一方面中国农民工数量庞大，根据国家统计局《2014 年全国农民工监测调查报告》（国家统计局，2015）显示，2014 年中国外出农民工总数达到 1.68 亿，另一方面农民工对城市建设和城镇化进程发挥着重要作用，因此对农民工群体的获得感的关注显得尤为重要。

本部分以农民工对国家发展结果享受程度来衡量居民的获得感，并认为影响居民的获得感的因素包括物质和精神两个层面共 12 个因素，其物质层面选取收入、就业机会、生活便利、社会保障、医疗卫生、职业技能等 6 个因素，精神层面选取社会公平、社会接受、社会组织与社会活动、生活满意度、生活目标、未来信心等 6 个因素。通过 Probit 模型分析了农民工群体获得感的整体情况，以及各种因素对农民工获得感的影响程度，并且分析了物质层面和精神层面哪些因素更稳定、更重要，在此基础上给出相关的政策建议。

第二节　相关文献综述

一、获得感

关于获得感多为新闻报道、时事评论，或者针对获得感这一关键词进行多维解释定义。或者将地方某一针对某群体、某行业的政策改革评论为能够赋予人民获得感。《光明日报》2015 年 3 月 14 日发文《让人民群众拥有更多的"获得感"》，以采访的形式表达了不同身份的人对获得感定义以及如何提高居民获得感的建议，对于定义众说纷纭，建议也是宏观层面的解读如依靠改革、坚持依法治国、建立现代服务体系等。地方性报纸对获得感的相关文章较多，多为时事解读，如《山西日报》的《提升获得感，增进幸福感》，《安徽日报》的《有更多的获得感的关键在少数》，《重庆日报》的《获得感：一块试金石，一种方法论》，《湖北日报》的《让人民在共享发展中有更多获得感》，《长沙晚报》的

《把增强群众获得感贯穿于改革发展全过程》《浅析"让人民群众有更多的获得感"》（张航，2015）、《论"让人民群众有更多获得感"》（高建生，2016）均属于政策性解读，并不属于学术研究范畴。学术研究也随之跟进和不断深入，如《城市居民社会地位及其对获得感的影响分析》（孙远太，2015），分别以生活改善的四种程度来衡量分析城市居民的获得感，但缺憾是忽略了精神因素获得感因素分析。

二、农民工主观感受

目前学术界对农民工主观感受的影响因素的研究较多。从这些研究中，我们能够发现影响因素既包括物质因素，也包括精神因素。如盛光华指出积极情感、消极情感、生活满意度，与他人收入比较的结果以及家庭收入情况对新生代农民工的幸福感有显著影响（盛光华，2015）。夏晶提出工作时间、社会保障和精神需求是影响新生代农民工幸福感的主要因素（夏晶，2016）。杨东亮说明教育程度对流动人口的幸福感影响显著（杨东亮，2015）。刘靖等人指出权益保障程度会极大地影响农民工的幸福感（刘靖，2013）。金晓彤提出成就动机对新生代农民工的幸福感有显著影响，而社会支持和社会比较倾向则具有明显的调节作用（金晓彤，2013）。叶鹏飞指出社会保障、社会交往对农民工的幸福感有积极影响，而教育程度则有负向影响（叶鹏飞，2014）。此外，邵雅利清楚地指出性别、婚姻和社会支持对幸福感的影响（邵雅利，2014）。卢冲等人说明了生活幸福感、社会幸福感、工作幸福感、居住幸福感和自我发展幸福感对农民工总体幸福感的影响（卢冲，2014）。这些已有的研究成果为我们将要进行的农民工"获得感"影响因素分析提供了重要参考。

从研究角度来看，影响农民工"获得感"的因素是什么？影响程度如何？如何才能提升农民工群体获得感呢？这也正是我们研究的出发点和重点。

第三节　调查基本情况

课题小组以共享发展理念为主题，重点从农民工获得感入手，紧紧围绕"获得感"的影响因素和影响程度两大要素，多维度视角构建了相关指标体系和调研问卷。在调研中采用最为普遍基础问卷调查方式，通过分组对北京市不同行业不同年龄段的农村籍外来务工人员进行调研考察。问卷回收后，课题组成员利用

SPSS、Stata 等社会统计学专业软件进行建模和数据分析，并对各项影响因素以及与获得感情况的相关性进行解读分析。

一、调查目的

课题组通过对农民工群体进行实践调研，以调查问卷和交流访谈的形式对当下北京市地区农民工群体在共享发展和提升人民获得感的政策环境中，对自身获得感认知情况进行评测，直观地反映这一特殊群体对获得感的评价。同时，小组针对可能影响农民工获得感情况的因素进行探讨分析。一方面，提出获得感影响因素，更准确地指出各个方面与农民工获得感的相关性，并找到提高农民工获得感的相关政策切入点，对有关部门进行下一步为提升人民获得感的改革调整提供思路。另一方面，获得感提出后，对于具体获得感影响因素尚无完整的、理论的评价体系。课题组重点考察影响农民工获得感程度诸方面因素，为针对泛对象获得感研究的指标建立提供参考。

二、调查内容和问卷设计

考虑到调查对象的特殊性，以及获得感与幸福感有一定的相关性，在问卷问题设计的过程中，课题组重点参考了国家统计局《农民工监测报告》（以下简称报告）内容及国际国内对幸福感调查研究的相关指标。在设计问卷过程中，小组参考《报告》调查内容，结合本课题特殊性，以性别、年龄、文化程度、务工时间、收入水平、从事行业及居住场所为问卷客观量度部分。美国密歇根大学（University of Michigan）教授罗纳德英格哈特（Ronald Inglehart）负责的世界价值研究机构（the World Values Survey，WVS）公布的幸福指数（Happiness Index）中问题只有一个：你认为你是非常幸福，比较幸福？不很幸福？还是不幸福？并以此作为幸福指数，借鉴这项研究，我们在问卷中设定问题"你觉得自己对国家社会发展结果的享受程度是怎样的？——完全享受不到，几乎享受不到，没有感觉，享受到一些，完全能享受到"并以此来衡量农民工的获得感。

在问卷主题设计过程中，小组划分三个层次，采取分值代替程度的评估方法，用"-2、-1、0、1、2"分别代替正向、负向及其程度。首先，根据范海涛提出的"获得感不仅是物质层面的，也有精神层面的"（范海涛，2015），第一层次的影响因素划分为物质和精神两个层面。物质层面借鉴美国芝加哥大学商学院教授奚恺元（Christopher K. Hsee）的幸福学评价体系将分为经济、社保、教育三模块并提出具体因素。经济模块中继续划分为收入、就业和生活便利情况，考察农民工对自身收入情况、就业机会和城市建设的认识。社保模块则以社会保障（五险一金）为主要内容，重点考察对医疗保障体制的体验。教育模块分为自身职业教育和子女教育，一方面侧面考察职业技能水平和自身自觉培训意识，另一方面针对有子女的农民工测度其对于当前有关农民工子女教育制度政策的感受和态度。精神层面借鉴迪纳（Diener）等研究者提出了主观幸福感多层次结构模型，分为社会环境和主观心理两个维度。社会环境部分主要探讨社会环境、人群环境对农民工群体产生的心理性的影响和反影响，如社会公平正义感受度、自我感受的社会接纳度以及主动参与社会组织、活动的积极性，是对农民工社会获得感的重要测量指标。主观获得感的测量则通过自我接纳程度呈现，如对自我的满意度、对生活目标的态度、对未来的信心程度。最后回到问卷主题，通过测度"与家乡相比在北京对国家发展结果的享受程度"和"对国家发展结果的享受程度或感受程度"，对农民工整体获得感有一个更直观的测量。（具体问卷参见附录三）

三、调查方法

在农民工群体获得感相关研究较少的背景下，课题组采用自主设计问卷并进行实践调研。考虑到样本的代表性与科学性，调研方法采取以下三个步骤：第一，按照行业划分调查对象；第二，对每个层次进行摸底调查；第三，选择抽样对象并进行调查。

按照行业划分对象，主要参考了国家统计局农民工监测报告中行业划分类型，问卷行业指标划分为制造业、建筑业、批发和零售业、交通运输仓储和邮政业、住宿和餐饮业及其他服务业。不同行业选取不同的具有代表性的地点进行调查，如制造业调查地点选取制造业的工厂、建筑业选取建筑工地、批发零售业选择零售商、交通运输仓储和邮政业选取快递集中地、住宿和餐饮业选择餐馆和快捷酒店以及其他公司等。

确定调查行业后，我们拟定采用地图框抽样的调查方法，选择北京市海淀、昌平、朝阳、大兴区作为调查的一级区域，小组成员分别了解该区域的整体状况，选择了北京师范大学及周边、回龙观地铁站及周边、望京soho及周边、韩村及周边四个二级范围，分别代表北京市学区、交通区、商业区、居住区。小组成员分别对不同区域进行摸底筛选，最终拟定具体调查地点。以北京师范大学及周边为例，我们分别选取印刷厂工人、师大施工人员、便利店和打印店、快递人员、外卖窗口及食堂工作人员和后勤保洁人员作为调查对象。

在对调查区域进行摸底并确定实际调查地点和调查相关人员后，课题组总共参与调查的人数共 28 人。考虑到被调查者的意愿，我们准备了不同的礼品，如男袜和香皂，当被调查者确定不希望被调查时，小组成员不勉强，诚恳道谢后转换被调查者。调研过程中确实遇到了很多的困难，如被调查者的不配合，调查地点环境恶劣等等，但是小组成员被拒绝后仍然保持微笑和态度良好。发放问卷 300 份，总计用时 27 天，走访企业、工地、商店等 160 余家，回收样本 266 份。

四、调查结果

课题组共发 300 份问卷，回收 266 份，有效问卷 229 份。课题组尽量保证受访农民工在问卷填写过程中意见、态度不被影响，保证数据的真实可靠性。同时对于具体分值评估类问题，课题组也向受访农民工进行详细的解释，以确保农民工在了解的前提下完成问卷的填写。

第四节 调查的样本统计

一、样本概览

在 229 份有效样本中，男性 142 人，女性 87 人。年龄在 16～40 岁的人数最多，总占比达 79%。受教育程度为初中和高中程度的农民工最多，分别占 40.6% 和 30.6%。进城务工时间 1～3 年和 8 年以上两个区间段的人数最多，分别占 23.1% 和 30.6%，其余各区间段的人数分布大致平衡。月平均收入 2000～3500 元的农民工最多，占比达到 43.2%，其次人数较多的是月平均收入水平在 3500～5000 元区间的农民工，占比为 23.6%。在调查的农民工中，有一半的人从事其他服务业，此外，从事住宿与餐饮业的农民工也较多，占比为 23.1%。

在问卷的主观问题部分，我们对每一道题的答案都设置了 -2、-1、0、1、2 五个答案，用以测量农民工对不同变化的感受程度。在数据分析阶段，我们将 -1、-2 算作减少，0 算为不变，1、2 算为增加。在收入、就业机会、社会保障、医疗卫生、社会公平正义程度、参与社会组织和社会活动程度、对自己现状的满意程度、对国家发展结果的享受程度这些指标的问题上，农民工所选择的答案差异较大，选择增加、减少或不变的农民工比重相差不大。而在生活便利情况、职业技能变化情况、被社会接受情况、对自己生活目标的态度、对未来生活的信心程度以及与家乡相比，在北京感受的国家发展结果程度这些指标的问题上，多数农民工都选择了增加。表6－1对此进行了更详细的描述。

表6－1 样本描述统计

性别	比例（%）	观测值	生活便利情况	比例（%）	观测值
男	62	142	增加	55.5	127
女	38	87	不变	22.7	52
年龄	比例（%）	观测值	减少	21.8	50
16～20岁	10.9	25	社会保障情况	比例（%）	观测值
21～30岁	40.6	93	增加	37.1	85
31～40岁	27.5	63	不变	38.9	89
41～50岁	14	32	减少	24	55
50岁以上	7	16	医疗卫生情况	比例（%）	观测值
教育程度	比例（%）	观测值	增加	40.1	92
未上过学	1.7	4	不变	37.6	86
小学	10.5	24	减少	22.3	51
初中	40.6	93	职业技能变化情况	比例（%）	观测值
高中	30.6	70	增加	58.1	133
大专及以上	16.6	38	不变	31	71
进城务工时间	比例（%）	观测值	减少	10.9	25
1年以下	17.9	41	社会公平正义程度	比例（%）	观测值
1～3年	23.1	53	增加	31	71
3～5年	15.7	36	不变	31	71
5～8年	12.7	29	减少	38	87
8年以上	30.6	70	被社会接受程度	比例（%）	观测值
月收入水平	比例（%）	观测值	增加	50.6	116
2000元以下	6.1	14	不变	32.8	75
2000～3500元	43.2	99	减少	16.6	38
3500～5000元	23.6	54	社会组织与活动参与	比例（%）	观测值
5000～6500元	14.8	34	增加	30.2	69
6500元以上	12.2	28	不变	27.9	64
从事行业	比例（%）	观测值	减少	41.9	96
制造业	1.7	4	对现状的满意程度	比例（%）	观测值
建筑业	8.7	20	增加	42.3	97
批发和零售业	10.5	24	不变	23.6	54

续表

性别	比例（%）	观测值	生活便利情况	比例（%）	观测值
交通运输、仓储和邮政业	4.8	11	减少	34.1	78
住宿和餐饮业	23.1	53	生活目标的态度	比例（%）	观测值
其他服务业	51.1	117	增加	71.6	164
居住场所	比例（%）	观测值	不变	15.3	35
单位宿舍	37.1	85	减少	13.1	30
工地工棚	2.6	6	未来生活信心度	比例（%）	观测值
租赁住房	55.9	128	增加	75.1	172
回家住	1.3	3	不变	15.3	35
务工地自购房	3.1	7	减少	9.6	22
收入情况	比例（%）	观测值	获得感	比例（%）	观测值
增加	40.2	92	增加	39.3	90
不变	27.5	63	不变	24.9	57
减少	32.3	74	减少	35.8	82
就业机会	比例（%）	观测值	家乡与北京对比获得感	比例（%）	观测值
增加	30.5	70	增加	49.8	114
不变	27.1	62	不变	27.1	62
减少	42.4	97	减少	23.1	53

二、各项指标的获得感概率统计分析

在表6-1的基础上，我们进一步对各项指标不同层次的获得感概率进行交叉分析，见表6-2。

表6-2　　　　　　　　各项指标不同层次的获得感概率　　　　　单位：%

		获得感				
		-2	-1	0	1	2
性别	男	19	20	22	25	13
	女	10	20	30	22	18
年龄	16～20岁	12	12	28	44	4
	21～30岁	14	18	29	23	16
	31～40岁	17	27	22	19	14
	41～50岁	22	25	16	22	16
	50岁以上	13	6	25	25	31

		获得感				
		−2	−1	0	1	2
教育程度	未上过学	25	75	0	0	0
	小学	25	29	13	17	17
	初中	11	12	30	29	18
	高中	20	24	23	21	11
	大专及以上	13	21	26	24	16
进城务工时间	1 年以下	17	17	20	22	24
	1～3 年	15	19	26	30	9
	3～5 年	11	11	36	22	19
	5～8 年	10	21	31	14	24
	8 年以上	20	27	19	26	9
个人月收入水平	2000 元以下	36	14	21	14	14
	2000～3500 元	19	16	25	19	20
	3500～5000 元	7	20	24	37	11
	5000～6500 元	9	35	26	18	12
	6500 元以上	18	18	25	29	11
从事行业	制造业	0	75	0	0	25
	建筑业	10	35	25	30	0
	批发和零售业	4	21	38	25	13
	交通运输、仓储和邮政业	9	18	36	36	0
	住宿和餐饮业	25	11	19	30	15
	其他服务业	16	20	25	20	20
居住场所	单位宿舍	19	24	18	24	16
	工地工棚和生产经营场所	0	50	17	33	0
	租赁住房	15	18	27	25	16
	乡外从业回家住	0	0	100	0	0
	务工地自购房	14	0	57	14	14
收入情况	−2	39	21	18	14	7
	−1	11	22	28	24	15
	0	17	19	27	24	13
	1	10	21	26	29	14
	2	9	14	18	23	36

续表

		获得感				
		−2	−1	0	1	2
就业机会	−2	37	20	14	23	6
	−1	10	29	26	21	15
	0	16	21	29	26	8
	1	10	12	27	27	24
	2	10	10	24	24	31
生活便利情况	−2	50	8	17	25	0
	−1	21	39	11	21	8
	0	15	15	50	12	8
	1	9	21	22	33	15
	2	13	13	17	27	30
社会保障情况	−2	27	20	33	13	7
	−1	28	30	20	18	5
	0	15	18	34	20	13
	1	9	15	17	40	18
	2	10	25	15	10	40
医疗卫生情况	−2	45	15	25	5	10
	−1	10	39	29	10	13
	0	16	16	36	19	13
	1	12	22	14	42	10
	2	9	12	12	30	36
职业技能变化情况	−2	75	0	0	25	0
	−1	19	43	19	14	5
	0	17	17	34	23	10
	1	11	21	26	25	17
	2	16	14	14	30	27
社会公平正义程度	−2	49	20	15	12	5
	−1	9	43	24	17	7
	0	10	13	42	27	8
	1	6	14	14	35	31
	2	9	9	14	27	41
被社会接受程度	−2	75	0	17	8	0
	−1	15	50	12	12	12
	0	13	28	37	13	8
	1	11	9	25	45	11
	2	13	13	13	18	45

续表

		获得感				
		−2	−1	0	1	2
参与社会组织和社会活动程度	−2	38	17	12	19	14
	−1	5	42	24	21	8
	0	9	17	41	27	6
	1	12	14	27	25	22
	2	0	11	6	33	50
对自己现状的满意程度	−2	48	19	15	15	4
	−1	14	43	22	10	12
	0	7	20	35	30	7
	1	11	10	32	35	13
	2	15	6	9	24	47
对自己生活目标的态度	−2	100	0	0	0	0
	−1	13	43	9	26	9
	0	23	20	49	9	0
	1	8	21	29	35	7
	2	14	14	18	21	34
对未来生活的信心程度	−2	88	0	0	0	13
	−1	21	50	14	14	0
	0	14	29	43	11	3
	1	7	27	29	29	9
	2	16	10	20	28	26

通过表6-2可知各项指标的获得感总体水平，以及各指标项目间获得感水平的差异。首先，从性别角度而言，女性获得感偏高，而男性获得感水平偏低（见图6-1）。这主要是因为男性比女性承担了更多的社会责任和家庭责任，压力较大，从而降低了获得感水平。

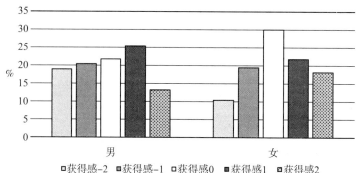

图6-1 性别与获得感

从图 6 - 2 可以看出获得感随着年龄的升高而呈现下降趋势，到了 50 岁之后，获得感又有所提升。16 ~ 20 岁及 21 ~ 30 岁的新生代农民工最初进入城市打拼，对城乡差异感受较为明显，对城市生活仍然保持高度的热情，因而获得感水平较高。随着年龄的增长和阅历的增加，新鲜感削弱，青壮年农民工群体经历更多挫折，对城市生活和工作逐渐产生负面情绪，质疑付出和回报不对等情况。同时随着年龄增长，需要承担的社会和家庭的责任义务更重，也使他们的获得感有所降低。而 50 岁以上的农民工群体获得感又有提高，则可能是因为这一年龄段的农民工的子女基本独立，对城市打工生活已经习惯，对于未来有可靠、踏实的计划。

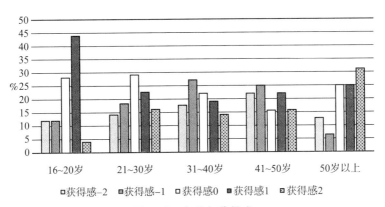

图 6 - 2   年龄与获得感

从教育程度与获得感（图 6 - 3）中，我们能够发现随着教育程度的提高，农民工的获得感有逐渐提升的趋势，但是高中程度的农民工为异常，他们的获得感没有显著提升。当前对农民工的招聘标准正在一步步提高，无学历或教育程度低的农民工工作机会不如文化程度中等及以上的多，获得感水平自然相对较低。而高中学历的农民工，自身学历、对工作的期待与身份、社会地位、职业环境等现实状况不符，可能是造成其获得感水平稍逊于初中文化群体的原因。

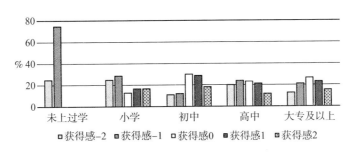

图 6 - 3   教育程度与获得感

从图6-4可知，收入会对农民工的获得感产生影响，一般来说，收入越高，获得感越高。但是当收入超过5000元时，农民工的获得感差异较大，有极端值出现。这可能是因为随着收入水平提高，群体的消费观念也不断变化，而当收入水平达到相当程度时（如5000元及以上水平），收入情况逐渐无法满足部分消费，这一群体的农民工对收入有了更高的要求，于是获得感反不如收入水平较低的群体高。

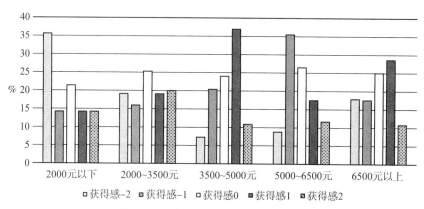

图6-4　个人月收入水平与获得感

主观评估的十二项指标则与获得感基本呈正相关。随着收入情况的好转、就业机会的增加、生活条件便利化、社会保障趋于完善、医疗卫生情况改善、职业技能提高，农民工获得感水平也逐渐增加。同样，被社会接纳程度越高、感知社会更加公平、参与社会的积极性越高的群体获得感水平也明显较高。对自我现状越满意、对生活目标态度越积极，对未来生活越有信心，农民工获得感也更高。但部分指标如生活便利情况、社会保障情况、职业技能变化情况，感觉"非常好"的群体获得感水平相对感觉"好"群体则稍许降低。这表明，当生活便利、社会保障等情况趋于好转的同时，农民工群体对于这些方面有了更高的要求，也影响了获得感总体水平。

第五节　Probit模型回归分析

一、模型选择与变量介绍

（一）模型设定

本课题组采用有序Probit模型分析影响农民工群体获得感的因素，我们对如下方程进行回归：

$$P(Y_I = 1 | X_i) = \beta X_i + \varepsilon_i, \quad i = 1, \cdots, n \qquad (6-1)$$

其中，因变量为北京市农民工的获得感；X_i 为自变量；β 为待估计的参数；ε_i 为误差项。由于对农民工获得感的影响因素很多，我们自变量选取的因素包括性别、年龄、受教育水平、平均月收入、来京务工时间、收入变化、就业机会变化、生活便利情况、社会保障、医疗卫生、职业技能、社会公平、社会接受程度、社会组织参与、生活现状满意情况、生活目标态度、未来信心等17个变量。

考虑到基本变量会受到主观变量的影响，以及主观变量内部的变化对获得感的影响也不同，因此为了避免单次回归造成的偏差，我们一共进行三次回归，设立三个模型 M1，M2，M3，第一次只对基本变量做回归，第二次加入主观变量，考虑主观变量增加对获得感的影响，第三次则考虑主观变量减少对获得感的影响。

（二）变量介绍

获得感方程中的核心变量主要有两类：一类是基本变量；另一类是主观变量。

基本变量包括性别、年龄、受教育水平、平均月收入、来京务工时间。我们将分类变量性别设定为男1女0，年龄、受教育水平、平均月收入、来京务工时间分别采用组中值作为变量。主观变量包括收入变化、就业机会变化、生活便利情况、社会保障程度、医疗卫生保障程度、职业技能变化情况、社会公平正义程度、被社会接受程度、参与社会组织与活动的情况、对生活现状的满意情况、对生活目标的态度、对未来生活的信心程度，分别都包括增加、不变、减少三种情况。在模型 M2 中，我们以主观变量增加为基准，即主观变量增加为1，不增加为0。在模型 M3 中，我们以主观变量减少为基准，即主观变量减少为1，不减少为0。表6-3给出了各变量的定义。

表6-3　　　　　　　　　　　　　　　变量定义

变量	变量定义	变量	变量定义
男性	虚拟变量，男性=1	职业技能变化	
年龄	年龄，组中值	增加	虚拟变量，增加=1
教育	受教育年限，组中值	减少	虚拟变量，减少=1
月工资	月平均工资，组中值	社会公平情况	
来京时间	来京务工时间，组中值	社会公平	虚拟变量，公平=1

变量	变量定义	变量	变量定义
收入变化		社会不公平	虚拟变量，不公平＝1
增加	虚拟变量，增加＝1	社会接受程度	
减少	虚拟变量，减少＝1	被接受	虚拟变量，被接受＝1
就业机会变化		不被接受	虚拟变量，不被接受＝1
增加	虚拟变量，增加＝1	社会组织	
减少	虚拟变量，减少＝1	参加	虚拟变量，参加＝1
生活便利变化		不参加	虚拟变量，不参加＝1
增加	虚拟变量，增加＝1	生活满意度	
减少	虚拟变量，减少＝1	满意	虚拟变量，满意＝1
社会保障变化		不满意	虚拟变量，不满意＝1
增加	虚拟变量，增加＝1	生活目标	
减少	虚拟变量，减少＝1	有目标	虚拟变量，有目标＝1
医疗卫生变化		没目标	虚拟变量，无目标＝1
增加	虚拟变量，增加＝1	未来信心	
减少	虚拟变量，减少＝1	有信心	虚拟变量，有信心＝1
		无信心	虚拟变量，无信心＝1

二、分析结果

表6-4是分别用基本变量和全部变量作出的三个有序 Probit 回归模型的数据结果。M1 是对五项基本信息做的回归，用来测量基本因素对获得感的影响程度。M2、M3 是加入主观变量后做出的回归，用来测量主观因素对获得感的影响，并衡量加入主观因素后，基本因素对获得感影响程度的变化情况。而 M2，M3 之间的对比也可以衡量出主观因素增加和主观因素减少对获得感的影响程度。M2 是以主观因素增加为基准的（即增加为1，不增加为0），结果中若回归系数为正数，则表明该因素对获得感有正向影响，若为负数，则表示该因素对获得感有负向影响。M3 是以主观因素减少为基准的（即减少为1，不减少为0），结果中若回归系数为正数，则说明该因素对获得感有负向影响，若为负数，则表示该因素对获得感有正向影响。

表 6 - 4　　　　　　　　　　基于有序 Probit 模型的回归结果

变量	M1		M2		M3	
	β1	P	β2	P	β3	P
性别	0.07515	0.671	− 0.21137	0.331	0.18264	0.375
年龄	0.00912	0.338	0.02458 **	0.046	0.00967	0.359
文化程度	0.00859	0.786	0.02317	0.565	0.01021	0.783
进京务工时间	− 0.04108	0.129	− 0.05691 *	0.087	− 0.03408	0.261
个人月收入水平	0.00003	0.57	− 0.00004	0.62	− 0.00003	0.678
收入变化情况			− 0.46012 *	0.077	− 0.09594	0.723
就业机会变化			− 0.16286	0.547	0.09068	0.717
生活便利变化			0.64127 ***	0.007	0.01898	0.946
社会保障变化			0.24929	0.341	− 0.34083	0.191
医疗卫生变化			0.47335 **	0.041	− 0.34733	0.192
职业技能变化			0.04574	0.833	− 0.38798	0.3
社会公平变化			0.58826 ***	0.01	− 0.52092 **	0.013
被社会接纳程度			0.66869 ***	0.003	− 0.14973	0.645
社会组织参与			0.03970	0.869	− 0.15601	0.483
对现状满意变化			0.21481	0.335	− 0.61908 ***	0.005
生活有目标变化			0.40238	0.153	0.42364	0.241
对未来信心变化			0.63938 **	0.035	− 0.77808 *	0.097

注：＊、＊＊、＊＊＊分别表示在 10%、5%、1%的水平上显著。

　　从 M1 的结果来看，性别、年龄、文化程度、个人月收入水平的回归系数都为正数，对获得感有正向影响；而进京务工时间的回归系数为负数，对获得感有负向影响，即进京时间越长，获得感越弱。进京时间长可能会导致农民工对生活的期待增加，但是现状没有改变，且受到的不公正待遇更多，抱怨积累，从而导致获得感较少。但是从 P 值来看，这五项基本因素对获得感的影响都不显著。

　　从 M2 的结果来看，性别、进京务工时间、个人月收入水平、收入变化情况和就业机会变化情况这几个变量的回归系数为负数，对获得感产生负向影响，即这些因素的增加会导致农民工获得感的降低。其余的因素都对获得感有正向的积极影响，即这些因素的增加会造成获得感的提升。出现这种结果可能是因为个人收入增加导致消费水平提升，但收入却跟不上消费的增长；同时收入增加后，有些农民工也会考虑买房，但是相对微薄的收入不足以支撑；收入增加后，农民工会和他人比较，从而产生心理落差。这些都可能导致农民工收入增加但是获得感却降低了。而就业机会虽然增加，但是由于文化程度和职业技能的限制，再加上就业市场的歧视，农民工往往得不到自己想要的工作，这也可能导致获得感降低。在 M2 中我们可以看出生活便利情况、社会公平正义情况和被社会接纳程度对农民工的获得感有十分显著的影响；年龄、医疗卫生、对未来生活的信心影响次之；进京务工时间、收入变化情况对获得感有微弱影响；其余因素对获得感影响很小。由此可见社会环境和基础设施的改善对提升农民工的获得感有巨大意义。此外，值得我们注意的是，M2 在加入了主观变量后，基本变量对获得感的影响也发生了变化。个人月收入水平对获得感的影响更加不显著，年龄和进京务工时间对获得感的影响变得显著了，性别和个人月收入水平对获得感由正向影响变为了负向影响。这说明农民工对获得感的体验更多的在精神方面。

在 M3 中，性别、年龄、文化程度、生活便利情况、就业机会变化、对生活目标的态度这些变量的回归系数都为正数，说明它们的减少会引起获得感的增加，对获得感有负向影响。一种可能的解释是农民工对生活有追求，但是他们所设定的生活目标可能离现实太遥远，没有操作的可行性，导致他们理想与现实落差巨大，降低了获得感。而文化程度高的农民工对自己的职业和生活期许也很高，但是现实中却没有实现。他用比其他农民工更好的自身条件，换取了相差不大的回报，这样的落差更大，也会降低获得感。而随着年龄的增加，农民工相继娶妻生子，有些甚至还需要照顾生病的老人，他们的生活压力、精神压力也越来越大，也会降低获得感。生活更加便利，他们接触到文化娱乐等信息的途径就越多，与他人的交流就越多，而在这一过程中，农民工会将自己的状况与他人的状况进行对比，由此产生的差距会带来更大的失落感，从而降低农民工的获得感。在 M3 中我们通过 P 值可以看出只有社会公平正义程度、对现状的满意程度和对未来生活的信心程度对获得感有较为显著的影响，其他变量对其影响都不显著。且加入了主观变量后，基本变量对获得感的影响没有发生太大变化。这说明这些主观变量的减少不如增加对获得感的影响大，但是社会公平正义程度、对现状的满意程度和对未来生活的信心程度这些变量无论增加还是减少都会极大地影响农民工的获得感。

我们把 M1、M2、M3 结合起来看，发现在加入增加的主观变量后，年龄和进京务工时间对获得感的影响变得显著了，其他变量对获得感的影响都不显著。这可能是因为不同的年龄段和不同进京时间的农民工对主观因素的感受差异较大，因此不同年龄段和不同进京时间的农民工的获得感差异也较大，对获得感的影响上升。此外，我们还注意到，在加入了增加的主观变量后，性别的影响由正向变为了负向，而个人月收入水平无论在 M2 还是 M3 中都变为了负向影响。这可能是因为男性往往比女性承担更大的社会责任和家庭责任，压力更大，所以会降低获得感。而个人月收入水平对获得感的负向影响则与前文提到的收入与消费的关系有关。

最后我们对比了 M2 和 M3，发现社会公平正义程度和对未来生活的信心程度不论增加还是减少对农民工的获得感都影响显著。其他的主观变量在增加时对获得感影响显著，减少时则影响甚微。这说明相比于物质因素，社会环境和农民工的主观心理因素对获得感的影响更大。而生活便利程度、医疗卫生保障、被社会的接纳程度的提高则对农民工获得感的提升有很大帮助。

第六节　调查的基本结论

一、结论与建议

（一）结论

性别、文化程度、个人月收入水平对农民工获得感的影响不显著。生活便利程度、医疗卫生保障、社会公平正义程度、被社会接纳程度，对未来生活的信心程度对获得感的影响最为显著。即物质因素不是影响农民工获得感的最重要因素，社会环境、社会保障、公共基础设施和农民工的主观心理因素更为重要。

主观因素增加对获得感的影响较为显著，其减少对获得感的影响较不显著。但是社会公平正义程度和对未来生活的信心程度不论增加还是减少都对农民工获得感有着巨大影响。

性别、进京务工时间、个人月收入水平、收入变化情况和就业机会变化情况对获得感有负向影响，其他因素对获得感均为正向影响。

（二）建议

在经济发展新常态下，我国应转变经济发展结构，大力发展高技术、高附加值产业，寻找新的经济增长点，保障经济平稳运行。同时，应鼓励农民工关注国家经济发展趋势，努力提高职业技能，选择符合国家经济发展潮流的行业，逐步提高工资水平和生活水平。

国家应重视基础设施建设投资，建立更多惠民工程，尤其是农民工群体，政府和社会要给予更多帮助和支持，改善他们的生活状况，从衣、食、住、行各个方面让人民感受到国家发展成果，以提升获得感。

国家应加大对社会保障的财政投入，进一步完善五险一金、医疗保障等社会保障制度，并针对农民工出台相应的政策，力求做到"专款专用"，切实改善农民工的社会保障和医疗保障状况。用工单位也应遵守法律法规，签订用工合同，并按要求给予农民工相应的保险及福利。农民工自身应提高法律意识，关注国家政策，切实维护自身合法权益。同时，我们还应鼓励和支持相关社会组织的介入，进行宣传教育，提高农民工的自我保护意识，并对企业和政府起到社会监督的作用。

农民工获得感的提升不仅在于收入、就业等物质层面，还要重视整个社会的软环境及农民工个人的心理。我们在重视物质"脱贫"的同时，更要注重精神"脱贫"，增强农民工群体对未来生活的信心，更积极地追求生活目标。

鼓励企业建立工会作为基层农民工权益组织，保护农民工的合法权益，并在其他方面给予帮助和支持。鼓励工会帮助新入京农民工尽快适应城市环境和集体环境，帮助工作时间较长的农民工解决生活、工作等方面的问题和苦恼，建立"老"农民工带起"新"农民工的一对一帮扶机制。提高农民工的被社会接纳度，提高农民工的获得感。

政府应继续鼓励支持与保障农民工权益相关的公益组织、社会团体的成立和运作，并将其纳入体制系统化管理。农民工相关公益活动表现出的不仅是城市居民对农民工群体的接纳和关注，更是社会整体不同层次之间的主动融入，使农民工群体切身体会到社会关怀，提升其社会获得感。

二、不足之处与今后研究方向

（一）不足之处

课题组在问卷设计过程中，各项问题较为简单，指标体系较为简洁，涵盖面广，但缺乏对某一方面的深度挖掘。问卷结果反映农民工获得感的大致情况时，对于部分细节和深度话题探索仍有不足。

调查过程中，由于课题组成员时间紧迫、小组资金有限，课题组择取样本总量较单薄，并没有形成相当规模的样本，对于后期的数据分析和结论的普遍性造成一定影响。同时，控制变量只着眼于平衡各行业的样本数量，忽略其他变量如性别、教育程度等的变量把握。考虑到学生的安全和课业问题，样本选择范围仅包括海淀区、西城区、朝阳区、丰台区等部分地区，且尽量选择学校周边的样本，对于较远较偏的农民工聚居地探访较少。这些也可能造成最终各项指标与获得感相关性的数据不够精确。另外，由于预先对采访的各个农民工背景缺乏了解，在"子女教育程度"一项中出现许多空缺，导致此项指标无法参与最终的分析结果中。

进行各项指标分析时，课题组运用 Stata 中有序 Probit 模型对各级指标与获得感的相关性进行测量，模型较为简单，在精细化数据处理方面有所不足。在进一步的数据分析过程中，课题组基本凭借模型给出的数据进行描述，尚缺乏科学专业的理论支持。

（二）研究方向

对于农民工获得感的研究，在时间充裕、人力足够、资金完备的情况下，首先可以进一步扩大样本择取范围和择取量，通过规模的样本数，取得更具有代表性和普遍意义的数据。同时，需要对受访农民工群体的背景进行大致的了解，以便问卷达到效果并更具备针对性。指标体系可以在目前框架上做进一步的细化分化，对于各项指标内各方面进行再探索。在此基础之上，调查可进一步精确对样本选择，并对多个变量进行把握，如性别、月收入水平、受教育程度等，选择一到两个指标进行深度挖掘，如针对性别与获得感水平关系研究，行业与获得感水平关系研究等等。

对调查结果的分析，可以选择更为复杂精密的模型，对影响获得感的各项因素进行更准确的描述。将个体与群体之间层级关系对因变量获得感的影响纳入考虑，采取多层回归模型或其他模型进行测量，以获得更精确的数据。在精确的数据基础之上进行描述分析时，也可以采取更多专业性的理论作为补充和支持。另外，在条件允许的情况下，课题组可以数据分析结果为参考，对某项指标或某项指标的某方面进行二次调查，使获得感影响因素的研究更为精细、完整。

今后在关于农民工获得感问题的研究中，可以尝试构建指标体系，形成一套系统科学的测量标准。这无论对研究农民工课题还是深入研究获得感问题都具有指导和借鉴意义。

附录一

省际共享发展指数测算指标解释及数据来源

一、人均地区 GDP

国内生产总值（GDP）是指按市场价格计算的一个国家（或地区）所有常住单位在一定时期内生产活动的最终成果。对于一个地区来说，称为地区生产总值或地区 GDP。计算公式为：

$$人均地区生产总值 = \frac{地区生产总值}{(上年年末总人口数 + 当年年末总人口数)/2}$$

资料来源：国家统计局：《中国统计年鉴》2011～2015 年，中国统计出版社 2011～2015 年版。

二、收入最高 20% 与收入最低 20% 的年人均收入比

收入最高 20% 与收入最低 20% 的年人均收入比指收入五等份组中收入最高的前 20% 的人均收入与收入最低的 20% 人均收入的比值。

资料来源：国家统计局：《中国统计年鉴2015》，中国统计出版社 2015 年版。

三、城镇登记失业率

城镇登记失业率，是指在报告期末城镇登记失业人数占期末城镇从业人员总数与期末实有城镇登记失业人数之和的比重。城镇登记失业率 = 城镇登记失业人数÷〔（城镇单位就业人员 − 使用的农村劳动力 − 聘用的离退休人员 − 聘用的港澳台及外方人员）+ 不在岗职工 + 城镇私营业主 + 城镇个体户主 + 城镇私营企业及个体就业人员 + 城镇登记失业人数〕×100%

资料来源：国家统计局：《中国统计年鉴2015》，中国统计出版社 2015 年版。

四、居民基本养老保险参保率

居民基本养老保险参保率指已参加居民基本养老保险的人数占应参加居民基

本养老保险人数的比率。参保人数指报告期末，参加城乡居民养老保险（在经办机构参保登记并已建立缴费记录以及制度实施当年已经年满60周岁并在经办机构参保登记）的总人数（不包括已经办理注销登记手续的人数）。

资料来源：国家统计局：《中国统计年鉴2015》，中国统计出版社2015年版。

五、人均预期寿命

人均预期寿命，可以反映出一个社会生活质量的高低。社会经济条件、卫生医疗水平限制着人们的寿命。所以不同的社会，不同的时期，人类寿命的长短有着很大的差别；同时，由于体质、遗传因素、生活条件等个人差异，也使每个人的寿命长短相差悬殊。因此，虽然难以预测具体某个人的寿命有多长，但可以通过科学的方法计算并告知在一定的死亡水平下，预期每个人出生时平均可存活的年数，这是根据婴儿和各年龄段人口死亡的情况计算后得出的，是指在现阶段每个人若无意外，应该活到这个年龄。

资料来源：国家统计局：《中国统计年鉴》2011～2015年，中国统计出版社2011～2015年版。

六、每千人拥有的医护人员数量

每千人口卫生技术人员＝卫生技术人员数/人口数×1000。人口数系年末常住人口。卫生技术人员包括执业医师、执业助理医师、注册护士、药师（士）、检验技师（士）、影像技师、卫生监督员和见习医（药、护、技）师（士）等卫生专业人员。不包括从事管理工作的卫生技术人员（如院长、副院长、党委书记等）。

资料来源：国家统计局：《中国统计年鉴2015》，中国统计出版社2015年版。

七、每千人拥有的病床数量

每千人口医疗卫生机构床位＝医疗卫生机构床位数/人口数×1000。人口数系年末常住人口。床位数指年底固定实有床位（非编制床位），包括正规床、简易床、监护床、正在消毒和修理床位、因扩建或大修而停用的床位、不包括产科新生儿床、接产室待产床、库存床、观察床、临时加床和病人家属陪侍床。

资料来源：国家统计局：《中国统计年鉴2015》，中国统计出版社2015年版。

八、住房保障支出占财政支出比

一般公共预算支出指国家财政将筹集起来的资金进行分配使用，以满足经济建设和各项事业的需要。主要包括：一般公共服务、外交、国防、公共安全、教育、科学技术、文化体育与传媒、社会保障和就业、医疗卫生与计划生育、节能环保、城乡社区、农林水、交通运输、资源勘探信息等、商业服务业等、金融、援助其他地区、国土海洋气象等、住房保障、粮油物资储备、政府债务付息等方面的支出。财政支出根据政府在经济和社会活动中的不同职权，划分为中央财政支出和地方财政支出。住房保障支出占财政支出比是指住房保障支出占一般公共预算支出的比重。

资料来源：国家统计局：《中国统计年鉴2015》，中国统计出版社2015年版。

九、人均住房面积

人均住宅建筑面积（新增指标）是指按居住人口计算的平均每人拥有的住宅建筑面积。

资料来源：国家统计局：《中国统计年鉴2015》，中国统计出版社2015年版。

十、人均城市公共交通运营线路网长度

人均城市公共交通运营线路网长度是指每人拥有的城市公共交通运营线路网长度。人均城市公共交通运营线路网长度计算公式为：

$$人均城市公共交通运营线路网长度 = \frac{城市公共交通运营线路网长度}{城市年平均人口}$$

资料来源：国家统计局：《中国统计年鉴2015》，中国统计出版社2015年版；国家统计局：《中国城市统计年鉴2015》，中国统计出版社2015年版。

十一、供水普及率

供水普及率是指城市供水覆盖范围内的反映城市供水普及与便捷的平均水平指标。计算公式为：

$$供水普及率 = \frac{城市用水人口数}{城市人口总数} \times 100\%$$

资料来源：国家统计局：《中国统计年鉴2015》，中国统计出版社2015年版。

十二、燃气普及率

燃气普及率指报告期末城区使用燃气的城市人口数与城市人口总数的比率。其中燃气包括人工煤气、天然气、液化石油气三种。计算公式为：

$$燃气普及率 = \frac{城区用气人口（含暂住人口）}{城区人口 + 城区暂住人口} \times 100\%$$

资料来源：国家统计局：《中国统计年鉴2015》，中国统计出版社2015年版。

十三、人均公共财政科技支出

一般公共预算支出指国家财政将筹集起来的资金进行分配使用，以满足经济建设和各项事业的需要。主要包括：一般公共服务、外交、国防、公共安全、教育、科学技术、文化体育与传媒、社会保障和就业、医疗卫生与计划生育、节能环保、城乡社区、农林水、交通运输、资源勘探信息等、商业服务业等、金融、援助其他地区、国土海洋气象等、住房保障、粮油物资储备、政府债务付息等方面的支出。财政支出根据政府在经济和社会活动中的不同职权，划分为中央财政支出和地方财政支出。人均公共财政科技支出是指科技支出占一般公共预算支出的比重。

资料来源：国家统计局：《中国统计年鉴2015》，中国统计出版社2015年版。

十四、人均受教育年限

人均受教育年限指某一特定年龄段人群接受学历教育（包括普通教育和成人学历教育，不包括各种非学历培训）的年限总和的平均数。普通教育包括：普通小学、初中、高中、职业初中、职业高中、中等专业学校、技工学校、大学专科、大学本科、硕士、博士。该指标是反映一个国家或地区劳动力教育程度或国民素质的重要指标之一。计算公式：

$$人均受教育年限 = (某一特定年龄段人群中每个人的受教育年限之和/该年龄段人群总数) \times 100\%$$

资料来源：国家统计局：《中国统计年鉴2015》，中国统计出版社2015年版。

十五、人均公共财政教育支出

一般公共预算支出指国家财政将筹集起来的资金进行分配使用，以满足经济建设和各项事业的需要。主要包括：一般公共服务、外交、国防、公共安全、教育、科学技术、文化体育与传媒、社会保障和就业、医疗卫生与计划生育、节能环保、城乡社区、农林水、交通运输、资源勘探信息等、商业服务业等、金融、援助其他地区、国土海洋气象等、住房保障、粮油物资储备、政府债务付息等方面的支出。财政支出根据政府在经济和社会活动中的不同职权，划分为中央财政支出和地方财政支出。人均公共财政教育支出是指教育支出占一般公共预算支出的比重。

资料来源：国家统计局：《中国统计年鉴2015》，中国统计出版社2015年版。

十六、人均公共财政文化、体育支出

一般公共预算支出指国家财政将筹集起来的资金进行分配使用，以满足经济建设和各项事业的需要。主要包括：一般公共服务、外交、国防、公共安全、教育、科学技术、文化体育与传媒、社会保障和就业、医疗卫生与计划生育、节能环保、城乡社区、农林水、交通运输、资源勘探信息等、商业服务业等、金融、援助其他地区、国土海洋气象等、住房保障、粮油物资储备、政府债务付息等方面的支出。财政支出根据政府在经济和社会活动中的不同职权，划分为中央财政支出和地方财政支出。人均公共财政文化、体育支出是指文化、体育支出占一般公共预算支出的比重。

资料来源：国家统计局：《中国统计年鉴2015》，中国统计出版社2015年版。

十七、贫困发生率

贫困发生率（Head Count ratio），指贫困人口占全部总人口的比率。
其公式为：

$$H = q/n$$

其中，H为贫困发生率，q为贫困人口数，n为全部人口数。

资料来源：国家统计局：《中国统计年鉴2015》，中国统计出版社2015年版。

十八、农村累计已改厕受益人口比重

累计已改厕受益人口指各种改厕形式的受益人口。农村人口指居住和生活在县城（不含）以下的乡镇、村的人口。计算公式为：

$$\text{农村累计已改厕受益人口占农村总人口比重} = \text{农村累计已改厕受益人口}/\text{城市农村总人口} \times 100\%$$

资料来源：国家统计局、环境保护部：《中国环境统计年鉴2015》，中国统计出版社2015年版。

十九、农村自来水普及率

农村自来水普及率是指实现自来水人数占总人数的比重。计算公式为：

$$\text{农村自来水普及率} = \frac{\text{实现自来水人数}}{\text{总人数}} \times 100\%$$

资料来源：国家统计局：《中国统计年鉴2015》，中国统计出版社2015年版。

二十、农村宽带接入率

农村宽带接入率是指实现宽带接入人数占总人数的比重。计算公式为：

$$农村宽带接入率 = \frac{实现宽带接入人数}{总人数} \times 100\%$$

资料来源：国家统计局：《中国统计年鉴2015》，中国统计出版社2015年版。

二十一、人均水资源量

水资源总量是指评价区内降水形成的地表和地下产水总量，即地表产流量与降水入渗补给地下水量之和，不包括过境水量。人均水资源量是指一定时期内一个地区个人平均拥有的地表和地下产水总量。计算公式为：

$$人均当地水资源量 = 该地区的水资源总量/该地区总人数$$

资料来源：国家统计局：《中国统计年鉴2015》，中国统计出版社2015年版。

二十二、人均森林面积

森林面积是指由乔木树种构成，郁闭度0.2以上（含0.2）的林地或冠幅宽度10米以上的林带的面积，即有林地面积。森林面积包括天然起源和人工起源的针叶林面积、阔叶林面积、针阔混交林面积和竹林面积，不包括灌木林地面积和疏林地面积。人均森林面积是指一定时期内一个地区个人平均拥有的有林地面积。计算公式为：

$$人均森林面积 = 该地区森林面积/该地区总人数$$

资料来源：国家统计局：《中国统计年鉴2015》，中国统计出版社2015年版。

二十三、人均耕地面积

耕地面积指经过开垦用以种植农作物并经常进行耕耘的土地面积。包括种有作物的土地面积、休闲地、新开荒地和抛荒未满三年的土地面积。计算公式为：

$$人均耕地面积 = \frac{耕地面积}{人口数}$$

资料来源：国家统计局：《中国统计年鉴2015》，中国统计出版社2015年版。

二十四、城市生活垃圾无害化处理率

城市生活垃圾无害化处理率是指报告期生活垃圾无害化处理量与生活垃圾产生量比率。在统计上，由于生活垃圾产生量不易取得，可用清运量代替。计算公式为：

$$\frac{生活垃圾无}{害化处理率} = \frac{生活垃圾无害化处理量}{生活垃圾产生量} \times 100\%$$

资料来源：国家统计局：《中国统计年鉴2015》，中国统计出版社2015年版。

二十五、环境保护支出占财政支出比

环境保护支出是指政府环境保护支出，包括环境保护管理事务支出、环境监测与监察支出、污染治理支出、自然生态保护支出、天然林保护工程支出、退耕还林支出、风沙荒漠治理支出、退牧还草支出、已垦草原退耕还草、能源节约利用、污染减排、可再生能源和资源综合利用等支出。环境保护支出占财政支出比重是指环境保护支出占财政支出的百分比。计算公式为：

环境保护支出占财政支出比重 = 环境保护支出/财政支出 × 100%

资料来源：国家统计局：《中国统计年鉴2015》，中国统计出版社2015年版。

附录二

城乡共享发展指数测算指标解释及数据来源

一、城乡居民家庭人均可支配收入比

居民可支配收入指居民可用于最终消费支出和储蓄的总和，即居民可用于自由支配的收入。既包括现金收入，也包括实物收入。按照收入的来源，可支配收入包含四项，分别为：工资性收入、经营净收入、财产净收入和转移净收入。城乡居民家庭人均可支配收入比是指城镇居民与农村居民人均可支配收入的比值。

二、城乡家庭人均消费支出比

居民消费支出是指居民用于满足家庭日常生活消费需要的全部支出，既包括现金消费支出，也包括实物消费支出。消费支出可划分为食品烟酒、衣着、居住、生活用品及服务、交通通信、教育文化娱乐、医疗保健以及其他用品及服务八大类。城乡家庭人均消费支出比是指城镇居民与农村居民人均消费支出的比值。

三、城乡就业人数之比

就业人员指在一定年龄以上，有劳动能力，为取得劳动报酬或经营收入而从事一定社会劳动的人员。具体指年满 16 周岁，为取得报酬或经营利润，在调查周内从事了 1 小时（含 1 小时）以上劳动的人员；或由于学习、休假等原因在调查周内暂时处于未工作状态，但有工作单位或场所的人员；或由于季节性歇业、单位不景气放假等原因在调查周内暂时处于未工作状态，但不满三个月的人员。城乡就业人数之比是指城镇居民与农村居民就业人数的比值。

四、基本养老保险参保率城乡之比

居民基本养老保险参保率指已参加居民基本养老保险的人数占应参加居民基本养老保险人数的比率。基本养老保险参保率城乡之比是指城镇居民与农村居民

参加城镇居民与农村居民的比值。

五、养老金支出与达到领取养老金标准的人数比值的城乡比

养老金支出与达到领取养老金标准的人数比值的城乡比是指城镇与农村的养老金支出与达到领取养老金标准的人数比值再相除。

资料来源：各地方统计年鉴。

六、医疗保险参保率城乡比

医疗保险参保率城乡比是指城市居民医疗保险参保率与农村居民医疗保险参保率的比值。

资料来源：各地方统计年鉴。

七、医疗保险支出与达到领取医疗保险标准的人数比值的城乡比

医疗保险支出与达到领取医疗保险标准的人数比值的城乡比是指城镇与农村的医疗保险支出与达到领取医疗保险标准的人数比值再相除。

资料来源：各地方统计年鉴。

八、人均住房建筑面积城乡比

人均住宅建筑面积（新增指标）是指按居住人口计算的平均每人拥有的住宅建筑面积。人均住房建筑面积城乡比是指城镇与农村人均住宅建筑面积的比值。

资料来源：国家统计局：《中国统计年鉴2015》，中国统计出版社2015年版。

九、人均受教育年限的城乡之比

人均受教育年限指某一特定年龄段人群接受学历教育（包括普通教育和成人学历教育，不包括各种非学历培训）的年限总和的平均数。普通教育包括：普通小学、初中、高中、职业初中、职业高中、中等专业学校、技工学校、大学专科、大学本科、硕士、博士。该指标是反映一个国家或地区劳动力教育程度或国民素质的重要指标之一。人均受教育年限的城乡之比是指城镇与农村人均受教育年限的比值。

资料来源：国家统计局：《中国统计年鉴2015》，中国统计出版社2015年版。

十、人均公路里程的城乡对比

人均公路里程的城乡对比是指城镇与农村人均公路里程的比值。

资料来源：国家统计局：《中国统计年鉴 2015》，中国统计出版社 2015 年版。

十一、城乡宽带接入用户之比

农村宽带接入率指实现宽带接入人数占总人数的比重。计算公式为：

$$农村宽带接入率 = \frac{实现宽带接入人数}{总人数} \times 100\%$$

城乡宽带接入用户之比是指城镇与农村宽带接入用户的比值。

资料来源：国家统计局：《中国统计年鉴 2015》，中国统计出版社 2015 年版。

十二、城乡最低生活保障标准之比

最低生活保障是指国家对家庭人均收入低于当地政府公告的最低生活标准的人口给予一定现金资助，以保证该家庭成员基本生活所需的社会保障制度。最低生活保障线也即低保线。对达到低保线的人口给予相应补助以保证其基本生活的做法。城乡最低生活保障标准之比是指城镇最低生活保障标准与农村最低生活保障标准的比值。

十三、城乡供水普及率之比

供水普及率是指城市供水覆盖范围内的反映城市供水普及与便捷的平均水平指标。

计算公式为：

$$供水普及率 = \frac{城市用水人口数}{城市人口总数} \times 100\%$$

城乡供水普及率之比是指城镇与农村城乡供水普及率的比值。

资料来源：国家统计局：《中国统计年鉴 2015》，中国统计出版社 2015 年版。

十四、城乡累计已改厕受益人口比重之比

累计已改厕受益人口指各种改厕形式的受益人口。累计已改厕受益人口占总人口比重 = 累计已改厕受益人口 / 总人口 × 100%

城乡累计已改厕受益人口比重之比是指城镇与农村累计已改厕受益人口比重的比值。

资料来源：国家统计局、环境保护部：《中国环境统计年鉴 2015》，中国统计出版社 2015 年版。

十五、城乡人均日生活用水量之比

城乡人均日生活用水量之比是指城镇与农村人均日生活用水量的比值。

资料来源：国家统计局：《中国统计年鉴 2015》，中国统计出版社 2015 年版。

十六、城乡人均绿化面积对比

人均公共绿地面积指公共绿地面积的人均占有量，以平方米/人表示。城乡人均绿化面积对比是指城镇与农村人均绿化面积的比值。

资料来源：国家统计局：《中国统计年鉴 2015》，中国统计出版社 2015 年版。

附录三

北京市外来务工人员获得感调查方案

一、调查目的

2015年2月27日，习近平总书记在中央全面深化改革领导小组第十次会议上第一次提出让人民群众有更多"获得感"。十八届五中全会习近平总书记提出五大发展理念，再次提到要坚持共享发展，使全体人民在共建共享发展中有更多"获得感"。"获得感"一词由此迅速流行，多用以指人民群众共享改革成果的幸福感。因此在共享发展理念下，研究人民的获得感情况是十分必要的。农民工是中国城镇化发展过程中独特的现象，农民工群体是城市发展中的弱势群体，此调查目的是通过调查问卷来对在北京地区的农民工群体对国家发展结果的获得感状况进行理论分析，并提出相应的政策性建议。

二、调查对象

北京市农民工群体

三、调查项目

基本信息及农民工群体对国家经济发展、社会保障、医疗卫生、教育文化、社会环境、主观心理等方面的感受程度。

四、调查方法及方式

采用地图抽样框抽样方法，对不同行业的群体进行街访。

表1　　　　　　　　　　　　　　地图抽样框

朝阳区	海淀区	昌平区	大兴区
50~80份	50~80份	50~80份	50~80份
望京花园东区 侯庄路口北	北京师范大学 北京邮电大学 高校周围	回龙观地区 地铁站 新亚学校及周围	韩村 （民工居住地）

朝阳区	海淀区	昌平区	大兴区
批发零售业 交通运输、仓储和邮政业 住宿与餐饮业等	住宿与餐饮业 交通运输、仓储和邮政业 其他服务业等	建筑业 住宿与餐饮业 其他服务业等	制造业 建筑业 其他服务业等

五、调查组织实施计划

具体执行方案如下：

第一组调查方案

调查对象：

（1）北京师范大学校内农村籍外来务工人员　　（2）高校周围农村籍外来务工人员

调查具体内容及范围（可选）：

1. 校内

1）保洁员：寝室楼层保洁、教学楼卫生保洁（研究生楼底下后勤之家）

2）管理员：宿舍门禁管理员、图书馆管理员（这个可能比较少）、保安

3）校内个体经营者：外卖窗口、学五及北门水果店、四家打印店、西门杂货店、发廊、餐厅

4）食堂务工人员：

5）快递员：城市一百、小麦公社、大西门聚集点

6）修理：两家电脑修理店、后勤修理工

7）建筑工人：教工食堂附近的在建工程

2. 学校周边（师大南门/明光村/铁狮子坟/新街口/平安里）

1）住宿餐饮业：私营或连锁酒店、个体餐饮店

2）批发零售业：金五星市场、蔬果生鲜店、大中小型超市

3）交通运输、仓储、邮政：明光村西快递集中地

4）居民服务、修理和其他服务业：美容美发（北邮南）、摄影美工（师大西门）、家电维修（明光村西、积水潭桥南）

3. 其他

1）服务业：部分参考【学校周边】类型，另是否考虑银行、保险、信托、家政等行业

2）建筑业：考虑是否前往外环高校施工地

调查注意事项：

1. 人身安全：

·三人结伴而行，先在校内进行问卷，保障安全。

·如有外出，至少保证两人及以上结伴而行，晚五点半之前回到学校。此外保证手机畅通，在调查群里及时发定位。

·外出不会出现交通问题，全程步行，注意交通规则。

·如去外环高校施工地，四人集体前往，并携带家属。

2. 交流技巧：进行简单的问卷技巧培训。

第二组调查方案

朝阳区：50~80份

地点选择： 望京——侯庄路口北，望京花园东区周围

调查具体范围： 侯庄路口北以及望京花园东区周围

住宿餐饮业：私营或连锁酒店、个体餐饮店

批发零售业：蔬果生鲜店、大中小型超市

交通运输、仓储、邮政：周围司机、快递员

居民服务、修理和其他服务业：美容美发、摄影美工、家电维修（物业）

调查注意事项：

1. 人身安全：注意人身安全！

2. 交流技巧：进行简单的问卷技巧培训

昌平区：50~80份

地点选择： 回龙观——地铁站附近，新亚研修学院周围

具体调查范围： 回龙观地铁站附近，新亚研修学院周围

住宿餐饮业：学校个体餐饮店以及地铁站周围的连锁酒店

批发零售业：学校周围蔬果生鲜店、大中小型超市

交通运输、仓储、邮政：周围司机、快递员

大兴区：50~80份

调查地点： 韩村（农民工聚居区）

具体调查范围： 韩村村内居民

各行各业均有

操作方法：调查地点在韩村，房客基本都是北京外来务工人员，在房东帮助下进行问卷调查。第一，房客与房东都很熟悉，安全问题可以得到保障。第二，进行问卷时，三个人一起。第三，韩村外来人员有几万人，样本量大，各行各业都有，保证问卷质量基础上，较为方便、快捷。

北京市农民工获得感情况调查问卷

北京市"获得感"情况调查问卷

在党中央、国务院提出的"共享发展"理念下，北京师范大学"坚持共享发展，提升人民获得感的理论分析和实证研究"研究小组开展此项专门调查，调查内容主要包括：经济发展获得感、社会保障与医疗卫生获得感、教育文化获得感、社会环境获得感、主观心理获得感等相关方面的情况。请您按照自身的实际情况和自己的真实想法如实回答问题，协助调查员填写调查表，我们将严格遵守统计法，对您的个人信息给予保密。谢谢合作！

根据《中华人民共和国统计法》第三章第二十五条，在未获得您的许可的前提下，我们对您提供的信息绝对保密。科学研究、政策分析以及观点评论中发布的是大量问卷的信息汇总，而非您个人的案例信息，不会造成对您个人信息的泄露。本调查的全部调查员都已对《中华人民共和国统计法》《中华人民共和国保密法》的相关内容进行了学习，并将严格遵守相关法律，对被调查对象的相关信息进行保密。

谢谢您的大力支持和帮助！

北京师范大学

"坚持共享发展，提升人民获得感的理论分析和实证研究"研究小组

2016 年 3 月

北京市获得感情况调查问卷

（请您在选择的选项上打勾"√"）

一、基本信息

1. 您的性别：

a. 男　　　　　b. 女

2. 您的年龄：

a. 16～20 岁　　b. 21～30 岁　c. 31～40 岁　d. 41～50 岁　e. 50 岁以上

3. 您的受教育程度：

a. 未上过学　　b. 小学　　　c. 初中　　　d. 高中　　　e. 大专及以上

4. 进京务工时间：

a. 1 年以下　　b. 1～3 年　　c. 3～5 年　　d. 5～8 年　　e. 8 年以上

5. 个人月收入水平：

a. 2000 元以下　　　　　b. 2000～3500 元　　　c. 3500～5000 元

d. 5000～6500 元　　　　e. 6500 元以上

6. 从事的行业：

a. 制造业　　　　　　　b. 建筑业　　　　　　c. 批发和零售业

d. 交通运输、仓储和邮政业　e. 住宿和餐饮业　　　f. 其他服务业

7. 您的居住场所：

a. 单位宿舍　　　　　　b. 工地工棚和生产经营场所

c. 租赁住房　　　　　　d. 乡外从业回家住　　　e. 务工地自购房

二、主观部分（0 表示中间程度，1、2 表示正向程度，-1、-2 表示负向程度）

1. 参考近三年您的收入情况，您感觉您的收入变化情况是怎样的？

收入减少		← →		收入增加
-2	-1	0	1	2

2. 参考近三年您的就业机会情况，您感觉您的就业机会变化情况是怎样的？

就业机会减少		←　　→		就业机会增加
-2	-1	0	1	2

3. 参考近三年衣、食、住、行、用情况，您感觉您的生活便利情况的变化是怎样的？

生活不便利		←　　→		生活更便利
-2	-1	0	1	2

4. 参考近三年您的社会保障情况（五险一金：养老、工伤、医疗、失业、生育保险，住房公积金），您感觉您的社会保障变化是怎样的？

社会保障水平降低		←　　→		社会保障水平提高
-2	-1	0	1	2

5. 参考近三年您的医疗卫生情况（药品价格、看病价格、合作医疗、食品安全），你感觉您的医疗卫生变化情况是怎样的？

医疗卫生水平降低		←　　→		医疗卫生水平提高
-2	-1	0	1	2

6. 参考近三年您参加职业技能培训情况，你感觉自身职业技能变化情况是怎样的？

职业技能水平降低		←　　→		职业技能水平提高
-2	-1	0	1	2

7. 你感觉子女所享受的教育情况的变化情况是怎样的？（没有子女则不填）

教育水平降低		←　　→		教育水平提高
-2	-1	0	1	2

8. 你自己感受到的社会的公平正义程度是怎样的？

不公平		←——→		公平
−2	−1	0	1	2

9. 你觉得自己被社会接受的程度是怎样的？

不被接纳		←——→		被接纳
−2	−1	0	1	2

10. 你觉得自己参加社会组织和社会活动的程度是怎样的？

完全不参加		←——→		经常参加
−2	−1	0	1	2

11. 总体上，你对自己现状的满意程度是怎样的？

不满意		←——→		满意
−2	−1	0	1	2

12. 总体上，你觉得自己对生活目标的态度是怎样的？

没目标		←——→		有目标
−2	−1	0	1	2

13. 你对自己未来生活的信心程度是怎样的？

没信心		←——→		有信心
−2	−1	0	1	2

14. 您对国家发展结果的享受程度或者感受程度是怎样的？

享受不到		←——→		享受到了
−2	−1	0	1	2

15. 与家乡相比,您在北京对国家发展结果的享受程度是怎样的?

比家乡少		←——→	比家乡多	
−2	−1	0	1	2

参 考 文 献

［1］中央编译局：《马克思恩格斯选集》第 1 卷，人民出版社 1995 年版。

［2］国家统计局：《中国统计年鉴 2015》，中国统计出版社 2015 年版。

［3］《毛泽东选集》第 4 卷，人民出版社 1991 年版。

［4］《邓小平文选》第 2 卷，人民出版社 1994 年版。

［5］《江泽民论"三个代表"》，中央文献出版社 2001 年版。

［6］中共中央文献编辑委员会：《胡锦涛文选》，人民出版社 2016 年版。

［7］孙亚男、刘华军、崔蓉：《中国地区经济差距的来源及其空间相关性影响：区域协调发展视角》，载《广东财经大学学报》2016 年第 2 期。

［8］王丽：《践行共享发展理念 引领经济社会全面发展》，载《奋斗》2015 年第 11 期。

［9］官锡强：《坚持公平正义，实现共享发展》，载《南宁日报》2015 年第 12 期。

［10］杨建义：《坚持共享发展，释放制度红利》，载《中国教育报》2015 年第 11 期。

［11］陈佳奇、李文杰：《践行共享发展理念 全面建成小康社会》，载《北方经济》2015 年第 11 期。

［12］张菀航：《共享发展：推动民生事业更有作为》，载《中国发展观察》2015 年第 1 期。

［13］黄卫挺：《共享发展：兑现历史承诺，开启共富新篇章》，载《中国党政干部论坛》2015 年第 12 期。

［14］北京师范大学经济与资源管理研究院等：《2014 人类绿色发展报告》，北京师范大学出版社 2014 年版。

［15］北京师范大学科学发展观与经济可持续发展研究基地等：《2010 中国绿色发展指数年度报告——省际比较》，北京师范大学出版社 2010 年版。

［16］北京师范大学科学发展观与经济可持续发展研究基地等：《2011 中国绿色发展指数报告——区域比较》，北京师范大学出版社 2011 年版。

［17］北京师范大学科学发展观与经济可持续发展研究基地等：《2012 中国绿色发展指数报告——区域比较》，北京师范大学出版社 2012 年版。

［18］北京师范大学科学发展观与经济可持续发展研究基地等：《2013 中国绿色发展指数报告——区域比较》，北京师范大学出版社 2013 年版。

［19］北京师范大学经济与资源管理研究院等：《2014 中国绿色发展指数报告——区域比较》，北京师范大学出版社 2014 年版。

［20］北京师范大学经济与资源管理研究院等：《2015 中国绿色发展指数报告——区域比较》，北京师范大学出版社 2015 年版。

［21］北京师范大学经济与资源管理研究院等：《2016 中国绿色发展指数报告——区域比较》，北京师范大学出版社 2016 年版。

［22］张琦等：《中国绿色减贫指数报告 2014》，经济日报出版社 2014 年版。

［23］北京师范大学中国扶贫研究中心：《中国绿色减贫指数报告 2016》，经济日报出版社 2016 年版。

［24］蔡昉、都阳、王美艳：《经济发展方式转变与节能减排内在动力》，载《经济研究》2008 年第 6 期。

［25］曹东、赵学涛、杨威杉：《中国绿色经济发展和机制政策创新研究》，载《中国人口．资源与环境》2012 年第 5 期。

［26］曹荣湘：《全球大变暖：气候经济、政治与伦理》，社会科学文献出版社 2010 年版。

［27］城市绿色发展科技战略研究北京市重点实验室：《2014～2015 城市绿色发展科技战略研究报告》，北京师范大学出版社 2016 年版。

［28］迟全华：《从政治高度深刻认识绿色发展理念重大意义——学习习近平总书记关于绿色发展新理念新思想》，载《光明日报》2016 年 4 月 10 日第 6 版。

［29］国合会：《中国绿色经济的发展机制与政策创新》，中国环境出版社 2011 年版。

［30］国家统计局、环境保护部：《中国环境统计年鉴》2008～2015 年，中国统计出版社 2008～2015 年版。

［31］国家统计局：《中国统计年鉴》2009～2015 年，中国统计出版社 2009～2015 年版。

［32］国家统计局城市社会经济调查司：《中国城市统计年鉴 2015》，中国统计出版社 2015 年版。

［33］国家统计局工业统计司：《2015 中国工业统计年鉴》，中国统计出版社 2015 年版。

［34］国家统计局国民经济综合统计司：《新中国六十年统计资料汇编》，中国统计出版社 2009 年版。

［35］国家统计局国民经济综合统计司：《中国区域经济统计年鉴 2015》，中国统计出版社 2015 年版。

［36］韩晶、陈超凡、施发启：《中国制造业环境效率、行业异质性与最优规制强度》，载《统计研究》2014 年第 3 期。

［37］胡鞍钢：《中国创新绿色发展》，中国人民大学出版社 2012 年版。

［38］环保部、国土资源部：《全国土壤污染状况调查公报》，2014 年 4 月 17 日。

［39］环境保护部：《2014 中国环境统计年报》，中国环境科学出版社 2014 年版。

［40］环境保护部：《2015 中国环境状况公报》，2016 年 6 月 4 日。

［41］李建平、李闽榕、王金南：《中国省域环境竞争力发展报告 2009 ~ 2010》，社会科学文献出版社 2011 年版。

［42］李晓西、刘一萌、宋涛：《人类绿色发展指数的测算》，载《中国社会科学》2014 年第 6 期。

［43］李晓西：《"绿色化"突出了绿色发展的三个新特征》，载《光明日报》2015 年第 15 期。

［44］刘学敏：《中国绿色低碳发展的逻辑》，经济科学出版社 2016 年版。

［45］李佐军：《"十三五"我国绿色发展的途径与制度保障》，载《环境保护》2016 年第 11 期。

［46］联合国环境规划署：《中国绿色长征》，2013 年版。

［47］马胜杰、姚晓艳：《中国循环经济综合评价研究》，中国经济出版社 2009 年版。

［48］努尔·白克力：《走中国特色能源发展道路》，载《求是》2016 年第 11 期。

［49］邱寿丰：《探索循环经济规划之道：循环经济规划的生态效率方法及应用》，同济大学出版社 2009 年版。

［50］人民网、水利部：《全国近 2/3 城市不同程度缺水 水资源承载力预警机制将建》，http://legal.people.com.cn/n/2015/1109/c188502 - 27795031.html，2015 年 11 月 9 日。

［51］宋涛、荣婷婷：《人力资本的集聚和溢出效应对绿色生产的影响分析》，载《江淮论坛》2016 年第 3 期。

［52］宋涛：《中国可持续发展的双轮驱动模式：绿色工业化与绿色》，经济日报出版社 2015 年版。

［53］唐宇红：《联合国环境规划署（UNEP）的角色演进》，载《环境科学与管理》2008 年第 5 期。

［54］田红娜：《中国资源型城市创新体系营建》，经济科学出版社 2009 年版。

［55］王兵、黄人杰：《中国区域绿色发展效率与绿色全要素生产率：2000 ~ 2010——基于参数共同边界的实证研究》，载《产经评论》2014 年第 1 期。

［56］王金南等：《绿色国民经济核算》，中国环境科学出版社 2009 年版。

［57］王秋艳：《中国绿色发展报告》，中国时代经济出版社 2009 年版。

［58］严耕：《中国省域生态文明建设评价报告 ECI 2011》，社会科学文献出版社 2011 年版。

［59］北京师范大学政府管理学院等：《2016 中国民生发展报告》，北京大学出版社 2016 年版。

［60］黄承伟等：《脱贫攻坚省级样本——贵州精准扶贫精准脱贫模式研究》，社会科学文献出版社 2016 年版。

［61］王小林：《贫困测量：理论与方法》，社会科学文献出版社 2016 年版。

［62］北京师范大学中国收入分配研究院等：《中国居民收入分配年度报告 2015》，中国财政经济出版社 2015 年版。

［63］张琦、黄承伟等：《扶贫脱贫机制研究》，经济科学出版社 2015 年版。

［64］张高丽：《大力推进生态文明努力建设美丽中国》，载《求是》2013 年第 24 期。

［65］张录强：《广义循环经济的生态学基础——自然科学与社会科学的整合》，人民出版社 2007 年版。

［66］张庆丰、罗伯特·克鲁克斯：《迈向环境可持续的未来：中华人民共和国国家环境分析》，中国财政经济出版社 2012 年版。

［67］张世钢：《联合国环境规划署的前世今生》，载《世界环境》2012 年第 5 期。

［68］中国科学院可持续发展战略研究组：《2012 中国可持续发展战略报告——全球视野下的中国可持续发展》，科学出版社 2012 年版。

［69］中国科学院可持续发展战略研究组：《2013 中国可持续发展战略报告：未来 10 年的生态文明之路》，科学出版社 2013 年版。

［70］中华人民共和国环境保护部、中华人民共和国国土资源部：《全国土壤污染状况调查公报》，2014 年 4 月 17 日。

［71］中国社会科学院《城镇化质量评估与提升路径研究》创新项目组：《中国城镇化质量综合评价报告》，2013 年版。

［72］中华人民共和国国土资源部：《第二次全国土地调查：人多地少基本国情不变》，http：//www. mlr. gov. cn/xwdt/mtsy/people/201312/t20131231_1298980. htm，2013 年 12 月 31 日。

［73］中华人民共和国国务院新闻办公室：《强化应对气候变化行动——中国国家自主贡献》，http：//www. scio. gov. cn/xwfbh/xwbfbh/wqfbh/2015/20151119/xgbd33811/Document/1455864/1455864. htm，2015 年 11 月 18 日。

［74］中华人民共和国环境保护部：《环境保护部发布 2016 年上半年全国空气和地表水环境质量状况》，http：//www. mep. gov. cn/gkml/hbb/qt/201607/t2016 0717_360820. htm，2016 年 7 月 17 日。

［75］朱小静等：《哥斯达黎加森林生态服务补偿机制演进及启示》，载《世界林业研究》2012 年第 12 期。

［76］刘凤义、李臻：《共享发展的政治经济学解读》，载《中国特色社会主义研究》2016 年第 2 期。

［77］彭仁贤、韩江波：《分享经济理论的演化：维度、路径与逻辑》，载《江淮论坛》2013 年第 3 期。

［78］叶正茂：《共享利益与企业和谐劳动关系的构建原则》，载《马克思主义研究》2009 年第 11 期。

［79］彭凌：《试论列宁、斯大林的共同富裕思想》，载《常州工学院学报（社科版）》2008 年第 3 期。

［80］洪远朋、于金富、叶正茂：《共享利益观：现代社会主义经济学的核心》，载《经济经纬》2002 年第 6 期。

［81］詹姆斯·米德、冯举：《分享经济的不同形式》，载《经济体制改革》1989 年第 3 期。

［82］孙秋香：《图说共享发展》，载《群众》2016 年第 8 期。

［83］胡连生：《论社会主义共同富裕的价值定位及其实现问题》，载《江汉论坛》2014 年第 2 期。

［84］蔡达峰：《在实践中推进共同富裕的目标》，载《民主》2014 年第 10 期。

［85］孙武安：《共同富裕的内涵、价值及其紧迫性》，载《江西社会科学》2013 年第 2 期。

［86］周丹萍：《关于"共同富裕"的几点思考》，载《重庆科技学院学报

（社会科学版）》2013 年第 9 期。

[87] 李抒望：《共同富裕是当代中国最大的民生问题》，载《四川统一战线》2012 年第 5 期。

[88] 侯惠勤：《作为社会主义本质特征的共同富裕》，载《传承》2012 年第 5 期。

[89] 吴克辉、徐泽：《建国后中国共产党对共同富裕的探索》，载《中共贵州省委党校学报》2012 年第 5 期。

[90] 居伟：《社会主义共同富裕的历史考察及其启示》，载《中共四川省委党校学报》2011 年第 1 期。

[91] 秦杨：《新时期以人民为中心的发展思想理念的研究与实践》，载《才智》2016 年第 19 期。

[92] 李戈：《试论以人民为中心的发展思想》，载《北京教育（德育）》2016 年第 9 期。

[93] 韩喜平：《坚持以人民为中心的发展思想》，载《思想理论教育导刊》2016 年第 9 期。

[94] 王明生：《正确理解与认识坚持以人民为中心的发展思想》，载《南京社会科学》2016 年第 6 期。

[95] 薛鑫良：《认真学习贯彻以人民为中心的发展思想》，载《中国领导科学》2016 年第 12 期。

[96] 刘武根、艾四林：《论共享发展理念》，载《思想理论教育导刊》2016 年第 1 期。

[97] 陈朋：《以人民为中心：共享新发展理念的价值之核》，载《南京师大学报（社会科学版）》2016 年第 6 期。

[98] 司继胜：《深刻理解以人民为中心的发展思想》，载《山东理工大学学报（社会科学版）》2016 年第 4 期。

[99] 周强、李晓萍：《学习习近平总书记以人民为中心的发展思想——基于马克思主义整体性研究视角》，载《学理论》2016 年第 10 期。

[100] 孙远太：《城市居民社会地位对其获得感的影响分析——基于 6 省市的调查》，载《调研世界》2015 年第 9 期。

[101] 杨兴坤等：《获得感语境下失地农民社会保障制度研究》，载《重庆电子工程职业学院学报》2015 年第 6 期。

[102] 王斯敏、张进中：《让人民群众有更多"获得感"》，载《人民日报》2015 年 3 月 14 日。

［103］王斯敏、张进中：《怎样理解人民群众的"获得感"》，载《中国领导科学》2015 年第 5 期。

［104］高建生：《让人民群众有更多获得感》，载《理论导报》2015 年 4 月 20 日。

［105］章洵：《农民工的主观幸福感及其影响因素分析——以武汉市 512 名农民工为例》，载《社会工作》2007 年第 10 期。

［106］吴静：《浙江农民工幸福感调查研究》，载《财经论丛》2007 年第 6 期。

［107］盛光华等：《新生代农民工主观幸福感影响因素的识别与分析》，载《青年研究》2015 年第 6 期。

［108］夏晶等：《基于 ISM 模型的新生代农民工工作幸福感的影响因素分析》，载《中南民族大学学报》（人文社会科学版）2016 年第 1 期。

［109］杨东亮：《京津冀地区青年流动人口幸福感影响因素分析》，载《青年研究》2015 年第 4 期。

［110］刘靖等：《农民工的权益与幸福感——基于微观数据的实证分析》，载《中国农村经济》2013 年 8 月 30 日。

［111］金晓彤：《新生代农民工成就动机与主观幸福感的关系探析》，载《中国农村观察》2013 年第 1 期。

［112］叶鹏飞：《农民工城市生活主观幸福感的一个实证分析》，载《青年研究》2011 年第 3 期。

［113］邵雅利：《新生代农民工的社会支持与主观幸福感研究》，载《四川理工学院学报》（社会科学版）2014 年 8 月 20 日。

［114］卢冲等：《新生代农民工幸福感的影响因素分析——基于有序 Probit 模型的研究》，载《湖北农业科学》2014 年 4 月 20 日。

［115］邢占军：《主观幸福感测量研究综述》，载《心理科学》2002 年 5 月 20 日。

［116］邢占军：《城市居民的主观幸福感影响因素》，载《新东方》2004 年 11 月 30 日。

［117］官皓：《收入对幸福感的影响研究：绝对水平和相对低位》，载《南开经济研究》2010 年 10 月 22 日。

［118］罗楚亮：《绝对收入、相对收入与主观幸福感——来自中国城乡住户调查数据的经验分析》，载《财经研究》2009 年 11 月 3 日。

［119］田国强、杨立岩：《对"幸福—收入之谜"的一个解答》，载《经济

研究》2006 年第 11 期。

[120] 林晓娇：《流动人口主观幸福感现状调查》，载《南京人口管理干部学院学报》2007 年第 4 期。

[121] 曹大宇：《阶层分化、社会地位与主观幸福感的实证考量》，载《统计与决策》2009 年第 10 期。

[122] 翁定军：《阶级或阶层意识中的心理因素：公平感和态度倾向》，载《社会学研究》2010 年第 1 期。

[123] 怀默霆：《中国民众如何看待当前的社会不平等》，载《社会学研究》2009 年第 1 期。

[124] 约翰·罗尔斯：《作为公平的正义——正义新论》，中国社会科学出版社 2011 年版。

[125] 吉登斯，李康等译：《社会的构成》，生活读书新知三联书店 1998 年版。

[126] 李强：《农民工与中国社会分层》，社会科学文献出版社 2004 年版。

[127] 唐任伍：《五大发展理念塑造未来中国》，载《红旗文稿》2016 年第 1 期。

[128] 都本伟：《"五大发展理念"的马克思主义政治经济学新境界》，载《财经问题研究》2016 年第 8 期（总 393 期）。

[129] 颜晓峰、李徐步：《用五大发展理念深化国家治理现代化》，载《前线》2016 年第 1 期。

[130] 王诺、杨卫彬、王永炎：《新医改与我国医疗卫生体制的公平性》，载《北京中医药大学学报》2010 年第 33 卷第 8 期。

[131] 王诺：《古巴医疗体制的评价及其对中国的启示》，载《拉丁美洲研究》2009 年第 2 期。

[132] 王诺：《我国医疗融资体制的公平性》，载《经济研究参考》2010 年第 11 期。

[133] 马占魁、孙存良：《准确理解和把握共享发展理念的深刻内涵》，载《光明日报》2016 年 6 月 19 日。

[134] 阮晓东：《共享经济时代来临》，载《新经济导刊》2015 年第 4 期。

[135] 凌超、张赞：《"分享经济"在中国的发展路径研究——以在线短租为例》，载《现代管理科学》2014 年第 10 期。

[136] 国家信息中心信息化研究部中国互联网协会分享经济工作委员会：《中国分享经济发展报告》，2016 [EB/OL]. http://www.sic.gov.cn/News/250/6010.

htm。

　　［137］姜奇平：《共享经济从理论到实践的发展》，载《互联网周刊》2015年第 16 期。

　　［138］高虎城：《中国越发展就越开放（深入学习贯彻习近平同志系列讲话精神）》，载《人民日报》2013 年 12 月 9 日。

　　［139］A. Charnes, W. W. Cooper, Q. L. Wei, 1989：Cone Ratio Data Envelopment Analysis and Multi-objective Programming, International Journal of Systems Science, 20（7）。

　　［140］ADB & IGES, 2008：Towards Resource–Efficient Economies in Asia and the Pacific. Asian Development Bank & Institute for Global Environmental Strategies.

　　［141］Dasgupta P. Economics, 2007：A Very Short Introduction, London：Oxford University Press.

　　［142］H. Fukuyama, W. L. Weber, 2009：A Directional Slacks-based Measure of Technical Inefficiency, Socio–Economic Planning Sciences, 43（4）。

　　［143］Hsu, A. et al., 2016：2016 Environmental Performance Index. New Haven, CT：Yale University, Available：www. epi. yale. edu.

　　［144］International Resource Panel, 2011：Decoupling natural resources use and environmental impacts from economic growth.

　　［145］J. X. Zhang, N. Cai, 2014：Study on the Green Transformation of China's Industry, Contemporary Asian Economy Research, 5（1）。

　　［146］K. Tone, 2001：A Slacks Based Measure of Efficiency in Data Envelopment Analysis, European Journal of Operational Research, 130.

　　［147］OECD, 2001：Extended Producer Responsibility–A Guidance Manual for Governments, OECD, Paris.

　　［148］R. D. Banker, A. Charnes, W. W. Cooper, 1984：Some Models for Estimating Technical and Scale Inefficiencies in Data Envelopment Analysis, Management Science, 30（9）。

　　［149］R. Fare, S. Grosskopf, C. A. Knox Lovell, S. Yaisawarng, 1993：Derivation of Shadow Prices for Undesirable Outputs：A Distance Function Approach, The Review of Economics and Statistics, 75（2）。

　　［150］The World Bank Group, 2012：World Development Indicators, World Bank.

　　［151］UNDESA, 2012：National sustainable development strategies–the global picture, unpublished briefing note, United Nations Department of Economic and Social Affairs.

[152] UNEP, 2008: Planning For Change – Guidelines for National Programmes on Sustainable Consumption and Production.

[153] UNIDO & UNEP, 2011: Enterprise – Level Indicators for Resource Productivity and Pollution Intensity: A Primer for Small and Medium – Sized Enterprises.

[154] UNIDO & UNEP, April 2010: Good Organization, Management and Governance Practices: A Primer for Providers of Services in Resource Efficient and Cleaner Production (RECP).

[155] UNIDO & UNEP, April 2010: Taking Stock and Moving Forward: The UNIDO – UNEP National Cleaner Production Centres, Austria.

[156] UNIDO, 2010: A Greener Footprint for Industry: Opportunities and Challenges of Sustainable Industrial Development. Vienna.

[157] UNIDO, 2009: Energy and Climate Change: Greening the Industrial Agenda. Vienna.

[158] UNIDO, 2011: Enterprise Benefits from Resource Efficient and Cleaner Production: Successes from Kenya/Peru/Sri Lanka.

[159] UNIDO, 2011: Industrial Policy for Prosperity: UNIDO's Strategic Support.

[160] UNIDO, 2010: Joint UNIDO – UNEP Programme on Resource Efficient and Cleaner Production in Developing and Transition Countries.

[161] UNIDO, April 2011: Policy Framework for Supporting the Greening of Industries.

[162] UNIDO, May 2011: UNIDO Green Industry: Policies for Supporting Green Industry, Vienna.

[163] World Bank, 2007: Cost of Pollution in China: Economic Estimates of Physical Damages. Conference edition. Washington DC.

[164] Y. H. Chung, R. Färe, S. Grosskopf, 1997: Productivity and Undesirable Outputs: A Directional Distance Function Approach [J]. Journal of Environmental Management, 51.

[165] Easterlin, Richard A: Does EconoMic Growth IMprove the HuMan Lot? in David, Paul A. and Reder, Melvin W. (eds): Nations, Households and EconoMic Growth: Essays in Honor of Moses AbraMawitz, New York: AcadeMic Press,

1974.

[166] Feng, W.; Zuo, X. and Ruan, D.: Rural Migrants in Shanghai: Living under the Shadow of SocialisM, International MigrationReview, 36 (2): 520 – 545, 2002.

[167] Gao Wenshu, Smyth R.: What Keeps China's Migrant Workers Going? Expectations and Happiness among China'sFloating Population, Journal of the Asia Pacific EconoMy, 16 (1) 2011.

[168] Mayer – Schonberger V., Cukier K. Big Data: a Revolution That Will Transform How We Live, Work and Think [M]. London, UK: John Murray Publishers, 2013.

[169] Bicchieri C. Rationality and coordination [M]. London: Cambridge University Press, 1993.

[170] Hedstrom P., Stern C. Rational Choice and Sociology [A]. The New Palgrave Dictionary of Economics (2nd ed.) [C]. Basingstoke, Hampshire New York: Palgrave Macmillan, 2008.

[171] Simon H. Bounded rationality and organizational learning [J]. Organization Science, 1991, 2 (1): 125 – 134.

[172] Pentland A. Social Physics: How Good Ideas Spread-the Lessons from New Science [M]. New York: The Penguin Press, 2014.

[173] Haidt J. The Emotional Dog and Its Rational Tail: a Social Intuitionist Approach to Moral Judgment [J]. Psychology Review, 2010, 108 (4): 814 – 834.

后　记

　　"十三五"时期是全面建成小康社会的决定性阶段，也是我国"共享发展"的战略转型期。到2020年实现中华民族第一个百年梦想即全面建成小康目标，这个小康社会是全民共享的小康社会，共享发展理念深刻阐释了"为了谁发展、依靠谁发展和发展成果的分配"等问题，是与人民最广泛最关切的利益诉求形成的共振和共鸣。为此，深入研究"共享发展"理论和政策，为我国共享发展提供一个可供评估与测度的标准和方法，对现有的共享发展水平和程度进行一个全面科学"体检"和客观的评判，就显得非常重要。基于此，我们在研究中国绿色减贫指数过程中，产生了对中国共享发展研究的兴趣，这既是绿色减贫研究的延伸，也是扶贫脱贫研究的提升，减贫研究与共享发展紧密相连，这一想法，从一开始就获得了北京师范大学经济与资源管理研究院院长关成华教授的赞同和支持，并且同意将以前确定重点支持领域之一"从减贫与包容性增长"调整为"减贫与共享发展"，2016年在研究经费上给予了专门支持。为此，我们专门成立了中国共享发展研究课题组，从2016年1月到2017年3月，历经一年多，组织召开了20余次课题组内部讨论会、7次统计专家讨论会和4次跨界交叉学科专家集体讨论会，对中国共享发展理念、共享发展理论和政策、中国共享发展指数及其指标体系以及《中国共享发展研究报告（2016）》框架结构内容等进行了反复讨论与分析研究和修订，现在终于完成。

　　攻关过程中，多位领导的亲切关怀，专家学者的精诚合作，师生们的无私奉献，均让我们感慨万千。

　　首先要感谢为支持与推动本报告顺利完成的领导与专家！中央财经领导小组办公室副主任、中央农村工作领导小组办公室副主任韩俊在百忙之中亲自为报告撰写了序言，给予了我们极大的鼓励。在此深表谢意！山西省原副省长牛仁亮研究员欣然答应为本书撰写了序言，鼓励和肯定了《中国共享发展研究报告（2016）》取得的研究成果，并为报告提出了很多中肯的建议，指明了报告下一步完善的方向。北京师范大学经济与资源管理研究院名誉院长李晓西教授、院长关成华教授一直很关心这项研究，并为本书作序，表示会支持这项研究持续进行下去，推动我们的研究不断进步，增强了我们继续研究的信心和动力。

课题组十余位评审专家在百忙之中审阅了我们的报告，对理论框架、指标体系、结论观点、数据引用、行文措辞等提出了极为宝贵的修改意见。他们都是承担重要任务的领导或专家，百忙之中指导我们的研究，是对本课题全体成员巨大的鼓舞。中国社科院农村发展研究所党国英研究员、中共中央编译局办公厅研究室（新闻办公室）主任胡长栓教授、中国工业经济杂志社社长李海舰教授、国家统计局核算司施发启研究员、中国经济景气监测中心处长赵军利研究员、北京大学光华管理学院雷明教授、中央民族大学经济学院副院长张建平教授、北京师范大学资源学院王玉海教授、北京师范大学环境学院毛显强教授、北京师范大学经济与资源管理研究院陈浩教授、韩晶教授、王诺副教授等多次参加课题讨论会，对课题予以了大量的指导，其中多位专家还直接参与本课题的研究，提供了专题研究报告。

北京师范大学经济与资源管理研究院院长关成华教授、名誉院长李晓西教授等在中国共享发展课题的研究方面，给予了课题组大力的支持和帮助，保障了课题的顺利进行，在此表示感谢！

还要向为本课题付出智慧与劳动的研究团队的老师和同学们表示感谢。他们克服困难、全力以赴、高效努力，为完成课题做出了巨大贡献。国家统计局高级统计师施发启研究员、北京师范大学经济与资源管理研究院宋涛副教授在整个指标体系的讨论和组织协调中付出了辛勤的劳动。贺胜年博士、石超硕士、王聪硕士、陈岩老师、陈美佳同学在收集与整理资料、录入数据、校对数据等方面做出了大量的工作，各位同学也在课题的研究中得到了锻炼和提升。在报告初稿完成之后，课题组组织了多次讨论和修改，最后由张琦教授统稿修改并定稿。

中国共享发展研究是一项涉及自然社会经济多个学科领域的综合型战略性问题，有很多难关需要攻克，我们深感其艰难和复杂，但作为一名研究者，探究社会经济发展规律，服务国家改革和发展重大战略需求，是我们义不容辞的责任，有众多领导关怀和鼓励，也有众多同行的支持和协助，我们有决心在社会各界的大力支持下，继续推进中国共享发展研究，由于水平有限，不足之处在所难免，请批评指正！我们也会在未来的研究中继续努力，充分吸取各位专家的意见，不断进行修改完善，以期能为国家强盛和人民福祉做出我们的贡献！

张琦等

2017 年 4 月 8 日